공부가 설렘이 되는 순간

우리가 놓치고 있었던 공부의 진짜 의미

공부가
설렘이 되는
순간

조승우 지음

포레스트북스

누구에게나 공부가
설렘이 되는 순간은 온다 ✎

대학생 시절부터 10여 년 넘게 멘토링과 강연을 하면서 '공부'에 어려움을 겪는 학생들을 많이 만났습니다. 공부를 왜 해야 하는지 의미를 찾을 수 없다는 이야기부터 하기 싫다, 귀찮다, 어렵다는 푸념까지. 그때부터 제 안에는 '아이들이 공부라는 벽을 넘어설 수 있게 돕고 싶다'는 꿈이 생겼습니다. 그리고 그 꿈은 네권의 책과 유튜브, '스몰빅클래스'라는 교육 스타트업의 창업으로 이어졌습니다.

제가 이 일을 하면서 학부모님들께 종종 오해 아닌 오해를 받는 것이 있습니다. "조 작가님은 어릴 때부터 공부를 잘했을 것 같아요", "부모님 속 한번 안 썩인 모범생 아들이었을 것 같아요"

라는 이야기입니다. 솔직히 말해 저는 그와 정반대의 학창 시절을 보냈습니다. 모난 성격 때문에 친구 사귀는 게 세상에서 제일 어려웠고 초등학교 6학년 때는 "승우가 싫어요. 없어졌으면 좋겠어요"라는 말을 들으며 친구들에게 따돌림을 당하기도 했죠. 장난에는 늘 앞장서는 아이라 선생님께는 매일같이 "조금만 얌전하게 굴 수 없겠니?"라는 핀잔을 들었고 학교에 엄마가 불려오는 일도 적지 않았습니다. 초등학교 내내 아버지의 소원은 '아들이 30분만 앉아서 책 읽는 모습을 보는 것'일 정도였으니 제가 얼마나 모범생, 우등생과 거리가 먼 아이였는지 실감하실 수 있겠지요?

그렇다고 해서 제게 잘하고 싶은 마음이 없었던 건 아니었습니다. 학급에서 임원을 맡고 싶었고 공부도 잘하고 싶었습니다. 하지만 야심차게 출마한 첫 반장선거에서 딱 두 표를 받으며 떨어졌고 벼락치기로 준비했던 시험에서도 50점을 넘기기가 쉽지 않았죠. 중학생이 되면서부터 나름대로 열심히 공부했지만 고등학교 첫 수학 시험에서 30점을 받고 너무 큰 좌절감을 느낀 나머지 학교를 자퇴하려고 했습니다. 고1 여름에는 우울증 진단까지 받으며 꽤나 힘든 시간을 보내야만 했죠. '잘하고 싶은 마음'은 늘 굴뚝 같았지만 한번에 잘되는 일은 무엇 하나 없었고, 별 어려움 없이 무엇이든 척척 잘해내는 친구들을 보면 부럽기도 하고 제 자신이 못나 보이기도 했습니다.

하지만 실패하고 넘어질 때마다 저를 일으켜 세워준 것은 스타 강사의 '인강'도, 대단한 문제집도 아니었습니다. 내 앞을 가로막고 있던 드높은 공부라는 벽을 넘어서게 해준 것은 다름 아닌 '마음'이었습니다.

학교 생활에서 어려움을 겪을 때도 마찬가지였죠. 나를 믿고 해야 할 이유를 다지며 어제보다 오늘 나아지고 있는 나 자신을 알아봐주는 마음. 그 마음이 저를 다시 일으켜세웠습니다. 이걸 요즘은 '중꺾마(중요한 건 꺾이지 않는 마음)'라고 부르더라고요. 10대 시절 내내 '성공'하는 순간보다 '실패'하는 순간이 더 많았지만 그때마다 하나씩 스스로를 가둬놓고 있는 마음의 벽들을 넘었습니다. 그리고 마음을 단단하게 만들어나가자 현실의 벽들 또한 실제로 하나씩 넘어설 수 있었습니다.

첫 시험에서 30점을 받고 '아무리 열심히 해도 안되는 게 있다'고 느끼며 모든 것을 내려놓으려던 순간, 내가 해냈던 아주 작은 성취들을 되짚으며 처음으로 나를 한번 믿어보기로 했습니다. 우울증 진단을 받고서는 '내 꿈은 뭐지? 뭘 하고 싶지?'라는 질문을 던지며 나를 가둬온 세상이라는 알을 깨고 나와 내 삶의 주인으로서 첫 발걸음을 내딛었습니다. 그 과정에서 마음속 깊은 곳에 숨어 있던 내 꿈과 신념을 발견했고, 마침내 제 공부의 주인이 되어 남들에게 끌려가기만 했던 하루하루를 바꿔가기 시작했죠. 극심한 슬럼프를 한바탕 겪고 나서는 '내 실력과 재능은 달라지지 않을 거야'라고 나를 가두던 불신의 세상에서 벗어났습니다. 어제보다 나은 오늘을 목표로 하루하루 더 나아지는 것에 집중하기 시작했죠. 때로는 '내가 할 수 있을까' 하는 의심에 사로잡히기도 했지만 거창한 목표보다는 오늘 나와의 약속을 실천하는 데 집중하며 의심과 두려움을 이겨냈습니다. 결국 매일같이 넘어지고 쓰러지면서도 저는 '꺾이지 않고' 다시 문을 두드렸습니다. 여섯 번 해서 안되면 일곱 번 도전했고, 일곱 번 해서 안되면 여덟 번 다시 했습니다.

그렇게 마음의 크기가 성장할수록 공부라는 벽이 넘어서기 불가능할 만큼 높지 않았다는 걸 알게 되었습니다. 차츰 벽에 오르는 사다리가 어디 있는지 보이기 시작했고, 결코 해낼 수 없을 거라 생각했던 그 목표들을 결국 이뤄낼 수 있었습니다.

이 과정에서 제게 진짜 소중한 것은 따로 있었습니다. 성장의 과정을 거치면서 저는 그토록 밉고, 때로는 부끄러웠던 제 자신이 자랑스러워졌습니다. 아무리 어렵고 힘들어도 도망치지 않는 스스로를 믿을 수 있게 되었습니다. 그래서 제 마음속엔 어떤 벽도 넘어설 수 있을 거란 자신감이 생겨났죠.

저는 여러분들이 누구보다 애쓰고 있다는 걸 압니다. 부모님들은 우리에게 '공부할 마음이 없는 것처럼 보인다'고 말씀하시지만 '잘하고 싶은 마음'을 가지고 있다는 사실을 잘 알고 있습니다. 의지가 없는 게 아니라 '진짜 해낼 수 있을까'라는 걱정과 불안이 여러분을 주저하게 만들고 있다는 것도 알고 있습니다.

제가 이 책을 쓴 이유가 바로 여기 있습니다. 저는 여러분들이 이 책을 통해 공부 잘하는 사람이 되길 바라는 것이 아닙니다. 이 책을 쓴 진짜 이유는 여러분의 꿈이 무엇이든, 여러분들만큼은 스스로를 가두는 그 마음의 벽에 부딪혀 포기하지 않길 바라기 때문입니다. 저도 그 벽에 갇힌 적이 있었습니다. 매일같이 '내가 할 수 있을까?' 의심했고 그 두려움과 불안은 '하기 싫은 마음'만 더욱 커지게 만들었습니다. 물론 공부를 잘하면 좋겠지요. 하지만 저는 여러분에게 그보다 더 중요한, 마음의 벽을 넘어서는 방법을 꼭 알려드리고 싶었습니다.

'나의 작은 성취들은 무엇이며, 나는 왜 해낼 수 있는 사람인가?'

'나는 지금 하고 있는 공부를 왜 하는가, 내 꿈은 무엇인가?'

'이 꿈을 이루기 위해 내가 오늘 해야 할 일은 무엇인가?'

'어떻게 하면 설렘으로 기대되는 내일을 만들 수 있는가?'

마음속의 벽을 넘어서는 사람들은 '안될' 이유보다 '해낼' 이유를 찾아냅니다. 그리고 '내가 왜 공부하는지'를 알기 때문에 지속할 수 있는 힘을 가지고 있습니다. 또한 남들과 비교하기보다 매일 더 나아지는 나를 보면서 성장하는 '재미'를 느낍니다. 그 덕분에 더 잘하고 싶다는 마음을 키워갈 수 있게 되죠. 때로는 의심과 두려움, 게으름이 찾아와도 이겨내는 법을 알기 때문에 꾸준하게 실천합니다. 원하는 결과가 나오지 않는 순간에도 마음이 단단하기 때문에 결코 그 일을 포기하지 않습니다. 그리고 그 마음으로 계속하면 좋은 결과는 따라오기 마련입니다.

이 책의 주인공은 제가 아니라 여러분입니다. 여러분들이 소중한 삶의 주인이 되어 꼭 이뤄내고 싶은 꿈과 목표로 하루하루를 채워나가셨으면 좋겠습니다. 때로는 포기하고 싶지만 그 산을 넘었을 때 느낄 수 있는 희열과 설렘을 느끼며 나도 '할 수 있다'고 믿게 되셨으면 좋겠습니다.

누구든지 마음이 단단해지면 비로소 자신의 진가를 발휘할 수 있습니다. 마음을 바꾸면 나를 가둬두었던 벽을 넘어설 수 있습니다. 우리 함께 그 벽을 넘어섰으면 좋겠습니다. '나답게, 뜨겁게, 꾸준하게' 걸어갈 여러분의 길을 찾으셨으면 좋겠습니다. 그래서 그 벽 너머에 있는 누구보다 빛나는 나를 만나셨으면 좋겠습니다. 내일의 내가 기대되는 자신을, 꿈으로 가슴이 두근거리는 순간을, 그렇게 공부가 설렘이 되는 순간을.

중요한 건 다름 아닌 '마음'

나를 믿는 마음 #용기

Chapter 3

내 인생의 주인이라는 마음 #주체성

Chapter 4

뜨겁게 부딪쳐보겠다는 마음 #꿈

Chapter 7

중요한 건 꺾이지 않는 마음 #집념

당신이 지금 달린다면 패배할 가능성이 있다.

하지만 지금 달리지 않는다면 이미 진 것이다.

_ 버락 오바마

Chapter 1

중요한 건 다름 아닌
'마음'

우리는, 잘하고 싶지 않은 게 아니에요

책을 내고 강의를 하면서 깨달은 사실이 하나 있습니다. 많은 부모님들께서 자녀들을 오해하고 있다는 것인데요. 대부분의 부모님들은 저를 만나 한탄하듯 이렇게 말씀하십니다. "저희 아이는 공부를 하고 싶은 마음이 전혀 없어 보여요."

그러나 막상 학생들을 만나 이야기를 들어보면 달랐습니다. 겉으로는 부모님들의 말처럼 공부에 별 의욕도 없고 잘하고 싶은 욕심을 내비치지 않았지만 사실 속마음은 그렇지 않았습니다.

"당연히 저도 공부 잘하고 싶죠. 공부 열심히 하면 부모님께 칭찬도 받고, 친구들과 선생님에게 인정받을 수 있는데 왜 그런 마음이 없겠어요?"

맞아요. 우리는 공부를 잘한다는 것이 어떤 의미를 갖는지 누구보다 잘 알고 있습니다. 하지만 마음과는 달리 책상 앞에만 앉으면 딴짓을 일삼고 스마트폰만 잡고 있죠. 어쩌면 부모님의 눈에 공부를 잘하고 싶어 하지 않는 것처럼 보이는 게 당연할지도 모릅니다.

우리가 진짜 공부를 열심히 하지 못하는 이유는 따로 있습니다. 늘 잘해내고 싶고, 열심히 하고 싶은 마음은 굴뚝같은데, 가슴 속 한편에서 '내가 진짜 잘할 수 있을까?', '과연 해낼 수 있을까?'라는 불안과 걱정이 우리의 발목을 잡습니다. 나름대로 열심히 했는데 혹시라도 원하는 결과에 미치지 못하면 스스로 상처받을까 두렵기도 하고, 부모님을 실망시킬 것 같아 걱정도 됩니다. 나 자신이 못난 사람, 부족한 사람으로 보일까 봐 열심히 하지 않는 길을 선택한 걸지도 모릅니다. 열심히 하지 않으면 내 마음이 다치는 일도 없을 테니까요. 그래서 마음 먹고 시작하기가 참 어렵습니다. 한번쯤은 이 악물고 진짜 열심히 해보고 싶지만 공부를 시작할 때 우리의 마음속에서 슬그머니 고개를 드는 그 불안과 두려움이 열심히 해보고 싶은 우리를 주저앉히는 거죠.

저에게도 그런 순간이 있었습니다. 중학교 시절 저는 꽤나 공부를 열심히 하는 학생이었습니다. 그래서 그 당시 공부 좀 한다 하면 누구나 가고 싶어 했던 충남 공주에 위치한 한일고등학교라는 선발학교에 지원했고, 간신히 합격할 수 있었는데요. 합격의 기쁨을 채 누리기도 전에 슬픈 소식이 들려왔습니다. 학교에서 입학식을 치르기 전 배치고사를 실시한다는 것이었죠.

"고등학교에서는 어떤 과목보다 수학이 중요해. 수학을 잡아야 좋은 성적을 받을 수 있어!" 이미 중학교 때부터 귀에 딱지가 앉게 들은 말이라, 배치고사를 앞두고 저의 최대 취약 과목이자 고등학교 성적의 분수령이 될 수학 공부에 집중하기로 마음 먹었습니다. 겨울 방학 내내 아침 8시에 도서관에 가서, 저녁 10시에 집으로 돌아오는 생활을 반복했죠. 당연히 저는 제가 시험을 잘 볼 줄 알았습니다. "노력은 배신하지 않는다"라고 생각해 왔기 때문이죠. 배치고사 당일 저는 꽤나 자신만만하게 시험을 치러 갔습니다.

그러나 그날 시험을 치르고 나서 단단했던 제 믿음에 균열이 가기 시작했습니다. 시험을 치면서 느낀 그 좌절감은 몇 년이 지난 지금도 생생한데요. 전체 30문제 중 제 실력으로 풀 수 있는 문제는 고작 예닐곱 개밖에 되지 않았습니다. 심지어 3분의 1 정도는 아예 손을 댈 수도 없었죠.

얼마 뒤 받아든 제 성적표는 말 그대로 처참했습니다. 수학 30점. 초등학교 단원평가 때나 몇 번 받아봤지, 중학교 입학 이후 처음 받아본 점수였습니다. 배치고사의 수학 평균 점수는 60점. 제 점수는 딱 평균의 절반이었고, 그래도 10등 안에는 들겠지라고 생각했던 제 자신감은 산산조각나고 말았습니다. 제 등수는 전체 163명 중 96등. 이마저도 국어와 영어 과목에서 만회해서 나온 결괴였습니다. 평소 수학에 사신이 없긴 했지만 배치고사를 앞두고 두 달 동안 수학 공부에 매진했던 터라 제가 받은 충격은 상상 그 이상이었습니다.

그렇다고 공부를 포기하거나 낙담만 하고 있지는 않았습니다. 배치고사는 실제 성적에 반영되는 것도 아니었고 중간고사 때 충분히 만회할 수 있다고 생각했기 때문이죠.

"이 학교 통틀어서 나보다 열심히 한 사람은 없다고 자부할 수 있을 정도로, 열심히 해볼게요. 할 수 있어요."

입학식 날 기숙사 입주를 앞두고 걱정스러운 표정을 짓는 부모님 앞에서 의기양양하게 이야기했습니다. 잘할 수 있다고. 누구보다 열심히 해보겠다고요. 그리고 그날부터 실제로 저는 매일 4~5시간만 자며 공부에 매달렸습니다. 기숙사 기상 시간은 아침 6시였지만 언제나 그보다 일찍 일어나 교실에서 사습을 했죠. 이보다 더 치열할 수는 없다고 말할 정도로 공부에만 집중했습니다.

드디어 코앞으로 다가온 중간고사. '1등급은 바라지도 않아. 2등급 안에만 들자. 아무리 못해도 3등급 안에는 들 수 있을 거야. 이렇게 열심히 했잖아. 그래, 3등급은 무조건 할 수 있어!' 그러나 이내 받아든 중간고사 성적표는 이런 제 기대를 무참히도 짓밟고 말았습니다.

수학 5등급.

'뭐가 잘못된 거지? 열심히 하고 있다고 생각했는데, 노력이 부족했나?' 당황스러운 성적표를 받고도 이런저런 생각을 할 여유가 없었습니다. '더 열심히 하자. 더 열심히 하면 다음 시험에서는 분명히 3등급 안에 들 수 있을 거야.'

하지만 얄궂게도 기말고사 수학 성적표는 또 한번 제 마음을 짓밟았습니다.

수학 5등급.

두 번의 시험에서 저는 죽을힘을 다해 노력했지만 그 결과는 참담했습니다. 그때 처음으로 이런 마음이 들기 시작했습니다.

"아, 내가 정말 죽어라 해도 안되는 게 있구나."

　그때부터 저는 더 이상 아무것도 할 수 없었습니다. 내가 아무리 열심히 하더라도 내 실력이, 결과가 나아질 거라는 기대가 들지 않았기 때문이죠. 지나고 보면 노력이 결과로 이어지는 데 시간이 더 필요했을 수도 있고, 노력의 방법이 잘못되었을 수도 있었지만 당시엔 그런 생각을 할 겨를이 없었습니다. 아니 정확히 말하면 의지 자체가 사라졌다고 보는 게 맞을 것 같습니다. 그때 제 심정은 눈앞에 넘어서기 어려운 거대한 벽이 놓인 것만 같았으니까요.

　이런 생각이 꼬리에 꼬리를 물고 이어지자 이 학교에서 내가 더 이상 잘할 수 있는 것이 없다고 느껴졌습니다. 그리고 이곳을 도망치기로 결심했습니다. 자퇴를 하겠다고 마음 먹은 것이죠. 그렇게 저는 선생님께 자퇴 의사를 밝히고 고향 집으로 돌아왔습니다. 엄마는 그런 제 손을 이끌고 정신과로 향했고 저는 그날 우울증 중증 진단을 받았습니다. 더 이상 나아지기 어려울 거라는 절망이, 사라진 희망이 저를 우울증이라는 늪에 빠지게 만든 것이죠. 그 후 저는 약 두 달 간 공부를 전혀 하지 못했습니다. 아니,

안 했습니다. 잘할 수 있을 거라는 희망이 사라지니 공부를 하고
싶은 마음도 의욕도 모두 사라져버렸기 때문입니다.

세상에 혼자 남겨진 날

사실 제가 자퇴를 하겠다고 결심하고 우울증에 걸렸던 또 다른
이유가 있었습니다. 다름 아닌 친구 관계 때문이었는데요. 초등학
교 시절, 저에게는 어려운 것이 참 많았습니다. 잘하고 싶다는 마
음은 누구보다 컸지만 결코 만만치 않았거든요.

공부도 그랬고, 운동도 그랬고, 게임도 그랬습니다. 나름대로
열심히는 하지만, 늘 저보다 잘하는 친구들이 넘쳐났죠. 그리고
그중에서 저를 가장 힘들게 한 것이 하나 있었습니다. 바로 친구
사귀기였습니다. 정확히는 친구를 사귀고 나서 좋은 관계를 유지
하는 게 어려웠다는 말이 더 맞을 것 같네요.

저는 어릴 때 맞벌이를 하는 부모님 아래 외동아들로 자랐습니
다. 물론 모든 외동이 그런 건 아니겠지만, 돌이켜보면 저는 유독
친구들에 대한 배려심이나 이해심이 부족했던 것 같습니다. 부끄

러운 고백이지만, 그 시절 저는 정말 자기밖에 모르는 이기적이고 고집이 센 아이였습니다. 당시 제 생활기록부에는 '교우관계를 원만히 하려는 태도가 요구됨, 친구들에 대한 포용력이 요구됨'이라는 말들이 쓰여 있습니다. 별것 아닌 일로 친구를 놀려 창피를 주기도 했고, 조별과제를 할 때면 제 의견만 앞세우며 고집을 피우기 일쑤였던 기억이 납니다. 당연히 친구들이 좋아했을 리 없지요.

하지만 그때는 몰랐습니다. 친구들 앞에 더 나서고 싶었고, 소위 '인싸'가 되고 싶었습니다. 그렇게 4학년 때 원대한 포부를 안고 반장선거에 출마를 했습니다. 친구들 앞에서 머리 위에 물을 부으며 '저를 뽑아주시면 이렇게 땀이 날 만큼, 학급을 위해 열심히 일하겠습니다'라고 외쳤죠.

저는 반장이 될 줄 알았습니다. 아이들의 반응이 뜨거웠거든요. 어떤 친구는 배꼽 빠지게 웃기도 하고, 어떤 친구들은 제 이름을 크게 외치기도 했습니다. 하지만 개표를 하고 나니 낯 뜨거운 현실이 기다리고 있더군요. 제 이름이 적힌 종이는 딱 두 장. 심지어 그중 하나는 제가 제 이름을 쓴 투표지였습니다. 저는 반장선거에 출마한 후보자 중 가장 적은 표를 받고 그렇게 선거에서 떨어졌습니다. 그날 얼마나 창피하던지요.

그런데 그런 일을 겪고도 저는 현실을 정확히 깨닫지 못했습니다. 5학년이 되어서도, 6학년이 되어서도 안하무인으로 행동하는 건 계속되었죠. 반장선거에서 날 뽑은 친구가 단 한 명뿐이었다는 현실을 목격하고도, 친구들이 저를 싫어하고 있다는 걸 알지 못했습니다. 그러던 어느 날, 에버랜드로 수학여행을 가게 되었습니다. 부산 '촌놈'들에게 에버랜드는 환상의 나라 같은 곳이었습니다. 선생님은 아이들에게 에버랜드 안에서 함께 다닐 조를 구성해 오라고 말씀하셨고, 저는 평소 친하게 지내던 친구들과 당연히 함께하게 될 거라고 생각을 했습니다.

그런데 수학여행이 얼마 남지 않은 어느 날, 무리 중 한 친구가 저를 부르더니 이렇게 말하더군요. "너랑 같이 안 다닐 거니, 다른 조 찾아봐." 충격이었습니다. "…왜?" 간신히 입을 열어 이유를 묻자 친구는 농구를 하든 축구를 하든 늘 제 마음대로 하는 것이 싫었다고 했습니다. 에버랜드를 가서도 또 네 마음대로 할 게 뻔하니 함께하고 싶지 않다는 거였죠. 부랴부랴 다른 친구들에게 함께 조를 하자고 말해 봤지만 저를 받아주는 친구는 아무도 없었습니다. 다른 친구들이라고 제 성격을 모를 리 없었으니 모두 같은 마음이었던 겁니다.

그날의 충격은 아직도 생생합니다. 반장선거에서 떨어진 날보다 몇 배는 더 창피하고 수치스러웠습니다. 내가 꽤 괜찮은 사람이라고 생각했었는데, 자존감이 와르르 무너지는 것 같았습니다. 결국 친구들이 에버랜드에서 신나게 추억을 쌓는 동안 저는 아픈 척을 하며 혼자 숙소에 남아 있었습니다. 그 이후 엄마의 직장 문제로 전학을 갈 때까지 두 달 넘게 외톨이 생활을 해야만 했습니다. 어린 나이였지만 그때 일은 제 인생에 가장 큰 상처를 준 일이자, 살아가는 데 가장 큰 영향을 준 사건으로 남아 있습니다.

다행히 제가 구제불능은 아니었던 것 같습니다. 중학교에 와서는 이기적인 제 성격을 고쳐보려고 노력했거든요. 이런 노력 덕분에 드디어 반장도 해보고, 소울메이트라 불릴 만큼 친한 친구도 사귈 수 있었죠. 그런데 문제는 고등학교에 간 뒤에 벌어졌습니다. 제가 다녔던 고등학교는 전교생이 기숙사 생활을 하는 곳이었는데, 여덟 명이 한방을 쓰는 구조였습니다. 처음에는 당연히 설레고 재미있었습니다. 친구들과 먹고 자고 함께 생활하니 마치 수학여행을 몇 주 동안 온 것 같았죠. 하지만 한 달쯤 지났을까. 조금씩 갈등이 생겨나기 시작했습니다.

성격도 다르고, 성향도 다르고, 살아온 지역과 환경도 모두 다른 아이들이 함께 지내다 보니 서로를 이해하지 못하는 점들이 생기게 된 것이죠. 그렇게 조금씩 문제가 쌓이던 중 저의 불면증 때문에 갈등이 폭발하고 말았습니다. 앞에서 말씀드렸던 것처럼 저는 고등학교에 입학한 뒤 수학 성적 때문에 심한 스트레스를 받고 있었습니다. 그 스트레스는 불면증으로 이어졌고, 잠귀가 예민했던 터라 간신히 잠이 든 이후에도 친구들이 내는 작은 소리에 몇 번씩이나 깨곤 했습니다. 심지어 친구들이 소곤거리며 나누는 사소한 대화 소리도 제게는 잠을 방해할 정도의 심한 소음으로 느껴졌죠.

이런 일이 반복되자 '얘들아, 미안한데 나 잠이 안 와서 그래. 조금만 조용히 해줄래?'라던 부탁이 시간이 지나며 '좀 닥치라고! 잠 좀 자자'라는 짜증과 분노 섞인 말들로 바뀌어갔습니다. 그렇게 점점 친구들을 미워하고 질책하는 마음이 커졌죠.

처음엔 친구들도 최대한 저를 이해하고 배려해 주었습니다. 하지만 제 짜증과 화가 점점 심해지자, 친구들도 하나둘씩 등을 돌리기 시작했습니다. 그렇게 점점 마찰은 심해졌고, 두 달쯤 지나자 저희는 같이 있어도 없는 척 대화를 하지 않는 사이가 되고 말았습니다. 같은 방을 쓰면서도 말 한마디 섞지 않게 된 거죠. 분명 제 잘못이었지만 되돌리기엔 이미 늦은 뒤였습니다. 룸메이트들과의 관계가 틀어지자 반 친구들과의 관계도 서먹해져 버렸고,

그렇게 친구들을 모두 잃은 저는 초등학교 6학년 시절처럼 외톨이가 되었습니다. 제 인생에 가장 큰 생채기를 냈던 일이 또다시 반복되니 그 상황을 극복할 엄두조차 나지 않더라고요. 그래서 결심했습니다. 도망치자고 말이죠.

___

나를 울린 편지 한 통

자퇴를 하겠다고 선언하고 집에 내려온 지 2주가 되던 날이었습니다. 방에 처박혀 있는 제게 직장을 다니던 엄마는 매일 아침 정성스레 차린 밥상과 함께 삭은 편지를 두고 가셨습니다. 하지만 처음 며칠 동안 저는 그 편지를 열어볼 엄두도 내지 못했습니다. 엄마 아빠를 걱정하게 만들었다는 사실, 또 그렇게 모든 걸 포기하고 집으로 돌아왔다는 사실이 너무 부끄럽고 미안했거든요. 그러다 며칠이 지나 엄마가 써두고 나간 쪽지를 우연히 펼쳐보게 되었습니다.

"아들, 엄마는 오늘 하루도 네가 행복했으면 좋겠어. 엄마는 오늘 하루도 네가 있어서, 그리고 가까이서 얼굴 볼 수 있어서 참 행복하고 기쁘단다. 언제까지나 엄마는 너의 뒤에서 기다리고 있을 테니, 조급해하지 말고 천천히 너의 길을 찾아보길 바란다."

엄마의 진심 어린 편지에 왈칵 눈물이 났습니다. 얼른 정신을 차리고 그간 엄마가 써준 편지들을 하나씩 하나씩 다시 읽어보기 시작했습니다. 중간고사 준비가 한창이던 4월의 어느 날, 엄마가 써주었던 편지 중엔 이런 내용도 있었습니다.

한낮의 환한 햇살이 무척이나 아름답구나. 이런 햇살을 받고 태어난 우리 아들 참 고맙다.

벌써 네가 집을 떠난 지도 두 달이 되어가는구나. 작년 이맘때는 집에서 너의 공부하는 모습을 보며 무척이나 대견했었는데, 지금은 그 모습마저 아련하게 그리워지는구나.

승우야, 지금껏 엄마는 너를 키우면서 네가 자랑스럽지 않은 순간이 단 한 번도 없었단다. 왜냐하면 무엇이든 최선을 다하는 네 모습이 엄마한테는 세상에서 가장 멋진 아들로 보였거든.

얼마 전 공부 스트레스 때문인지 힘들어하는 너의 목소리를 들었을 때, 내색은 않았지만 엄마는 가슴이 덜컥 내려앉는 듯했단다. 하지만 엄마는 승우가 잘 이겨낼 거라 생각해. 그리고 곧 네가 희망하는 모든 것이 이뤄질 거라고 엄마는 믿는다.

언제 어디 있든 몸 건강하고 행복한 하루하루 지내길 바란다. 사랑한다. 우리 아들, 그리고 생일 축하해.

- 널 만나는 5월 3일을 기다리는 엄마가

엄마는 제가 기숙사로 떠난 후 거의 매일같이 편지를 써주었고, 집으로 돌아온 후에도 마찬가지였습니다. 엄마가 그간 써주었던 편지들에는 아들의 힘든 마음을 조금이나마 위로해 줄 수 있을까, 아들에게 조금이라도 용기를 북돋워줄 수 있을까 고심하며 매일 한 땀 한 땀 꾹꾹 눌러담은 엄마의 따뜻한 마음이 가득 담겨 있었습니다.

집으로 돌아온 이후 나는 왜 이렇게 못났을까, 왜 이것밖에 안

되는 걸까, 참 많이 자책하고 괴로워했습니다. 그런데 엄마는 그런 못난 모습마저도 따뜻한 눈으로 바라보며, 나를 믿고 지지하고 기다려주고 있었습니다.

'누군가 나를 믿어주는 사람이 있다는 것'. 사람을 다시 일어서게 만드는 데 믿어주는 이의 존재만큼 강한 원동력이 있을까요. 나마저도 나를 포기했다 생각했을 때, 여전히 나를 믿고 포기하지 않은 사람이 있다는 것. 그 믿음이 저를 다시 일어서게 만들었습니다.

실패가 아니다, '아직' 못했을 뿐이다

엄마 덕분에 용기를 얻고 나니 보이지 않던 것들이 조금씩 보이기 시작했습니다.

어느 날 방 안을 둘러보다 책장에 꽂혀 있던 위인전들을 꺼내 들었습니다. 한 장 두 장 읽다 보니 그 전까지는 알지 못했던 새로운 것들이 보이기 시작했습니다. 어릴 때는 위인들이 이룬 훌륭한 업적만 눈에 보였습니다. 그러면서 '언젠가 나도 저런 사람이 되어야지'라고 생각했던 것 같습니다. 그런데 내가 힘든 순간에 처하니, 위인들의 성공보다는 그들이 어린 시절 혹은 젊은 시절에 겪었던 실패담들이 더 먼저 눈에 들어왔습니다.

여섯 번의 선거에서 떨어졌고, 스물네 살에 회사를 차려 사업을 시도했다 1년 만에 도산하고 17년간 빚에 시달리며, 27세에는 정신병원에까지 입원했던 사람. 에이브러햄 링컨.

늦은 나이에 응시한 무과시험에서 말에서 떨어져 죽을 뻔하고 탈락하여 4년을 재수했던, 잘나갈 때마다 몇 번이고 모함을 받아 파직되었던 사람. 이순신 장군.

108번의 실패 끝에 비행기를 만든 라이트 형제, 자기가 세운 회사에서 쫓겨난 스티브 잡스···. 그리고 한 CF에서 농구 황제라 불리던 마이클 조던이 남긴 이 말.

"나는 농구를 시작한 이래 9,000번 이상의 슛을 놓쳤다. 나는 거의 300번의 경기에서 졌다. 나는 26번의 경기를 결정짓는 위닝 샷을 놓쳤다. 나는 실패하고, 실패하고, 또 실패했다. 그것이 내가 성공한 이유다."

보통 우리는 성공한 누군가의 모습을 보면 겉으로 드러나는 화려함만 보게 되는 경우가 많습니다. 주변에 누가 '만점을 받았다더라', '전교 1등을 했다더라'라는 이야기를 들으면, 그 사람이 만점을 받고 전교 1등에 이르기까지의 과정보다는 결과를 보며 자기 자신과 비교를 합니다.

성공한 위인이나 부자를 봐도, 그 사람이 이룬 업적이나 그가 지금 얼마나 부자인지만 보지 그 사람이 살아온 히스토리를 궁금해하지 않습니다. 그건 어찌 보면 자연스런 일입니다. 누군가가 그 결과를 만들어내기까지의 과정이나 히스토리는 다른 사람들이 알아채기 어려운 것들이니까요.

그런데 거기에 함정이 있습니다. 앞서 말한 것처럼 우리는 다른 사람의 뛰어난 성취를 볼 때, 그 성취를 이루기까지의 과정이 아니라 결과를 봅니다. 분명 그 과정 안에는 실패도 있을 것이고, 좌절의 순간도 있었을 텐데 우리는 그걸 알기가 어렵고, 그 사람도 굳이 그런 일들을 이야기하지 않습니다. 잘된 것들만, 뛰어난 결과만 보여주고 싶어 하죠.

반면 우리는 우리 자신을 볼 때, 현재 시점의 나를 봅니다. 잘안되고 있는, 실패하고 있는 나 자신을 봅니다. 성공해 있을, 뛰어난 성취를 이뤄낸 미래의 자신은 볼 수 없습니다. 그러니 애초에 공정한 비교의 대상이 아니었던 겁니다.

이제야 깨달았습니다. 내가 '실패'했던 것이 아니라, '아직' 도달하지 못했을 뿐이라는 사실을요. 나는 아직 과정 중에 있고, 이 과정 속에 또 다른 실패나 시련이 와도 결코 포기하지 않으면, 언젠가는 내가 원하는 목적지에 도달할 수 있다는 사실을 깨달았습니다. 링컨도 그랬고, 이순신 장군도 그랬고, 스티브 잡스도, 라이트 형제도, 마이클 조던도 그랬던 것처럼 말입니다.

언젠가 나도 그들처럼 멋진 사람이 될 수 있을 거란 용기가 생겼습니다. 원하는 목표를 이루고, 사람들에게 인정받는 그런 사람. 아직 도달하지 못했지만, 포기하지 않으면 나노 그들처럼 될 수 있을 거란 용기가 생겼습니다. 생각의 전환을 하고 나니 잘 해보고 싶어졌습니다. 그렇게 다시 해보기로 결심했습니다.

_____ **공부가 인생의 전부는 아닐지라도**

다시 해보기로 결심했지만, 예전처럼 할 수는 없었습니다. 아니, 예전처럼 해서는 안 되었습니다. 더 단단한 마음이 필요했습니다. 더 단단하게 내가 잘할 수 있다고 믿는 마음, 그리고 꼭 해내야 하는 이유가 필요했습니다.

부끄럽지만 제가 처음 공부를 시작한 이유는 휴대폰이었습니다. 중학교에 입학할 당시 공부를 열심히 하면 휴대폰을 사주겠다는 엄마의 말을 듣고, 공부에 매달렸던 거죠. 그런데 한 번 열심히 해보니 기대한 만큼의 결과가 나오더라고요. 기분도 좋고, 이렇게 계속 열심히 하면 내가 원하는 건 뭐든지 할 수 있겠다는 자신감이 들었습니다. 그런데 그 마음이 어느 순간 조금씩 바뀌더라고요. 등수를 올리기 위해서, 옆자리의 친구들을 이기기 위해서, 좋은 고등학교에 가기 위해서라는 마음에 잠식되기 시작했습니다. 어느새 공부하는 이유를 더 이상 내 안에서가 아니라 바깥에 있는 것들에서 찾게 된 것입니다.

사실 제 마음이 '진짜' 힘들었던 이유가 바로 거기에 있었습니다. 늘 내 바깥에서 공부하는 이유와 원동력을 찾았는데, 고등학교에 가서 그 모든 것들이 무너지기 시작한 것입니다. 등수가 오르지도 않았고, 옆의 친구들보다 늘 모자라는 결과를 받으면서 저는 공부하는 이유를 잃어갔던 것이죠.

그 사실을 깨닫고 나자, 뿌옇게 흩어져 있던 고민들이 조금씩 선명하게 정리되는 듯한 느낌이 들었습니다. 그리고 제 마음속에는 이 모든 문제의 본질이라고 할 수 있는 가장 근본적인 한 가지 질문이 자리를 잡게 되었죠.

'나는 왜 공부를 하는가?'

저는 이 물음에 대한 답을 찾아야 했습니다. 이미 경험한 것처럼 더 이상 누군가를 이기기 위해서, 단순히 점수를 더 잘 받고 등수를 올리기 위해 공부하는 데는 한계가 있다는 걸 깨달았습니다. 누군가를 이기지 못할 때도, 등수나 점수가 잘 나오지 않을 때도 그 공부를 해내야 하는, 흔들리지 않는 '진짜' 이유가 필요했습니다.

그 답은 내 안에서만 찾아야 했습니다. 생각만 해도 가슴이 뛰고, 지쳐도 다시 일어설 수 있는 이유. 내가 내 인생을 바쳐 꼭 이뤄야 할 만한 가치가 있는 것. 우리는 그런 걸 '꿈'이라고 부릅니다. 그렇게 저는 꿈을 찾아나서기 시작했습니다.

아주 어린 시절에는 저에게도 여러 가지 꿈이 있었습니다. '경찰, 검사, 변호사, 선생님, 대통령….' 초등학교 때는 장래희망 조사서에 1년에도 몇 번씩 다른 꿈을 적어 넣었던 기억이 납니다. 거창한 이유가 있어서라기보다는 그저 영화나 TV에서 멋있어 보이는 걸 적어냈죠. 그러나 중학교에 와서는 꿈에 대한 생각을 해본 적이 없었습니다. 꿈이라는 게 뭔지 생각해 볼 여유도, 의지도 없었죠.

다시 질문했습니다.

'내 꿈은 뭐지? 나는 앞으로 세상에서 어떤 역할을 하고 싶지? 나는 무엇을 할 때 가슴이 뛰지?'

결코 길지 않지만 제 삶을 찬찬히 돌이켜봤습니다. 그리고 오래전 아버지가 심어준 꿈의 씨앗을 하나 발견하게 되었습니다.

어릴 적 저는 책을 좋아하지 않았습니다. 초등학교 4학년 때까지는 책을 전혀 읽지 않았죠. 그렇게도 책을 싫어했던 제가, 어릴 때 유일하게 봤던 책이 하나 있었습니다. 바로 역사 책이었습니다. 어느 날 우연히 아버지가 사준 역사 학습만화가 계기가 되어 역사에 관련된 책만 조금씩 읽기 시작했습니다. 그중에서도 특히 저는 근현대사 부분이 흥미로웠습니다. 일제강점기나 6.25 전쟁, 민주화 운동같이 영화나 드라마에서 봤던 일들을 책에서는 좀 더 상세히 알 수 있었기 때문이죠. 그래서 어떤 날은 책에서 본 내용을 아버지께 묻기도 하고, 토론을 하는 날도 있었습니다.

아버지는 제가 근현대사에 관해 점점 흥미를 붙이게 되자, 함께 역사 유적지들을 여행하며 그 호기심을 해결하게 해주셨습니다. 아버지는 저를 독립기념관이나 박물관, 민주화운동기념공원처럼 일제강점기, 6.25 전쟁, 그리고 민주화 운동의 흔적이 담긴 근현대사의 현장에 자주 데려가셨는데요. 그중에서도 가장 기억에 남는 곳은 어릴 적 살던 집 근처에 있었던 국립UN묘지(현 평화공원)입니다. 평화공원은 미국, 영국, 캐나다, 튀르키예 등 6.25 전쟁에서 전사한 외국 참전용사들을 모셔 놓은 곳인데요. 집에서 가깝다 보니 아버지와 함께 산책을 가거나 혼자 버스를 타고 돌아보기도 했습니다.

아마 5학년 때쯤이었던 걸로 기억합니다. 하루는 우산을 챙기지 않은 탓에 소나기를 피하려고 공원 안에 있는 교회 처마 밑에 아버지와 함께 서 있었는데, 저 멀리 백인 노인 한 분이 휠체어를 탄 채 한 전사자의 비석 앞에서 한참 앉아 계신 모습을 보게 되었습니다. 무슨 사연인지 궁금했던 전 근처에 계시던 안내원 분께 도움을 요청해 여쭤보게 되었고, 통역을 듣고 난 할아버지는 자신의 이야기를 들려주셨습니다. 알고 보니 그 할아버지 또한 한국전에 파병오셨던 참전용사였고, 이 묘의 주인은 당시에 함께 전투에 참가해 목숨을 잃은 전우라고 말입니다.

어린 저는 큰 충격을 받았습니다. 전쟁은 TV나 영화에서만 보는 건 줄 알았는데, 막연하게만 생각하던 전쟁 때문에 실제로 누군가가 목숨을 잃었다는 얘기를 직접 들은 건 처음이었기 때문이죠. 그래서 집으로 돌아오면서 아버지랑 같이 서점에 들러서 6.25 전쟁에 관한 책들을 사서 그날 밤부터 읽기 시작했습니다. 그런데 책을 읽으면 읽을수록 6.25 전쟁이 어떤 하나의 사건이 아니라, 이미 그 배경이 나라를 빼앗겼던 일제강점기와도 연관되어 있다는 걸 알게 됐고, 궁극적으로는 우리나라가 지정학적인 요충지기 때문에 그런 비극들을 겪을 수밖에 없었다는 사실도 알게 되었습니다.

제 기억에는 없지만 엄마 말에 따르면 제가 집에 돌아와서 이런 얘기를 했다고 합니다. 아버지와 열띠게 이야기를 나누고 있으니 엄마가 물으셨답니다.

"오늘 뭘 느꼈니?"

"나는 다시는 전쟁 같은 무서운 일이 일어나지 않도록 하는 사람이 될 거예요. 역사를 바꾸는 사람이 될 거예요."

나름 감수성이 풍부했던 제게 나라를 빼앗기고, 전쟁 때문에 수많은 사람들이 희생당한 모습이 준 아픔이 꽤나 컸나 봅니다.

그런데 저는 이런 일들을 중학교에 올라가면서 모두 잊어버리고 말았습니다. 성적을 올리기 위한 현실 공부에만 시간을 쓰다 보니 제가 관심을 가졌던 근현대사나 내 꿈이 무엇인지에 대한 고민을 해볼 시간적인 여유가 부족했던 거죠. 그런데 그렇게 잊고 있던 것들이 하나씩 하나씩 다시 기억나기 시작했습니다. 그때 느꼈던 슬픔과 아픔, 가슴이 뜨거워졌던 순간들이 떠올랐습니다. 다시는 그런 일이 일어나지 않게 만들고 싶었던 어린 시절의 기억들이 제가 가야 할 방향을 조금씩 알려주는 것 같았습니다. 그리고 저는 그 생각들을 조금씩 글로 적어나가기 시작했습니다. 나는 앞으로 어떤 사람이 되고 싶은지, 나를 가슴 뛰게 하는 것은 무엇인지, 세상의 어떤 문제를 해결하는 사람이 되고 싶은지와 같은 질문에 대한 답을 채워가기 시작했습니다.

그 결과 전쟁과 같은 비극적인 역사로 고통받았던 사람들이 다시는 생기지 않게 만드는 사람이 되고 싶다고 생각했습니다. 전쟁과 갈등이라는 문제를 해결하고, 모든 사람이 한 번뿐인 인생을 행복하게 살 수 있게 돕는 사람이 되겠다고 결심했습니다.

더불어 언젠가 강의에서 들었던 이야기가 생각났습니다. 하버드대에서 실제로 연구를 해보니, 꿈과 목표를 종이에 적은 사람들이 그렇지 않은 사람들에 비해서 성공할 확률이 높을뿐더러 더 만족도 높은 삶을 살고, 동시에 소득 수준도 더 높더라 하는 얘기를 들었던 적이 있었습니다. 그래서 저는 제 꿈과 제 인생의 비전을 종이에 적었습니다. 일명 제가 '꿈 명함', '비전 나침반'이라고 부르는 것들인데요.

이걸 만들고부터 제 인생의 모든 것들이 바뀌었습니다. 그동안 절 괴롭혀왔던 공부에 대한 의미가 새롭게 정립되었죠. 단지 누군가를 이기기 위해서, 소위 명문대에 가기 위해서가 아니라 바로 나 자신을 위해서, 내 꿈을 위해서 공부를 하자라는 명확한 이유가 생겼습니다.

조금 더 구체적으로 말해볼까요? 만약 내가 외교관과 같이 중요한 의사결정을 하는 사람이 된다면 나의 선택과 결정이 적지 않은 사람들에게 영향을 미치게 될 텐데, 만약 내가 똑똑하지 못해서 혹은 현명하지 못해서 나쁜 선택과 그릇된 결정을 한다면 저는 오히려 많은 사람들에게 피해를 끼치게 될지도 몰랐습니다. 그러니 저는 똑똑해져야 했고, 지식과 지혜가 필요했습니다. 세상이 더 나은 방향으로 흘러갈 수 있게 보탬이 되려면 정치, 경제, 문화 등 사회를 구성하고 있는 수많은 것들을 이해하고 있어야 했습니다. 또 공부를 하는 데 필요한 인내, 절제, 의지는 내 꿈을 이루기 위해 꼭 필요한 것들이었습니다.

오기가 생겼습니다. 분명 공부가 인생의 전부는 아니지만, 인생의 전부가 아닌 공부 하나 정복하지 못한다면 내가 과연 무슨 일을 할 수 있겠는가 하는 생각이 들었습니다. 꿈은 저를 작은 틀 안에 가둬두고 있던 공부라는 알을 깨뜨려주었습니다. 알을 깨고 나와 보니, 공부라는 녀석이 조금씩 작아보이기 시작했습니다. 결코 넘어서기 불가능한 벽이 아니라는 생각이 들었습니다. 그렇게 저는 다시 나만의 레이스를 시작해 보기로 결심했습니다.

하루하루의 두려움을 극복하지 않는 자는

인생의 첫 수업조차 시작하지 않은 자다.

_ 윌리엄 제임스

Chapter 2

나를 믿는 마음

#용기

꿈 때문에 공부에 대한 의미를 새롭게 가질 수 있었다는 제 이야기가 어떤 분들에게는 너무 거창하게 들리실지도 모르겠습니다. 이런 의문이 드실 수도 있죠.

"그래서 뭘 어떻게 하라고요?"

"저는 아직 중학생인데, 너무 먼 얘기 아닌가요?"

충분히 그런 생각이 드실 수 있습니다.

제가 이 책을 쓰는 이유는 여러분이 저와 같은 과정을 겪으셔야 한다는 이야기를 하기 위해서가 아닙니다. 흔들림 없이 여러분이 원하는 꿈과 목표에 다다를 수 있길 바라는 마음 때문입니다. 그래서 지금부터는 시행착오를 겪지 않고도, 단단하게 '꺾이지 않는 마음'을 키워가실 수 있는 방법을 하나씩 이야기해 보려고 합니다.

먼저 지금까지의 제 이야기를 들으면서 이런 질문이 마음속에 드셨을지도 모르겠습니다.

"저는 아직 꿈이 없는데, 어떻게 해야 하죠?"

걱정하지 마세요. 지금 당장 꿈을 정해야 이 마음 단련을 시작할 수 있는 건 아닙니다.

실제로 제가 책을 쓰며 만났던 수많은 멘토들 또한 처음부터 명확한 꿈이 있어서 공부를 시작한 건 아니었다고 이야기했습니다. 오히려 위기나 실패를 맞닥뜨리거나, 혹은 공부를 하면서 자연스럽게 꿈을 찾게 되었다는 경우도 많았습니다. 그런데 그들을 인터뷰하면서 저는 수많은 멘토들이 일관되게 말하는 공통점을 한 가지 발견할 수 있었는데요. 공부를 비교적 일찍부터 잘했던 학생들, 혹은 공부를 못했었지만 뒤늦게 시작해서 잘하게 된 학생들 모두 공부를 매진할 수 있었던 이유에 대해 물었을 때 하나같이 이렇게 답했습니다.

"내가 잘할 수 있을 거라는 믿음이 있었습니다."

비교적 일찍부터 공부를 잘했던 학생들도 "공부를 이만큼 하면, 내가 원하는 결과가 나올 거라는 믿음이 있었어요. 그 덕분에 열심히 할 수 있었고, 열심히 하니까 계속 원하는 결과가 나왔습니다"라고 말했습니다. 뒤늦게 공부를 시작한 학생들도 "내가 공부를 안 해서 그렇지, 하면 잘할 수 있을 거라는 믿음이 있었어요"라고 말했습니다. 특히 후자의 경우 중학교 때까지도, 심지어는 고1, 고2까지도 공부를 놓았다가 뒤늦게 시작하여 성적을 급상승시킨 멘토들이 하나같이 했던 말이었습니다.

그들은 모두 공부를 시작하는 그 시점에 '분명 내가 잘할 수 있을 거라는 믿음'이 있었다고 했습니다. 원래 공부를 잘했든 못했든 그들이 공부를 시작하게 된 그 시점엔 '나는 할 수 있다'라는 믿음이 있었다는 겁니다.

혹시 제가 우울증에 걸리게 된 첫 번째 마음을 기억하시나요? '내가 아무리 노력해도 안되는 게 있구나'라는 생각이 저를 포기하게 만들었죠. 사람은 누구나 그렇습니다. 해도 안될 거라는 생각이 들면 어느 누구도 그 일을 하고 싶지 않습니다. 소위 '수포자'가 되는 학생들도 마찬가지입니다. 수학을 언제 포기하게 되었냐고 물어보면, 그 대답은 99.9% 같습니다. 수학이 싫어지고 재미없어진 결정적인 이유는 결국 '내가 수학에 이 정도 시간과 에너지를 투입해도, 내 실력이 기대한 만큼 나아질 거라는 생각이 들지 않았기' 때문입니다.

이렇게 모든 사람은 조금이라도 '할 수 있다'라는 생각이 들어야 뭔가를 '하고 싶다'라는 마음을 가질 수 있습니다. '할 수 있다'라는 생각이 드는 범위의 일 안에서만 '하고 싶다'라는 생각을 할 수 있다는 것이죠. 즉, 조금이라도 해볼 수 있겠다는 생각이 들어야, 시작도 하고 노력도 해볼 수 있다는 뜻입니다. 그걸 우리는 조금 어려운 말로 자존감, 그중에서도 '자기효능감'이라고 부릅니다. '내가 어떤 일을 성공적으로 수행해 낼 수 있을 거라는 기대나 믿음'. 그 마음이 우리가 뭔가를 시작하고 노력하고 몰입할 수 있게 만들어주는 것이죠.

아주 어릴 때는 우리에게도 그런 마음이 있었습니다. 무엇이든 도전해 보고 싶은 마음, 조금 어려워도 해낼 수 있을 거라는 믿음이 있었습니다. 그런데 조금씩 공부의 양이 많아지고, 난이도가 어려워지면서 열심히 하면 할수록 뭔가가 잘되는 경험보다 실패하는 경험을 더 많이 하게 됩니다. 자연스럽게 우리의 자신감은 점점 움츠러들었고, 우리 안에 있던 '할 수 있다'라는 마음도 자꾸만 작아지기 시작했습니다. 그렇게 되면 사람은 의욕을 잃어갈 수밖에 없습니다. 열심히 하다가도, 어느 순간 '할 수 있다'라는 생각이 점점 줄어들고, 희망이 사라지게 되면 우리는 그 일을 지속하기가 어려운 것이죠.

진짜 뭔가를 시작하고 도전하려면, 지금 어떤 결과를 가지고 있느냐가 중요한 게 아닙니다. 그보다 더 중요한 것은 뭔가를 시작하고 노력하는 그 시점에 진짜 '할 수 있다'라는 믿음을 얼마큼 가지고 있느냐에 따라 우리의 마음도 달라진다는 것입니다. 얼마나 내가 잘할 수 있을 거라고 기대하느냐에 따라 그 일의 성패는 좌우된다는 거지요.

모든 일의 시작은 '할 수 있다'는 믿음을 가지는 것에서부터 출발합니다.

엄마가 알려준 스몰빅의 힘

지금부터는 우리가 어떻게 '할 수 있다'라는 마음을 단단하게 만들어갈 수 있는지 하나씩 이야기를 드려보겠습니다.

다시 제 고등학교 시절로 돌아가볼게요. 우울증에 허덕이다가 꿈을 정하고, 다시 일어서기까지 1년이라는 시간이 흘러 고등학교 2학년이 되었습니다. 이후 '고등학교 3년 = 입시'라는 프레임에서 벗어나 내 꿈을 준비하고 만들어가는 시간이라고 바라보게 되자, 경험해 보고 싶은 것들이 많아졌습니다. 하지만 그 전에 반드시 넘어야 하는 과제가 하나 있었죠. 바로 친구 관계였습니다.

학교에 돌아온 이후 친구들과 사이가 나빴던 건 아니었습니다. 친구들에게 지금까지 제가 했던 행동들에 대해서 진심으로 사과하고, 우울증 진단을 받은 이야기와 치료 과정에 대해서도 자세히 설명했습니다. 다행히도 친구들은 제가 어떤 상황을 겪었고 어떤 어려움이 있었는지를 이해해 주었습니다. 오히려 자신들이 오해해서 미안하다며 제 건강을 걱정해 주기도 했죠. 그런 과정을 통해 조금씩 친구들과의 관계는 회복되었고, 제 학교 생활도 제자리를 찾아가기 시작했습니다.

하지만 그렇다고 해서 제가 친구들 사이의 리더가 될 수 있었던 것은 아니었습니다. 그 무엇보다 제 마음속에는 두 번이나 친구들에게 소외받았다는 스스로의 '꼬리표'가 달려 있었습니다. 그 아픔은 제 마음 한편에 늘 자리 잡고 있었고, 그 기억들은 종종 저를 깊은 우울감에 빠뜨리곤 했습니다. 저는 이 꼬리표를 꼭 떼고 싶었습니다. 그리고 언젠가는 꿈꿨던 것처럼, 진짜 '리더'가 되어보고 싶었습니다.

그때 저는 한 가지 결심을 했습니다. 앞으로 살아갈 인생을 위해서라도, 내 꿈을 위해서라도 이 트라우마를 제 힘으로 극복해내겠다고 말이지요. 그리고 그런 생각을 하던 즈음 운명처럼 학교에 포스터 한 장이 붙었습니다.

'한일고 22기 학생회장 선거'

드디어 올 것이 왔다고 생각했습니다. 나를 우울감에 빠뜨리던 그 꼬리표를 뗄 수 있는 기회라고 생각했고, 저 스스로 많이 부족하다고 느껴왔던 인간관계와 리더십을 직접 부딪혀가며 배울 수 있을 거라고 생각했기 때문입니다.

제가 출마를 발표하자 많은 친구들이 놀라는 눈치였습니다. 전교생 수가 그리 많지 않기에 대부분의 학생들이 그간 제 상황에 대해 잘 알고 있었기 때문이죠.

달라진 점은 또 있었습니다. 그전까지만 해도 학생회장을 맡으면 공부할 시간을 많이 빼앗긴다는 생각 때문인지 단독 출마가 대부분이었고, 많아 봤자 두 명 정도였는데 이번 학생회장 선거에는 저를 비롯해 총 네 명이 출마를 발표한 것이죠. 저를 뺀 나머지 세 명은 누구 하나 빠지지 않을 정도로 유력한 후보였습니다. 세 친구 모두 공부도 잘하고, 운동도 잘하고, 리더십도 뛰어나서 따르는 친구들이 많았는데요. 반면 저는 확고한 지지층도 없었고 폭넓은 인간관계를 가진 것도 아니었습니다. 실제 제 지지율은 1, 2% 정도밖에 되지 않았습니다. 100명 중 한두 명 정도만 저를 지지했던 거죠. 어떤 선거를 봐도 뒤집는 것이 불가능해 보이는 수치에 가까웠습니다.

나중에 선거가 끝나고 나서 들은 이야기지만 1, 2학년 동안 저를 지켜보셨던 담임 선생님께서 걱정이 많이 되셨는지 저희 엄마에게 전화를 걸어 이렇게 말씀하셨다고 하더라고요.

"자존심 세고 승부욕 강한 승우가 학생회장 선거 때문에 큰 상처를 받지 않을까 걱정이 됩니다. 어머니께서 출마를 말려주시는 게 어떨까 싶습니다."

당시 제가 선거에 나가는 일이 얼마나 무모한 도전이었는지 짐작할 수 있으시겠지요? 하지만 배려 깊은 선생님의 걱정만큼이나 제게는 커다란 엄마의 믿음이 있었습니다.

사실 출마를 선언하기는 했지만, 저 역시 이걸 끝까지 계속하는 게 맞나라는 불안이 있었습니다. '진짜 내가 할 수 있을까? 가능한 일일까?' 매일 고민하고 고민했죠. 그렇게 며칠을 끙끙 앓다가 엄마에게 전화를 걸어 하소연을 했습니다.

"나, 정말 학생회장이 꼭 되어보고 싶은데 너무 어려워요. 답이 안 보여요."

엉엉 울면서 얘기하는 제게 엄마는 "힘내, 넌 할 수 있어"라는 평범한 격려 대신 1분만 기다려보라고 하시더니 잠시 뒤 뭔가를 가져와서 읽어주기 시작하셨습니다.

그것은 다름 아닌 제가 '스몰빅'이라고 부르는, 제가 어릴 때부터 이뤘던 아주 작은 성취 경험들을 적어둔 노트였습니다. 물론 거기에는 남들이 봤을 땐 '고작, 이게 성취라고?' 싶은 것들도 많았습니다. 예를 들어 딱지치기 대회에 나가서 상을 받았던 것, 수학 단원평가에서 30점을 받았지만 그다음 시험에서 10점을 끌어올린 것, 난생 처음으로 교내 글짓기대회에서 장려상을 받았던 것 등등. 누군가에게는 별것 아닌 일들이었지만, 엄마는 그걸 기록해 놓고 제게 읽어주었습니다.

거기에는 저도 잊고 있었던 꽤 굵직한 성취 경험들도 있었는데요. 예를 들면 인라인스케이트 선수로 활동할 때, 하위권이었던 실력을 갈고닦아 1년 만에 시 대회에 나가서 상을 받았던 것, 처음으로 부반장에 당선되었던 일, 중학교 때 열심히 노력해서 단기간에 성적을 급상승시켰던 경험이지요. 엄마는 저도 잊고 있었던 저의 성취 경험을 빠짐없이 모두 기록해 놓으시고 그날 제게 하나씩 읊어주셨습니다. 작든 크든 엄마가 제게 이야기해 준 모든 일들은 분명 '내가 할 수 있을까?' 고민하고, 쉽게 해낼 거라 생각지 못했던 일들이었습니다.

달성하기 어려운 과제 앞에서 대부분의 사람들은 목표에 시간과 에너지를 집중해야 하는 것을 알면서도 '이게 가능할까, 진짜 해낼 수 있을까?' 하며 목표와 자신을 의심하는 데 적지 않은 시간과 에너지를 낭비합니다. 저도 그랬습니다. 저를 뽑겠다고 말해주는 친구가 거의 없고, 지지율도 바닥을 기고 있으니 의심하는 것이 당연했죠.

하지만 그날 엄마의 이야기를 듣고 나니, 제 머릿속에서는 스스로에 대한 의심이나 고민이 모두 사라졌습니다. 왜냐하면 엄마가 이야기해 준 그 경험들도 지금과 마찬가지로 당시에는 어려워 보였지만, 제가 결국 해낸 것들이기 때문이었습니다.

그날 이후에 저는 포기하고 싶다는 생각을 접어두고, 목표를 이룰 수 있는 방법을 찾는 데 집중하기 시작했습니다. 그러던 중 우연히 『7막 7장』이라는 책에서 글쓴이가 미국에서 고등학교를 다닐 때, 저와 비슷한 상황에서 좋은 연설과 공약으로 당선된 이야기를 보게 되었습니다.

연설이 굉장히 중요하다는 것을 확인할 수 있었던 사례가 또 있었는데요. 바로 미국 최초로 흑인 대통령이 된 버락 오바마 전 대통령이었습니다. 그 당시에 미국 대선이 진행되고 있었고, 정치 신인이었던 오바마가 감동적인 연설로 대통령 후보에까지 오르는 모습을 뉴스를 통해 매일 목격했던 것이지요.

그들처럼 제가 짧은 시간동안 이 상황을 바꿀 수 있는 건 단 하나뿐. 선거 전날 주어지는 단 10분의 연설이었습니다. 학생들의 마음을 움직이는 연설을 해내는 것. 이것만이 제가 할 수 있는 최선의, 그리고 유일한 방법이었습니다. 그래서 저는 그날 바로 시내의 대형서점에 나가서 『세계의 명연설』이라는 책을 구입했습니다. 그리고 쉬는 시간은 물론이고 수업 시간에도 연설문 작성에만 매진했습니다. 작성한 원고들을 한 문장씩 분석하면서 연설문에 어떤 단어를 쓰고 어떤 어투와 제스처로 전달해야 하는지에 대해 일주일 내내 밤새워가며 분석하고, 원고를 완성했습니다. 그 다음 일주일은 완성된 원고를 가지고 매일 아침저녁으로 아무도 없는 학교 뒷산에 올라가서 혼자 연설 연습을 했습니다. 이때 오바마 대통령의 연설 영상을 일주일간 100번 넘게 돌려 보면서, 그의 제스처, 말투, 눈빛 등 모든 것을 따라 하기 위해 노력했지요.

그렇게 2주 동안 네 시간 이상 잔 날 없이 밤낮으로 연설만 생각하고 연습하다 보니 10분 분량의 연설문이 제 입에서 술술 흘러 나올 수밖에 없었습니다.

드디어 다가온 연설 당일 저녁 7시. 전교생들이 학교 강당으로 모였습니다. 지난 몇 주 동안 학교 전체가 학생회장 선거로 시끌 벅적했기 때문에 모두 기대에 가득찬 눈빛들이었는데요. 추첨을 통해 저는 제일 마지막에 연설을 하게 되었습니다. 이윽고 앞선 세 친구들의 연설이 차례로 이어졌습니다. 역시나 기대만큼이나 친구들은 좋은 연설을 보여줬고, 그럴수록 저는 더 긴장되기 시작했습니다.

어느새 제 차례가 왔고, 담담하게 저는 연설문을 읽어나가기 시작했습니다.

"저는 입학하고 얼마 되지 않아 어느 친구와 다툰 적이 있습니다. 같은 호실을 쓰는 친구였는데, 어릴 때부터 혼자서 방을 써왔던 저는 그 친구가 밤마다 떠드는 소리 때문에 잠을 잘 수 없었습니다. 그 때문에 며칠 밤을 꼬박 새우게 되었고, 결국 친구에게 화를 내고, 다투게 되었습니다. 처음에 저는 그 친구를 이해하기가 너무나 어려웠습니다. 그 친구도 마찬가지였을 것입니다. 그러나 깨지고 부딪히는 과정을 통해 우리는 끝내 서로를 이해하고 배려하게 되었습니다. 1년 간의 호실 생활은 저와 그 친구를 형제와 다름없는 소중한 친구로 만들어주었습니다. 눈빛만 봐도 서로의 마음을 알 수 있을 정도로 말입니다. 저는 이것이 이느 곳에서도 배울 수 없는 우리 학교만의 가치라고 생각합니다."

원고를 읽어갈수록 제 가슴속에서 뭔가 뜨거운 것이 올라왔고, 제 목소리에는 점점 더 힘이 실렸습니다.

"이 공약들을 실천에 옮기다 보면 어려운 점이 생길지도 모릅니다. 타협하고 협상을 해야 할지도 모릅니다. 설사 그렇게 될지라도, 우리의 앞길을 가로막는 무언가에 대한 두려움 때문에는 협상하지 않겠습니다. 대신 협상하는 것을 피하지도 않겠습니다…(중략) 제가 여러분을 위한 양초가 되겠습니다."

지금 돌아보면 조금 유치하기도 하지만 다행히 저는 준비했던 연설을 큰 실수 없이 마무리했습니다. 그런데 그 순간 제가 아직까지도 잊을 수 없는 광경이 펼쳐졌습니다. 연설이 끝나자 누구 하나 먼저라고 할 것도 없이 320명 모두가 자리에서 일어나 기립 박수를 치기 시작한 것입니다. 여기저기서 환호성도 튀어나왔고, 많은 친구들과 후배들이 제 이름을 외치고 있었습니다.

그때 저는 확신했습니다. '이겼다!'

이튿날 투표 결과가 나왔고, 저는 두 표 차이로 아슬아슬하게 학생회장에 당선되었습니다. 인생에서 가장 몰입하고 동시에 가장 행복했던 순간을 꼽으라면, 이때가 아닐까 싶습니다. 지금까지 살아오면서 가장 기억에 남는 스몰빅인 셈이지요. 이 경험은 제 인생에서 아무리 어려움에 처하더라도, 스스로에 대한 확신을 가지고 노력한다면 언젠가는 그 일을 이뤄낼 수 있을 거라는 믿음을 가지게 해주었습니다. 어찌 보면 이 일은 어른이 되어서 거치게 되는 사회생활에 비해 훨씬 작은, 겨우 고등학교 시절의 성취일 수 있지만, 이 경험이 없었다면 저는 제가 생각하는 대로 살아가기가 어려웠을지도 모릅니다.

지금도 힘들고 포기하고 싶을 때, 실패해서 좌절할 것 같을 때마다 저는 이날의 감동을 종종 떠올립니다. 그러면서 어떻게 해야 지금 내 앞에 놓인 위기를 극복하고 목표를 이뤄낼 수 있을지 생각합니다. 분명 그때도 지금처럼 눈앞이 캄캄하고 막막했지만 방법을 찾고 끈질기게 노력하다 보니 결국 해낼 수 있었던 것처럼 지금 내게 닥친 시련도 그렇게 이겨 낼 수 있을 거라고 다짐하는 거죠.

'근자감'이라는 말이 있습니다. '근거 없는 자신감'의 줄임말이죠. 하지만 근거 없는 자신감은 진짜 자신감이 아닙니다. 금방 무너지게 되어 있습니다. 진짜 자신감에는 근거가 필요합니다. 내가 왜 이 일을 잘 해낼 수 있는 사람인지, 왜 이 목표를 이뤄낼 수 있는 사람인지 명확하게 알아야 합니다.

그런데 이보다 더 중요한 사실은 우리 모두에게 그런 근거가 있다는 것입니다. 그 근거는 제가 앞에서 이야기했던 내가 살면서 이룬 작은 성취 경험, 사소한 성공 경험일 텐데요. 그 성취가 남들이 볼 때 거창하거나 대단한 것일 필요는 없습니다. 어려웠고 힘들었지만 마침내 내가 해낸 모든 일들이 바로 그 근거가 될 수 있습니다.

우리 모두에게는 그런 경험이 있습니다. 만약 여러분들이 중학생이라면 분수 나눗셈과 곱셈을 처음 접했을 때, 그걸 지금처럼 어렵지 않게 할 수 있을 거라 생각하셨나요? 여러분들이 처음 영어 단어를 접했을 때, 지금처럼 영어 문장을 읽고 이해하고 말하고 쓸 수 있을 거라 생각했을까요? 여러분이 처음 축구를 접했을 때, 지금처럼 멀리 공을 차서 보낼 수 있을 거라 상상할 수 있었을까요?

우리는 이미 매일매일 성장해 왔고, 어제보다 나은 오늘을 만들어왔습니다. 그 과정에서 작년에는 불가능에 가까웠고, 지난달에는 어려웠으며, 지난주에는 힘들었던, 그 수많은 일들을 결국 이뤄냈습니다. 그중에는 실패도 있었고, 좌절도 있었겠지요. 하지만 여러분은 자신도 모르게 이미 수많은 크고 작은 성취를 이뤄왔습니다.

여러분에게 지금 힘들고 어려워보이는 일이 있다면, 시선을 잠시 그 일이 아닌 영광스러운 날들로 돌려보세요. 마침내 해낸 뒤 스스로 칭찬하고 기뻐하던 그 순간을 떠올려보세요. 그 순간이 바로 왜 지금 당신이 그 일을 해낼 수 있는지, 왜 지금 당신이 그 목표를 이룰 수 있는 사람인지를 설명해 줄 수 있을 겁니다.

제 이야기에 동의가 되셨다면, 여러분이 곧바로 해보셨으면 하는 일이 하나 있어요. 지금 바로 노트를 꺼내 여러분이 살면서 이뤄온 아주 작은 성취 경험을 딱 열 가지만 적어보세요. 더 많아도 되고, 더 적어도 됩니다. 그리고 그 일을 해냈을 때 어떤 생각이 들었는지, 기분이 어땠는지를 다시 한번 느껴보세요. 여러분의 영웅적인 날들을 떠올리며 내가 얼마나 괜찮은 사람인지, 얼마나 유능한 사람인지를 확인해 보는 겁니다. 그리고 나면, 여러분 눈앞에 놓여 있던 그 넘을 수 없을 것 같던 벽과 장애물들이 조금 다르게 보일지도 모릅니다. 그 일들을 해낸 것처럼, 여러분 안에는 지금 눈앞에 놓인 그 일을 해낼 수 있는 힘이 있거든요. 여러분들은 바로 그런 사람들입니다.

성적 급상승을 이룬 사람들의 공통점

성취 경험을 써보셨나요? 그런데 성취 경험을 쓰다 보면, 지금 내가 잘하고 싶은 건 공부인데, 막상 쓰려고 하니 '축구, 그림 그리기, 게임'처럼 공부와는 전혀 상관없는 것들만 떠올라서 걱정이라고 말씀하시는 분들이 있습니다. 그러면서 '역시 나는 인생을 헛살았어…' 같은 자책을 하실지도 모르겠어요.

하지만 다행히도 그럴 필요가 없습니다. 여러분을 위해서 심리학자들이 놀라운 사실을 하나 발견했는데요. 우리가 '할 수 있다'라고 믿는 자신감에는 두 가지 종류가 있다고 합니다. 나는 분야와 상관없이 어떤 일이든 잘할 수 있는 사람, 뭐든 잘하는 유능한 사람이라고 스스로를 인식하는 일반적 자신감과 내가 어떤 일을 잘할 수 있을지는 정확히 모르겠지만 본인의 경험을 토대로 적어도 자전거 타기나 축구, 그림 그리기만큼은 잘하는 사람이라고 인식하는 구체적 자신감이 그것이지요.

원래 전문가들은 두 종류의 자신감 중 스스로를 뭐든지 다 잘할 수 있는 사람이라고 느끼는 일반적 자신감이 높은 사람일수록, 주어지는 특정한 일을 성공적으로 완수할 수 있다고 느끼는 자신감 또한 클 거라고 생각했다고 합니다. 하지만 실제로 연구를 해보니, 그 결과는 반대였다고 합니다. 모든 분야를 다 잘할 거라고 믿는 일반적 자신감이 높은 사람보다 특정한 분야에서 자신이 유능하다고 느끼는 구체적 자신감이 높은 사람들이 다른 분야에 대한 자신감 또한 훨씬 높았던 것이죠.

이 연구가 우리에게 주는 교훈은 명확합니다. 여러분들이 지금 시점에 잘한다고 생각하는 것이 무엇이든, 잘한다고 생각하는 일이 많을수록 그 일의 분야나 영역과 상관없이 여러분들은 더 단단한 자신감을 가질 수 있다는 사실입니다. 쉽게 말해 내가 게임이나 축구, 미술에 가지고 있는 자신감은 그게 공부가 되었든, 혹은 다른 일이 되었든 그 일에 대한 자신감으로 옮겨갈 수 있다는 뜻이지요. 즉 여러분에게 게임이 되었든, 운동이 되었든, 어떤 사소한 일이라도 스스로 잘한다고 인식하는 것이 있다면 새롭게 도전하는 일도 잘해낼 수 있다는 것입니다.

이와 관련해, 제가 공부를 처음 시작하게 된 짧은 에피소드를 들려드릴게요. 강연을 다니다 보면 참 감사하게도 제가 어릴 때부터 공부를 잘했을 거라 생각하는 분들이 많습니다. 하지만 안타깝게도 저는 중학교 입학 전까지 공부와는 거리가 먼 학생이었습니다.

초등학교 시절의 저는 미니카부터 탑블레이드 팽이, 포켓몬 스티커, 유희왕 카드 등 유행하는 모든 놀이에 늘 앞장서는 아이였습니다. 또한 축구, 야구, 인라인스케이트 같은 온갖 운동에 미쳐 살아 제 팔과 다리는 단 하루도 성한 날이 없었습니다. 당시 저희 아버지의 소원은 '책상에 딱 30분만 앉아서 아들이 책 보는 모습을 보는 것'이었고, 죄송스럽게도 저는 그 소원을 이뤄드린 적이 단 한 번도 없었습니다.

5학년 때 처음 갔던 보습학원에서도 학원 컴퓨터실에서 몰래 게임을 하다가 붙잡혀 그만뒀고, 책이라고는 역사 관련 만화책밖에 읽지 않았던 그런 학생이었습니다. 그러니 공부를 잘할 턱이 없었죠. 어느 날은 학교에서 단원평가를 보는데 수학에서 30점, 과학에서 20점을 받아와서 아버지께서 진지하게 체육 쪽으로 진로를 권하셨던 기억도 납니다.

그랬던 제가 공부를 처음 시작했던 건 중학교 입학을 앞두고서였는데요. 대단한 이유는 아니었습니다. 앞서 잠깐 이야기했지만 제가 공부를 시작했던 이유는 다름 아닌 '휴대폰' 때문이었습니다. 저는 초등학교 6학년이 될 때까지 휴대폰이 없었습니다. 하지만 중학교 입학이 다가올수록 점점 휴대폰을 가지고 다니는 친구들이 많아졌고, 저도 다른 친구들처럼 휴대폰을 사달라고 부모님을 졸랐습니다. 하지만 부모님은 중학생이 무슨 휴대폰이 필요하냐며 절대 불가 방침을 선언하셨고, 저는 일주일간의 단식 투쟁에 돌입했습니다.

그렇게 방문을 걸어 잠그고 시위를 벌인 지 사흘째 되던 날, 결국 엄마는 제게 최종 '협상안'을 제시하셨습니다. 중학교 입학 배지고사에서 부모님이 제시하는 등수 안에 들면 원하는 기종의 휴대폰을 사주시겠다는 것이었습니다. 그 등수는 제가 봤을 때 사실상 불가능에 가까웠습니다. 당시 제 성적은 평균 60점에도 미치지 못했으니까요. 아마 부모님 입장에서는 두 가지 생각이 아니셨을까 싶은데요. '우리는 너에게 휴대폰을 사줄 생각이 조금도 없어'라는 단호한 거부 의사와 그럼에도 불구하고 아들이 가진 승부욕에 일말의 희망이라도 걸어보는 마음이셨겠죠.

당시 저에게는 휴대폰이 절실했습니다. 처음으로 좋아하는 여학생이 생겼거든요. 그렇게 저는 독서실 운영을 하셨던 아버지의

'공부는 독서실에서 하는 것'이라는 조언에 따라, 독서실을 다니기 시작했습니다. 배치고사는 6학년 전 범위를 대상으로 하는 시험이었기에 저는 교과서와 전과를 달달 외우기 시작했습니다. 거기에 결정적으로 배치고사는 중요하지 않다며, 차라리 그 시간에 중학교 때 배울 내용을 선행하는 게 더 중요하다고 생각하는 친구들의 협조 덕분에, 또 아예 시험을 보러 와주지 않은 일부 친구들의 협조 덕분에 거짓말처럼 저는 부모님이 제시했던 딱 그 등수의 성적표를 받아들었고 그토록 갖고 싶었던 휴대폰을 손에 넣을 수 있었습니다.

그리고 그 이후는 예상하셨겠지만, 한 번 내가 원하는 목표를 이루고 나니 '어, 이거 해볼 만한데? 잘할 수 있겠는데?'라는 생각이 들었고 그 마음은 공부에 대한 자신감을 갖게 해주었습니다. 여기까지가 바로 제가 공부를 시작한 계기입니다.

그런데 제가 이 에피소드를 떠올릴 때마다 드는 한 가지 의문이 있었습니다.

'어떻게 시험에서 2, 30점까지 받았던 내가 사실상 불가능에 가까웠던 그 등수를 받겠다고 노력을 했을까?'

쉽게 말해 '할 수 있다'라는 믿음이 있어야 '하고 싶다'라는 생각을 가질 수 있는데, 어떻게 제가 그 불가능에 가까운 목표를 놓고도 '할 수 있다'라는 생각을 가지게 되었을까 하는 의문이었습니다. 그리고 그 답은 전혀 뜻밖의 경험에 있었습니다.

앞서 학생회장 에피소드에서 잠깐 언급했지만, 저는 초등학교 4학년 때부터 롤러스케이트, 흔히 '인라인스케이트'라고 부르는 스포츠 선수로 활동한 적이 있었습니다. 그전까지는 취미로 즐겨 타는 정도였는데, 학교에 인라인스케이트부가 만들어지면서 본격적으로 선수 생활을 시작한 것이죠.

당시 저는 함께하던 여섯 명의 친구 중 꼴찌를 다투는 하위권 선수였습니다. 저보다 더 비싸고 좋은 스케이트를 가진 선수도 있었고, 100미디 달리기도 저보다 1, 2초나 빨리 딜릴 만큼 신체 조건이 뛰어난 친구들도 있었습니다. 별로 비싸지 않은 스케이트를 타고 매번 제일 마지막으로 골인지점에 들어오는 저를 무시하는 친구들도 있었지요. 저는 지는 게 너무 싫었습니다. 무시받는 건 더더욱 싫었지요. 그래서 저는 여름방학과 겨울방학 내내 누구보다 열심히 훈련을 했습니다. 그 당시 부산 사직구장에서 훈련을 했는데, 친구들이 열 바퀴를 뛴다면 저는 열다섯 바퀴를 뛰면서 악착같이 연습에 매달렸습니다.

그렇게 노력을 하다 보니 어느새 학교에서 3등을 지나 2등이 되었고, 1년이 지나고 나니 학교에서 가장 좋은 기록을 내는 선수가 되어 있었습니다. 그리고 1년 전만 하더라도 출전조차 생각 못 했던 부산시 인라인스케이트 대회에 나가서 은메달을 따기도 했습니다. 스스로 노력을 해서 역전을 이뤄낸 제 인생의 첫 번째 경험인 셈입니다.

공부를 시작할 때, '노력하면 안될 게 없다'라는 믿음의 근원은 바로 이 경험 덕분이었습니다. 내가 직접 노력해서 결과를 만들어봤고, 잘하게 된 경험이 공부에도 똑같이 적용될 수 있을 거라 믿게 된 것이죠.

공부에 관한 책을 쓰기 위해 인터뷰를 하다 보니 운동선수 출신으로 뒤늦게 공부를 시작해 성적 급상승을 만들어낸 사례가 유독 많았습니다. 처음엔 운동선수 출신들이 체력과 끈기, 근성이 좋으니 공부도 열심히 했겠지라고 생각했습니다. 하지만 더 중요한 본질이 있었습니다. 바로 '무언가를 잘해본 경험이 주는 성취감'이었습니다. 그 소중한 경험 덕분에 그들은 지금 눈앞에 있는 공부도 그때처럼 잘해낼 수 있을 거라는 확신을 가질 수 있었던 것입니다.

여러분이 지금 잘한다고 말할 수 있는 게 공부와 전혀 무관해도 상관없습니다. 심지어 그게 공부의 '적'이라고 할 수 있는 게임이어도 상관없습니다. 실제로 제가 인터뷰했던 성적 급상승을 보인 학생들 중 게임중독자라고 보아도 전혀 이상하지 않은 학생들도 꽤나 있었습니다. 그들의 비결 또한 운동선수 출신들이 공부라는 벽을 단기간에 넘어설 수 있었던 이유와 같을 겁니다.

그러니 여러분이 가장 잘할 수 있는 것을 떠올리고, 어떻게 그걸 잘하게 될 수 있었는지 떠올려보세요. 그 성취감, 노력의 과정 하나하나 눈을 감고 되짚어보세요. 이미 그곳에 답이 있습니다. 여러분이 지금 눈앞에 두고 있는 이 일도 그때처럼 결국 해낼 수 있게 될 겁니다.

_____ 가장 쉽고 확실하게 성취 경험을 만드는 법

지금까지 제 이야기를 듣고 나서도 이런 생각이 드시는 분들이 계실지도 모르겠습니다.

"아무리 생각해도 도무지 성취한 것들이 떠오르지 않아요. 전 아무것도 이룬 게 없는 것 같아요."

충분히 그러실 수 있습니다. 그래도 괜찮습니다. 지금부터는 내가 성취한 게 하나도 없는 것 같을 때 써먹을 수 있는 방법에 대해서 이야기를 해보겠습니다.

제가 성인이 되고 난 이후의 일인데요. 저는 2017년, 즉 제가 만 스물다섯 살, 대학교 4학년이 되던 해에 첫 번째 사업에 도전했습니다. 하지만 2년 만에 약 1억 원의 빚을 지고, 쫄딱 망했습니다. 매달 400만 원에 가까운 빚을 갚아야 했죠. 돈을 벌기 위해 열심히 과외를 하고, 전국 각지로 공부법 강의도 다녔습니다. 또 사업을 하느라 채우지 못한 학점을 메우기 위해 학교도 다녀야 했죠. 그야말로 하루 24시간이 모자랄 정도였습니다.

아무리 돈을 갚고 일을 해도 제 미래가 나아질 거라는 확신이 들지 않았습니다. 칠흑 같은 어둠은 도무지 출구가 없는 것처럼 보였죠. 그러면서 '나는 왜 이것밖에 안되나'라는 자책을 하기 시작했습니다. 그렇게 조금씩 조금씩 무기력해지기 시작했습니다. 아무것도 하지 않고 사람들도 만나지 않으며 점점 현실을 도피하는 생활을 했습니다.

사실 그런 상황이라면 더욱 열심히 하루하루를 보내서 일을 하고 공부를 해야 하는 게 맞지만, 온전히 극복하기 어려워 보이는 상황에 맞닥뜨리게 되면 사람은 누구나 무기력을 느끼게 됩니다.

더 노력하기보다는 아예 포기하거나 도망치고 싶어지기 마련이죠. 해야 할 일들이 쌓여 있음에도 불구하고 매일 잠을 자거나 술을 마셨습니다. 깨어 있는 매순간이 제게는 스트레스였으니까요.

그런데 어느 날 우연히 유튜브에서 한 영상을 보게 되었습니다. 그 영상의 썸네일에는 이렇게 적혀 있었습니다.

"세상을 변화시키고 싶습니까? 이불부터 똑바로 개세요."

알고 보니 그 영상은 미국 해군 특수작전사령관 출신으로, 9.11 테러의 주범 오사마 빈 라덴 사살 작전을 지휘하며 미국의 영웅으로 떠오른 해군대장 맥레이븐 장군의 연설을 요약해 놓은 것이었습니다. 그는 연설의 서두에서 이렇게 말했습니다.

"세상을 변화시키고 싶으세요? 침대 정돈부터 똑바로 하세요."

어릴 때 듣던 엄마의 잔소리 같아서 처음엔 고개를 갸우뚱했습니다. 하지만 그다음 말을 들으면서부터 바로 그 의미를 이해할 수 있었습니다.

"매일 아침 침대 정돈을 한다면, 여러분은 그날의 첫 번째 과업을 완수하게 되는 것입니다. 그것은 여러분에게 작은 뿌듯함을 줄 것입니다. 그리고 다음 과업을 수행할 용기를 줄 것입니다. 하루가 끝나면 완수된 과업의 수가 하나에서 여럿으로 쌓여 있을 겁니다. 침대를 정돈하는 사소한 일이 인생에서 얼마나 중요한 역할을 하는지 알 수 있죠. 여러분이 사소한 일을 제대로 해낼 수 없다면 큰일 역시 절대 해내지 못할 것입니다."

그리고 이어진 말은 기어코 제 눈에서 눈물이 솟아니게 만들었습니다.

"혹시 비참한 하루를 보냈다 하더라도 여러분은 집에 돌아와 잘 정돈된 침대를 보게 될 겁니다. 그 모습은 여러분에게 내일은 더 나을 것이라는 용기와 격려를 줄 것입니다."

매일같이 비참한 하루를 보내고 있던 제게 이 연설은 지금 당장 내가 무엇을 해야 하는지 알려주었고, 내가 어떻게 이 어려움을 헤쳐나가야 하는지 일깨워주었습니다.

이 연설은 어떻게 보면 큰일을 하려면 기본에 충실해야 하고, 기본에 충실하지 않은 사람은 큰일 또한 제대로 해낼 수 없다는 이야기로 이해할 수도 있을 것입니다. 하지만 다르게 생각하면 아무리 극복하기 어려운 상황이라도 아주 작게 시작하고, 아주 작은 목표를 세워서 반복적으로 하다 보면 결국 해낼 수 있다는 뜻일지도 모릅니다. 목표를 이뤄가는 과정에서 느끼는 성취감이 그다음 목표를 이뤄낼 수 있는 원동력이 되고, 동시에 내가 잘해낼 수 있을 것이라는 용기와 믿음을 준다는 뜻이기도 했습니다.

그래서 저는 그날부터 내 앞에 맞닥뜨린 현실을 회피하지 않고, 내가 해결해야 할 상황과 문제를 내버려두지 않고, 천천히 그리고 하나씩 해결해 나가기로 마음 먹었습니다. 그리고 맥레이븐 장군의 '침대 정리'처럼 아침에 일어나면 해야 할 일 다섯 가지를 정했습니다.

그 다섯 가지는 누구나 아주 쉽게 할 수 있는 목표들이었는데요. 첫 번째로 일어나서 눈을 뜨면 이불을 개고 침대 정돈을 하고, 두 번째로는 바로 화장실에 들어가 샤워를 하고, 세 번째로 샤워를 마치고 나면 작은 원룸이었지만 청소기를 돌리고, 네 번째로는 책상 앞에 앉는 것이었습니다. 마지막 다섯 번째로는 책상에 앉아서 오늘 해야 할 일을 플래너에 쓰고, 30분 동안 책을 읽는 것이었습니다.

별것 아닌 일이었지만 저는 현관문에 다섯 가지 할 일을 완료했는지 체크할 수 있는 표를 만들어 붙여놓고 하루도 빠짐없이 결과를 기록해 나갔습니다.

처음에는 이렇게 쉽고 사소한 일이 내 인생을 바꾸는 데 과연 도움이 될까 싶었지만, 매일 내가 해낸 일들을 체크하고 문 밖을 나서니 저의 하루는 많은 것들이 달라졌습니다. 집 밖을 나가면서부터 해야 할 목표를 다섯 개나 이뤘다는 생각에 '나는 꽤나 괜찮은 사람이야', '오늘 해야 할 다른 일들도 아침에 했던 것처럼 잘해낼 수 있어'라는 자신감을 가지게 되었고, 그 마음은 그날 해야 할 중요한 일들 또한 잘 해낼 수 있게 만드는 원동력이 되었습니다.

그 연설을 본 날을 기점으로 저는 점점 자괴감이나 비참함의 늪에서 벗어나, 무기력했던 하루하루를 되살려낼 수 있었습니다. 다시 열심히 일을 하며 빚을 갚기 시작했고 바쁜 시간을 쪼개 공부에도 힘을 쏟았습니다. 그 결과 학교에서는 성적 우수 장학생으로 뽑혀 전액 장학금을 받게 되었고, 끝이 없을 것 같았던 빚에서도 조금은 헤어나올 수 있었습니다. 그리고 제게 베스트셀러 작가라는 타이틀을 선물해 준 책, 『공부 마스터 플랜』도 완성해낼 수 있었죠.

제가 경험했던 것처럼 우리 삶에서 필요한 변화는 우리가 생각하는 것보다 훨씬 더 작은 것에서부터 시작됩니다. 대부분의 사람들은 변화하려면 거창한 것부터 시작해야 한다고 여기고 작은 것들이 뭘 바꿔낼 수 있겠어라고 생각하지만, 사실 그건 조급함이 불러오는 착각이라고 할 수 있습니다. 오히려 큰 것, 거창한 것부터 바꾸려고 하면 아무것도 달라지는 것이 없습니다. 의욕이 넘치던 첫날의 마음과는 달리, 시간이 지나면서 목표를 반드시 이뤄내겠다는 의지가 줄어들고, 막상 부딪혀보면 머릿속으로 생각만 하던 때와는 달리, 이 일을 해내는 것이 결코 쉽지 않다는 것을 깨닫기 때문입니다.

만약 진짜 목표를 달성하고 변화를 시작하기를 바란다면 여러분들이 진짜 해야 하는 건 '작게' 시작하고, '작은' 목표를 이루며 '작은' 성취를 계속 쌓아나갈 수 있도록 만드는 것입니다. 그렇다면 작은 성취 경험을 지금 바로 만들어갈 수 있는 한 가지 습관을 알려드리겠습니다.

앞서 제가 경험한 것처럼, 아침에 일어나서 해야 할 일 또는 하루 동안 반드시 해야 할 서너 가지의 목록을 정해보는 겁니다. 그리고 그 일들을 하고 나면, 직접 완수 여부를 체크하면서 성취감을 느껴보는 겁니다. 다시 한번 말씀드리지만, 그 서너 가지의 과제는 어렵지 않게 해낼 수 있는 일들이어야 합니다. 너무 어려운 일이면 꾸준하게 성취하는 것이 쉽지 않으니까요. 이불 개기, 5분간 책 읽기처럼 아주 쉬운 일이어도 상관없습니다. 그리고 설사 체크리스트의 모든 항목을 해내지 못했더라도 달성한 한두 가지에 대해서 스스로를 칭찬하고 격려해 주세요.

그렇게 매일 아침마다 이불을 개고, 책을 읽고, 계획을 세워낸 거울 속 자신을 보며 '내가 얼마나 유능한 사람인지, 괜찮은 사람인지' 느껴보는 깁니다. 그렇게 하루하루를 반복해 나가다 보면, 어느새 여러분의 마음속에는 어떤 장애물도 넘어설 수 있는 용기가 생길 겁니다.

성장을 기록해야 하는 이유

여러분 혹시 게임 좋아하시나요? 저도 어릴 적 참 게임을 좋아했는데요. RPG부터 전쟁 게임, FPS 게임, 피파온라인까지 안 해본 게임의 종류가 없었습니다. 게임을 아주 잘했던 것도 아닌데 매일매일 해도 질리지 않는 게 참 신기했습니다. 그래서 저는 우리가 그토록 게임에 빠져드는 이유가 무엇인지 궁금했습니다. 고민 끝에 우리가 게임에 쉽게 빠져드는 몇 가지 이유를 찾을 수 있었는데요.

게임의 장르에 따라 조금씩 다르겠지만, 우리가 하는 대부분의 게임은 초보자라도 비교적 어렵지 않게 시작할 수 있습니다. 화려한 효과로 시선을 끄는 오프닝 화면이 끝나면, 모든 게임에는 초보자를 위해 너무나 쉽고 친절하게 설명해 주는 매뉴얼, 튜토리얼이 등장합니다. 그리고 게임에서 알려주는 대로 천천히 게임을 해나가다 보면 어느새 경험치가 쌓이고, 레벨이 한 단계씩 올라갑니다.

하는 사람 입장에서는 대단하게 이룬 것이 없어도 "아주 잘했어요"라고 하면서 칭찬도 해줍니다. 또한 초보자를 위한 튜토리얼이 끝나면 누구라도 할 수 있을 법한 미션 두세 개가 주어집니다. 어렵지 않게 이 미션을 수행하면 보상 아이템을 받게 되고 자연스럽게 레벨도 올라가지요. 그렇게 한 시간, 두 시간이 지나면 어느새 벌써 꽤 높은 레벨에 도달해 있습니다.

조작에 익숙해지다 보니, 다음에 주어지는 미션도 크게 어렵지 않게 느껴집니다. 또 게임 로그인 화면에는 '매일 출석하면 신상 아이템을 모두 드립니다'라는 문구가 적혀 있고, 그 아이템을 얻기 위해 우리는 매일매일 잊지 말고 출석하자는 다짐을 하게 됩니다. 그렇게 점점 우리는 게임에 빠져 들고, 별일이 없어도 출석을 해야 할 것 같은 의무감에 하루도 거르지 않고 게임에 접속하게 됩니다.

여기까지가 장르와 상관없이 대부분의 게임에서 발견할 수 있는 특징인데요. 여기에는 엄청난 비밀이 숨겨져 있습니다. 먼저 게임을 처음 접하는 사람들에게 '이 게임 정말 쉬워요. 어렵지 않게 해볼 수 있어요'라는 메시지를 심어줍니다. 그리고 두 번째로 여러분들이 열심히 하면 할수록 지금 실력과 관계없이 레벨이 오르고, 경험치가 오르고, 좋은 보상을 얻을 수 있다는 믿음을 줍니다. 쉽게 말해, 우리가 게임에 재능이 있든 없든 상관없이 '당신은 게임을 잘할 수 있어요'라는 기대를 심어준다는 겁니다.

이게 바로 공부보다 게임이 훨씬 재미있게 느껴지는 이유입니다. 공부는 별로 쉬워보이지도 않고, 또 한다고 해서 그만큼 실력이 오른다는 확신이 들지 않지만, 게임은 우리에게 '이거 무지 쉬워요. 그리고 하는 만큼 당신의 레벨은 올라갈 거예요'라는 확실한 약속을 해주는 것이죠.

그런데 스스로 성취감을 느끼고 계속해서 '할 수 있다'라는 마음을 단단하게 만들어나간 멘토들은 바로 이 게임의 원리를 깨우치고 있었습니다. 어떻게 해야 그 마음을 유지하고, 더 단단하게 키워갈 수 있는지를 알고 있었죠.

강연이나 유튜브를 통해 부모님들을 만나다 보면 종종 이런 이야기를 들을 때가 있습니다.

"○○가 공부에 재미를 붙었나 봐요."

"그렇게 잔소리를 해도 공부는 쳐다도 안 보던 애가, 이제는 그만 자라고 해도 책상 앞에 앉아서 공부를 하네요."

이런 얘기를 들을 때마다 저는 궁금했습니다. 도대체 공부를 안 하던 학생이 갑자기 왜 재미를 느끼게 되는 걸까? 특별한 계기나 동기부여 방법이 있는 건가? 저는 몇 년이 지나서야 그 답을 알게 되었습니다.

억지로 시작한 숙제였든 누군가의 도움을 통해서였든 혹은 엄마의 선물 약속 때문이었든, 어느 날 갑자기 공부를 하고 나서 평소에는 안 풀리던 문제가 풀리고, 이해되지 않던 영어 문장이 이해되기 시작하자 공부가 재미있어졌다는 것입니다. 거기에 성적까지 오르면서 그 친구들은 누가 시키지 않아도 공부를 하게 되었다고 말했습니다.

'해도 안될 거야'라는 생각이 들던 예전과는 달리 하면 할수록 조금씩 실력이 나아지고 있다는 느낌을 받고, 내가 무언가를 성취하고 있다는 경험을 하면서 자연스럽게 '동기 부여'가 된 것입니다. 쉽게 말해 처음에는 그렇게 어렵고 힘들 것만 같았던 일에서 '작은 성공', '작은 성취'를 경험하고 나니, 그 일을 바라보는 생각 자체가 달라진 것입니다. 다른 사람이 볼 때는 '작고, 별로 대단한 것이 아니지만', 그 일을 해낸 사람들의 마음속에서는 가장 큰 힘을 갖게 되는 마법. 이것이 바로 '작은 성공'의 힘입니다.

간절함만 있으면 열심히 하게 된다고 말씀하시는 분들이 있습니다. 하지만 저는 조금 다르게 생각합니다. 간절함은 가지고 싶다고 마음대로 생겨나고, 마음껏 가질 수 있는 것이 아닙니다. 어떤 상황과 계기, 마음가짐 등이 복합적으로 얽혀 나타나게 되는 일종의 결과지요. 원인이 아니라 결과입니다. 마치 집중이 '하는 것'이 아니라 '되는 것'이고, 집중이 되게 만들려면 방해요소를 제거하거나, 해야 하는 분량을 명확하게 정해야 하는 것처럼요. 한마디로 하는 것이 아니라 되는 것의 영역입니다.

이렇게 사람들은 종종 동기부여에 대해 착각하곤 합니다. 아마 여러분들도 공부하기 싫은 마음에 유튜브에서 동기부여 영상을 찾아본 경험이 있으실지도 모르겠습니다. 저도 그랬습니다. 공부를 하기 싫을 때마다 쓴소리를 해주는 영상을 찾아보거나, 합격 수기를 읽곤 했습니다. 해이해진 마음을 다잡는 데 꽤나 도움이 되었지만, 결국 그런 동기부여는 일시적이었습니다. 며칠이 지나면 그 불타던 의지는 온데간데없이 사라지고 침대에 누워서 게임을 하고 있는 제 자신을 발견하곤 했죠.

그런 것들만으로는 뜨거운 마음을 지속시킬 수 없습니다. 저역시 다양한 방법을 사용해 봤지만 결국 지속적인 변화를 가져다준 것은 한 가지뿐이었습니다. 스스로 조금이라도 '성장'하거나 '성취'를 이루면, 그리고 스스로 그것을 인지하기 시작하면 그때부터 변하기 시작했습니다. 지속적인 동기부여는 누군가가 '해줄수 있는 것'이 아닙니다. 다시 한번 강조하지만 동기부여는 '하는게(doing)' 아니라 '되는 것(being)'입니다. 원인이 아니라 결과인 것이죠.

이쯤 되면 이런 반문이 드실 수도 있습니다.

'그러면 결국 성적이 오르는 애들만, 성과가 나는 애들만 가질수 있는 것이 아닌가요?'

물론 성적이 오르면 더할 나위 없이 확실한 동기부여가 되겠지요. 하지만 처음부터 하는 만큼 좋은 결과가 나왔다면 우리가 이런 고민을 할 필요도 없었을 겁니다. 사실 목표를 이룬 모든 사람들이 그랬습니다. 저도 그랬고, 제가 인터뷰를 했던 멘토들의 시작 또한 여러분들만큼, 혹은 그보다 더 초라했습니다. 모두가 하나같이 아무리 노력해도 점수가 오르기는커녕, 떨어지고 실패하는 경험을 했다고 말했습니다.

저도 마찬가지였습니다. 우울증 치료를 받고 학교로 돌아와 다시 공부를 시작했지만 점수는 오르지 않았습니다. 오히려 떨어졌죠. 하지만 좌절하지 않았습니다. 왜냐하면 지금 당장 내가 원하는 결과가 나오지 않는 것이 당연하다는 걸 알았기 때문입니다. 제게 중요한 건 지금 당장 눈에 보이는 좋은 성적, 높은 등수가 아니었습니다.

제 목표는 한 가지였습니다. 어제보다 오늘, 오늘보다 내일 나아지는 것. 매일매일 내 노력이, 내 실력이, 내 내공이 나아지고 있는지에만 모든 초점을 집중했습니다. 마치 우리가 게임을 하면서 경험치와 레벨이 오르는 것을 눈으로 확인할 수 있는 것처럼 측정 가능한 모든 기준을 수립해서 내 공부와 노력이 나아지고 있는지를 점검했습니다.

처음에는 내 의지만으로 선택하고 컨트롤 할 수 있는 것을 지표로 삼았습니다. 예를 들면 시험 점수 같은 지표보다는 노력의 양 자체에 기준을 두었습니다. 매일 공부에 집중한 시간이 늘어나고 있는지를 기준으로 매일의 목표를 정했고 어제보다 1분이라도 더 하는 것을 목표로 삼았습니다. 그리고 스톱워치를 들고 다니며 하루에 몇 시간을 집중하여 공부를 했는지 측정하고 기록했습니다. 그렇게 하다 보니 처음엔 두세 시간도 집중하기 어려웠지만, 날이 갈수록 시간은 늘어갔습니다. 플래너에 적힌 공부 시간은 바르게 늘어나고 있었고, 그걸 눈으로 확인할 때마다 게임에서 레벨업할 때의 쾌감을 똑같이 느낄 수 있었습니다.

그렇게 공부 습관이 어느 정도 자리 잡히고 나자 이후에는 한 시간 동안 풀고 맞힌 수학 문제의 개수, 한 시간에 외워낸 영어 단어 개수와 같이 수치로 확인할 수 있는 모든 지표들을 기록했습니다. 어제보다 못한 날들도 있었지만 그럼에도 내가 지난 달에 비해, 두 달 전에 비해 얼마나 나아지고 있는지 눈으로 확인하자 이 성장의 그래프를 멈추고 싶지 않아졌습니다.

어떤 성장이냐는 결코 중요하지 않습니다. 예를 들어 영어 단어를 열 개 외우는 데 30분이 걸렸지만 어느 날 15분이면 외우게 된 것, 하나도 못하던 턱걸이를 결국 해내게 된 것 등 스스로 알을 깨뜨린 모든 것이 바로 이 작은 성장, 작은 성공, 작은 성취에 해당합니다. 모든 사람은 이런 성장과 성취의 경험들을 살면서 나도 모르게 쌓아나갑니다. 그럼에도 불구하고 모든 사람이 잘할 수 있다는 자신감을 가지지 못하는 이유는 바로 스스로의 작은 성공, 작은 성취를 잊고 지나가기 때문입니다.

기록하지 않으면 기억할 수 없습니다. 저를 비롯해 성적이 급상승하거나 공부에서 성과를 이뤄낸 많은 학생들이 자신의 자신감, 자기효능감을 높이는 데 이 원칙을 사용했습니다. 진짜 '할 수 있다'라는 마음, 나아가서 계속하고 싶은 마음을 유지하고 싶다면 반드시 자신의 작은 성취, 작은 성공을 늘 기록하고 의식하면서 자신의 유능함을 되새겨야 합니다.

　그러니 오늘 바로 노트를 꺼내 기록해 보세요. 어제보다 오늘 무엇이 나아졌는지, 그리고 오늘보다 내일은 무엇이 나아지고 싶은지를 매일 측정하고 적어보시길 바랍니다. 지금 내 레벨이 1이든, 10이든 상관없습니다. 1이 2가 되고, 10이 11이 되는 그 순간들을 기록하고 기억해 나가다 보면 어느새 여러분의 레벨은 99에 도달해 있을 겁니다.

많이 넘어져 본 사람일수록 쉽게 일어선다. 넘어지지
않는 방법만 배우면 결국에 일어서는 방법을 모르게 된다.

_ 사이토 시게타

Chapter 3

내 인생의
주인이라는 마음

#주체성

죽음을 목격하고 알게 된 것들

'당신은 왜 공부를 하시나요?'

서울대학교 재학 시절, 시험 기간이 한창이던 어느 날 중앙도서관 앞에 이런 포스터가 붙었습니다. 그리고 포스터 앞에는 작은 포스트잇 뭉치와 함께 펜이 놓여 있었고, 그 앞을 지나던 학생들은 제각각 지금껏 공부를 하는 이유에 대해서 적었습니다.

호기심에 살펴보니 참 다양한 답이 있더라고요.

"뚜렷한 목표가 있는 것은 아니지만, 이것 때문에 발목 잡히고 싶지 않아서."

"대학 오면 여자친구 생긴다고…."

"세상의 빛이 되어 따뜻하고 환히 밝히기 위해."

"더 이상 최선의 선택이 없어서요."

"왜 사는지, 어떻게 살아야 후회가 없을지 스스로 답을 내기 위하여."

"누군가에게 그리고 제 자신에게도 의미 있는 삶을 살고 싶습니다."

학생들 수만큼이나, 다양한 생각과 이유가 있었지만 그중에서 제 눈길을 가장 끌었던 답이 하나 있었습니다.

"나 자신이 쓰일 곳에 제대로 쓰여지기 위해서…."

앞서 이야기했듯, 저는 전쟁이라는 문제를 해결하는 외교관이라는 꿈을 위해, 그리고 그 꿈에 대한 책임감으로 공부를 시작하게 되었습니다. 그 꿈은 어렵고 포기하고 싶은 순간에도, 지치고 힘든 순간에도 다시 일어서서 주어진 일을 해내야 하는 이유이자 원동력이었습니다.

하지만 저 또한 꿈이라는 그 막연한 단어에 대해 답을 곧바로 찾을 수 있었던 건 아니었습니다. 사실 꿈이라는 건 어릴 때부터 많이 들어온 익숙한 단어지만, 진지하게 고민하면 할수록 막연하고 멀리 느껴지는 것 또한 사실입니다.

저는 꿈이라는 것이 내가 내 인생을 사랑하고 진지하게 대하는 태도의 결과물이라고 생각합니다. 자신을, 그리고 자신의 인생을 소중히 아끼고 사랑하는 마음이 있는 사람이어야만 꿈을 꾸고 꿈을 이뤄갈 수 있습니다.

따라서 꿈을 찾기 전에 우리가 먼저 느껴야 할 마음이 있습니다. 그 마음은 우리 인생을 허투루 낭비하지 않게 만들어줄 겁니다. 제가 그 마음을 가지게 된 사건 하나를 통해 그것이 어떤 마음인지, 그 마음은 어떤 힘을 가지고 있는지 여러분께 알려드리고자 합니다.

이야기는 중학교 2학년 때로 거슬러 올라갑니다. 서서히 햇볕이 뜨거워지던 여름의 어느 날, 시험을 앞두고 과학 공부를 하고 있던 밤이었습니다. 그 당시 저는 꼭 새벽에 공부를 하는, 지금 돌이켜보면 좋지 않은 습관을 가지고 있었습니다.

그런데 그날 새벽, 평소와 다름없이 공부를 하다가 무심코 창밖을 보았는데 같은 아파트에 사는 이웃이 극단적인 선택을 하는 장면을 목격하고 말았습니다. 그때까지 단 한 번도 누군가 죽는 모습을 본 적이 없었기에 큰 충격을 받았습니다. 주무시고 계신 부모님을 급히 깨워 말씀을 드렸고, 아버지가 경찰에 신고를 하면서 상황은 수습되었습니다.

그렇게 밤을 꼬박 샌 채로 학교에 다녀온 저는 피곤했는지 그대로 곯아떨어졌지요. 그때까지만 해도 별 문제는 없었습니다. 한잠 자고 일어나니 전날의 충격은 한결 가신 듯했죠. 더욱이 얼마 남지 않은 시험을 준비해야 했기에 아무 일 없었다는 듯 학원에 갔고, 도서관에서 공부를 했습니다. 며칠 뒤 치른 시험에서도 나쁘지 않은 결과를 거뒀죠.

그런데 막상 시험이 끝나고 여유가 생기면서부터 그날의 충격적인 장면이 조금씩 머릿속에 떠올랐습니다. 그리고 '죽음'이라는 단어를 접할 때나 TV에서 죽음과 연관된 대사만 나와도 갑자기 눈물이 나거나 우울해지기 시작했습니다.

실제 누군가 생을 마감하는 모습을 보고 나니 '나도 언젠가 죽겠구나. 우리 부모님도, 내가 사랑하는 친구들도 모두 헤어지게 되겠구나'라는 어찌 보면 당연한 그 생각들이 조금씩 실감 나기 시작한 것입니다.

우리는 평소에 매일 아침 눈을 뜨는 것이 당연하고 사랑하는 가족들, 사랑하는 친구들을 만날 수 있음을 당연하게 여기며 살아갑니다. 그런데 '죽음'이라는 그 두 글자가 당연해 보이는 것들이 결코 당연하지 않을 수 있다는 사실을 제게 일깨워준 것이죠.

어느새 저는 흔히 '인생무상(인생이 덧없음을 이르는 말)'이라고 부르는 회의감에 빠지기 시작했습니다. 내가 지금 하고 있는 노력들, 이루려고 하는 모든 것들이 덧없게 느껴졌죠.

특히 그 당시 공부를 하던 과학 내용이 천문학에 대한 것이었는데요. 우주가 어떻게 탄생했고, 무엇으로 구성되어 있으며, 140억 년의 시간 동안 어떤 과정을 거쳐 지금 내가 살고 있는 세상이 만들어졌는지에 대한 내용이었습니다. 세상의 중심이라 알고 있던 인간이 거대한 우주와 마주하면 할수록 한없이 작아보인다고 느끼던 시점에 그런 일을 겪게 되었으니 더더욱 그런 생각이 증폭될 만했습니다.

아마 그때부터였을 겁니다. '나는 왜 살아야 하는가'라는 의문이 조금씩 저를 흔들기 시작했습니다. 뭐든 열심히 해보려 해도 그 의문과 불안이 뭔가를 기쁘고 의미 있게 만들지 못했습니다. 두려웠고, 불편했고, 피하고 싶었습니다. 그런 생각이 들 때마다 다른 생각을 하려고 노력했습니다. 사람들한테는 아무렇지 않은 척, 괜찮은 척 연기를 해야 했습니다. 그렇게 저는 조금씩 조금씩 지쳐가고 있었고, 고등학교에 진학한 뒤 그 회의감과 두려움이

'해도 안될 것이다'라는 절망과 친구관계에서의 상처와 만나 우울증으로 터져버렸습니다.

껍데기를 벗어던지고 마주한 진실

우울증과 맞닥뜨린 뒤부터 저는 병원을 다니고 약을 먹으며 치료를 시작했습니다. 그러던 어느 날 의사 선생님에게 제게 한 권의 책을 추천해 주셨는데요. 빅터 프랭클 박사의 『죽음의 수용소에서』라는 책이었습니다.

빅터 프랭클 박사는 제2차 세계대진 중 나치의 깅제 수용소에서 살아남은 몇 안 되는 사람 중 하나로, 정신과 의사이자 심리학자로 많은 이들의 마음속 상처를 오랫동안 연구하고 치유한 분이기도 합니다. 『죽음의 수용소에서』는 독일의 아우슈비츠 유대인 강제 수용소에서 실제로 수감 생활을 하면서 보고 느꼈던 것들을 토대로 쓴 것으로 세계적으로 성공한 많은 이들이 자신의 인생작으로 수없이 꼽는, 아주 유명한 책이기도 합니다.

이 책에서 빅터 프랭클 박사는 2차 세계대전이 끝난 뒤 수용소의 끔찍한 절망과 죽음의 공포로부터 살아남은 극소수의 사람들을 조사하게 됩니다. 그리고 한 가지 놀라운 사실을 발견하게 되는데요. 수용소에서 살아남은 이들은 건장하거나 영양 상태가 우수한 사람이 아니었습니다. 그들의 공통점은 바로 '반드시 살아야 하는 이유'를 가지고 있다는 것이었습니다. 육제석 생존력이 높은 사람이 아니라 삶의 명확한 목표를 가진 사람들, 즉 정신적인 생존력이 높은 사람들이 살아남았던 겁니다. 반드시 이곳에서 살아남아 사랑하는 아내를 꼭 만나고 싶다고 다짐했던 빅터 프랭클 박사처럼, 죽음의 수용소에서 살아남은 이들 또한 생존의 명확한 목표와 이유를 갖고 있었던 거죠.

이런 상황에 대해 프랭클 박사는 철학자 니체의 말을 인용해 설명합니다.

"왜 살아야 하는지를 아는 사람은 그 '어떤' 상황도 견뎌낼 수 있다."

그리고 그는 산다는 것은 이런 시련을 감내하는 것이며, 살아남기 위해서는 그 시련 속에서 어떤 의미를 찾아야 한다고도 말합니다.

저는 프랭클 박사의 책을 읽으면서 지금 내게 가장 필요한 것은 삶을 살아가야만 하는 명확한 이유와 내 삶의 존재 의미를 찾아내는 것이라는 걸 알 수 있었습니다. 명문고 입학 같은 피상적인 목표 말고 한 번뿐인 삶에서 진정으로 이뤄내고 싶은 목표를 가지는 것이 중요하다는 생각을 처음 가지게 되었습니다. 누가 시켜서 공부를 하는 것이 아니라 내가 진짜 의미를 느끼는 것을 이뤄내기 위해, 그래서 내 삶에 의미를 채우고 행복해지기 위해 살아야 한다는 생각을 처음 하게 된 것입니다. 그래서 저는 이 질문에 정면으로 맞서기 시작했습니다.

'나는 어떻게 살아야 하는가?'

'나는 왜 공부를 하는가?'

이 질문에 대한 답을 찾지 못한다면, 결코 다시 뭔가를 해나갈 수 없을 거라는 걸 잘 알고 있었습니다. 하지만 고작 열여섯 살밖에 되지 않은 소년이 왜 살아야 하는지, 왜 공부를 해야 하는지에 대한 답을 찾는 일은 결코 쉽지 않았습니다.

그러던 어느 날, 우연히 한 잠언집에서 실낱같은 희망을 하나 찾게 됩니다. 류시화 시인의 『지금 알고 있는 걸 그때도 알았더라면』라는 잠언집에 수록된 오스트리아의 시인 라이너 마리아 릴케의 〈젊은 시인에게 주는 충고〉라는 잠언이었는데요.

"마음속의 풀리지 않는 모든 문제들에 대해 인내를 가지라. 문제 그 자체를 사랑하라. 지금 당장 해답을 얻으려 하지 말라. 그건 지금 당장 주어질 순 없으니까. 중요한 건 모든 것을 살아보는 일이다. 지금 그 문제들을 살라. 그러면 언젠가 먼 미래에 자신도 알지 못하는 사이에 삶이 너에게 해답을 가져다줄 테니까."

　우문현답이었습니다. 어른들도 찾기 어렵다는 그 인생의 의미를 고작 열여섯의 나이에 찾으려고 하니 그 답을 찾을 수 없는 건 당연한 일이었습니다. 애초에 질문 자체가 어리석었던 것이죠. 하지만 그렇다고 해서 아무런 답도 남지 않은 것은 아니었습니다. 이 기나긴 고민의 과정에서 저는 한 가지 깨달음을 얻었는데요.
　'삶은 끝나기 때문에 소중한 것이다. 모두 죽기 때문에 삶이 무의미한 것이 아니라, 죽음이 있기 때문에 죽기 전까지의 삶을 소중히 여기고 치열하게 살아야 하는 것이다.'
　이것이 힘들었던 지난 시간을 통해서 얻게 된 값진 깨달음이었습니다. 이후 저는 "내가 헛되이 보낸 오늘은 어제 죽은 이가 그토록 갈망하던 내일이다"라는 말처럼, 오늘 나에게 주어진 하루, 한 시간도 결코 헛되이 보내지 않겠다는 결심을 했습니다.
　그리고 또 한 가지, 힘들었던 지난 시간을 되짚어 보니 제가 회의감에 시달렸던 것은 사실 삶을 진정으로 소중하게 살고 있지 않았기 때문이었습니다. 나름대로 열심히는 했지만, 그것은 진짜 치열함이 아니었습니다. 내 삶을 위한 것이 아닌 그저 경쟁과 불안에서 비롯된 껍데기뿐이었죠. 그저 '남들이 다 하니까', '경쟁에서 뒤처지지 않기 위해서' 살았던 시간에 불과했습니다. 높은 점수를 받고 좋은 대학교에 가고자 했던 것도 결국은 그 때문이었습니다.

그래서 저는 이 일을 계기로 내가 눈 감는 마지막 순간에 후회 없었다 말할 수 있는 인생을 살겠다고 결심했습니다. 내가 의미 있고, 소중하다고 믿는 것들을 위해 살자고 다짐한 것입니다.

시간의 세 가지 이름

이 책을 읽는 여러분들이 저보다, 여러분의 부모님보다, 그리고 세계 최고 부자로 꼽히는 일론 머스크나 삼성전자 이재용 부회장보다 더 많이 가지고 계신 것이 한 가지 있습니다. 그리고 아마 억만장자들에게 자신의 그것과 여러분의 그것을 바꾸자고 하면, 어떤 사람은 전 재산을 내놓을 수도 있을 겁니다.

그게 뭔지, 감이 좀 잡히시나요? 바로 '시간'입니다. 누가 억만금을 줘도 바꿀 수 없고, 아무리 원해도 결코 되돌릴 수 없죠. 잘

쓰든 못 쓰든 늘 흐르고 있고, 주워 담을 수 없는 것, 그것은 바로 시간입니다. 우리 인생을 하나의 문제로 본다면, '시간은 되돌릴 수 없고, 끝이 있다'는 사실은 문제의 첫 번째 조건이라고 할 수 있죠.

무언가의 희소함을 깨닫고 나면 그것의 소중함을 알게 됩니다. 저 또한 앞에서 이야기드린 것처럼 꽤 힘든 과정을 거치며 나에게 주어진 시간이 무한하지 않다는 것을 알게 되었고, 내 인생을 허투루 보내지 않겠다고 다짐했습니다. 그리고 만약 지금 누군가 제게 '왜 그렇게 열심히 사세요?'라고 묻는다면, 1초의 고민도 없이 '시간'의 소중함을 깨달았기 때문이라고 말할 겁니다.

저는 시간의 소중함을 깨닫고 난 뒤, '시간을 잘 쓰는 법'을 연구하기 시작했습니다. 그래야 인생을 잘 살 수 있다고 생각했거든요. 저는 저만의 시간을 새롭게 정의하기 시작했고 고민 끝에 시간의 또 다른 이름 세 가지를 찾았는데요.

첫 번째로, 제게 시간의 다른 이름은 바로 '가능성'이었습니다. 시간은 누구에게나 똑같이 주어져 있고, 동시에 그 시간 안에서 우리에게는 어떤 일도 일으킬 수 있는 가능성이 있습니다. 우리가 믿기 힘든 기적도, 발명도, 비극의 역사도 모두 '시간'이라는 가능성 안에서 일어났습니다. 즉, 누구에게나 똑같이 주어진 '시간'

이라는 가능성을 어떤 사람은 역사로 바꿔내기도 하고, 어떤 사람은 그저 흘려보내기도 하죠. 그런 점에서 저는 이 '가능성'을 100%, 아니 200% 채워보기로 했습니다. 이때부터 제게 '시간'은 단순히 물리적으로 흘러만 가는 것이 아닌, 제게 매일 새롭게 주어지는 기회였고, 내 꿈을 이뤄낼, 그래서 세상에 의미 있게 쓰여질 '가능성'이었습니다.

또 뒤집어 얘기하면, 새로운 하루를 맞이한다는 건 새로운 기회와 가능성이 늘 열린다는 뜻이었기에 오늘 뜻대로 안되었다고 해서 내일도 안될 거라는 의미는 아니라는 것도 깨닫게 되었죠.

두 번째로, 제게 시간의 또 다른 이름은 '영향력'이었습니다. 모든 사람은 다른 사람과 관계를 맺고 내가 속한 가족, 조직, 사회의 한 구성원으로 살아갑니다. 고로 내가 쓰는 시간은 어떤 방향으로든 타인의 삶, 곧 타인의 시간에 '영향'을 끼치게 됩니다.

예를 들어 라이트 형제가 비행기 개발을 위해 사용한 수년의 시간은 이동에 드는 인류의 수천 년을 아끼게 만들었고, 페니실린을 발견한 플레밍 박사의 시간은 짧게는 몇 년에서 길게는 수십 년에 달하는 수십만 환자들의 시간을 구했습니다.

또한 수많은 의사들, 과학자들의 1분 1초는 죽어가는 생명의 귀중한 시간을 구하고 있으며, 기후변화 방지를 위해 애쓰는 수

많은 활동가들의 시간은 지구의 수만 년을 구하는 데 쓰이고 있습니다. 여러 작가, 예술가들의 시간은 우리의 일상을 의미 있게 만들어주기도 합니다.

꼭 그렇게 서장하지 않더라도 유튜브 영상 속 배우, 기수, 유튜버들의 시간은 누군가의 시간을 웃고 울게 하고, 동네에 있는 맛집 셰프님들의 시간은, 누군가의 하루를 잊지 못할 추억으로 만들어주기도 합니다. 그리고 여러분에게 가장 큰 '영향력'을 준 사람, 바로 부모님들의 시간은 여러분이라는 한 사람의 '시간' 그 자체를 존재할 수 있게 만들기도 했죠.

그런 점에서 우리의 시간 또한 마찬가지입니다. 나의 시간은 곧 누군가에게 줄 수 있는 영향력이며, 사람들에게 어떤 영향력을 줄 것인지가 곧, 내 삶이 세상에 어떻게 기억되고, 어떻게 쓰여질 것인지에 대한 답이기도 합니다. 여러분의 시간에는 세상을 바꿀 만큼의 영향력이 있고 누군가의 삶을 변화시킬 수 있을 만큼의 힘이 있습니다.

마지막으로 시간의 또 다른 이름은 '기억'이라고 할 수 있는데요. 현재의 나는 지금까지 살아온 시간의 축적이며, 앞으로 살아갈 나는 지금까지 나의 시간이 쌓여 만들어진 기억의 축적이라고 할 수 있습니다. 그렇다면 결국 '어떻게 살 것인가?'라는 질문은 '어떤 기억들을 내 시간 속에 채워 넣을 것인가?'라는 질문이기도 합니다.

그 안에는 꿈이라고 부르는 것부터, 내가 좋아하고 하고 싶은 것, 나의 취미, 사랑하는 가족, 친구, 사람들과의 시간 등등 모든 것이 들어갈 것입니다. 그리고 우리는 그런 것들을 보통 '가치'라고 부릅니다. 결국 내 삶에 가치 있는 것들은 무엇이고, 어떤 가치들을 얼마큼 채워넣을 것인지가 훗날 우리가 '행복하게 살았다'고 말할 수 있는 근거이자 이유가 될 겁니다.

요컨대, 제게 시간은 곧 내 꿈에 대해 늘 새롭게 주어지는 '가능성'이지 디인에 대힌 '영항력'이며 가치 있는 것들로 채워시는 '기억'이었습니다. 그런 점에서 제게 '어떻게 살 것인가?'라는 질문은 세 가지로 바꿀 수 있었습니다.

"매일 새롭게 주어지는 가능성을 어떻게 채울 것인가?"
"다른 사람들의 삶에 어떤 영향력을 끼칠 것인가?"
"나에게 가장 소중한 가치는 무엇인가?"
그리고 저는 이 질문에 하나씩 답을 채워가기로 했습니다. 내 가능성을 일깨우고, 다른 사람들에게 선한 영향력을 주며, 내가 의미 있고, 소중하다고 믿는 것들을 위해 살기로 했습니다.

여러분의 시간도 마찬가지입니다. 여러분의 시간에는 무한한 가능성이 있고, 세상을 더 낫게 만들 수 있는 영향력이 있고, 기억을 가치 있는 것들로 채울 수 있는 기회가 있습니다. 여러분들이 부디 그 소중한 시간들을 흘려보내지 않고 그 모든 것들을 누리며 살았으면 좋겠습니다.

그 누구도 아닌 자기 걸음을 걸어라

고등학교 때 국어 선생님이 보여주셨던 한 편의 영화는 제 결심을 더욱 단단하게 만들어주었습니다. 바로 시대의 명작이라 불리는 〈죽은 시인의 사회〉라는 영화였습니다. 로빈 윌리엄스라는 대배우의 열연이 빛나는 작품이기도 합니다.

영화의 배경은 졸업생의 70% 이상이 아이비리그에 진학하는 미국 최고의 명문고등학교 웰튼 아카데미입니다. 학생들은 전원 기숙사 생활을 하면서 철저하고 엄격한 통제를 받습니다. 학교와 학부모들의 목표는 오직 명문대 진학입니다. 학생들 또한 자신이 원하는 꿈보다는 성공한 아버지를 따라 의료계, 법조계, 금융계로 진출할 목표를 세우고 있습니다.

그런 웰튼 아카데미에 이 학교의 졸업생이자 옥스퍼드대 장학생 출신인 존 키팅 선생이 부임하면서 변화가 일어나기 시작합니다. 그는 색다른 교육방식으로 학생들을 사로잡습니다. 키팅 선생은 '시의 이해'라는 기존의 교과서를 쓰레기 같은 이론이라며 찢어버리게 하고, 수업 중에 교탁에 올라서서 세상을 넓고 다양하게 바라보아야 한다고 말합니다. 그는 학생들이 부모나 학교가 바라는 대로 명문대 진학만을 위해 공부하기보다는, 인생을 스스로 설계하고 그 방향대로 나아가는 순간순간의 중요성을 깨우치기를 바랐던 것이죠.

학생들은 저음엔 그의 색나른 교육 방식에 의아해하지만 짐점 그의 가르침을 깨우치면서 삶을 변화시키기 시작합니다. 주인공 닐은 우연히 키팅 선생이 학창시절 활동했던 '죽은 시인의 사회'라는 고전문학클럽에 대해 알게 되고, 선생님이 그랬던 것처럼 친구들과 한밤중에 기숙사를 몰래 빠져나와 숲속에서 시를 낭송하며 억눌러온 자신의 청춘을 발산하기에 이르게 됩니다.

하지만 영화는 안타깝게도 비극으로 끝납니다. 연극배우가 되려던 닐은 하버드에 가서 의사가 되라는 아버지와 갈등을 겪다 결국 극단적인 선택을 하고 맙니다. 닐의 죽음과 학생들이 '죽은 시인의 사회' 모임을 만든 책임은 모두 키팅 선생에게 전가되죠. 결국 그는 책임을 지고 학교를 떠나게 됩니다. 저는 결말 부분이 특히 인상적이었는데요. 키팅 선생이 마지막으로 인사차 교실에 들렀을 때 학생들이 교장선생님의 경고에도 불구하고 '캡틴, 오마이 캡틴'을 외치는 장면에서는 저를 비롯해 많은 친구들이 눈물을 흘렸습니다.

　여기까지가 〈죽은 시인의 사회〉의 대략적인 내용입니다. 저는 아직도 이 영화를 보던 반 친구들의 모습을 잊을 수가 없습니다. 평소 같으면 귀마개를 한 채 자습을 했을 친구들도 모두 영화에 몰입하고 있었습니다. 어쩌면 이 영화에서 수동적인 공부 기계가 되어버린 우리 자신의 모습을 보았기 때문이 아니었을까 싶은데요. 저에게는 〈죽은 시인의 사회〉 속 두 대사가 아직도 기억에 또렷이 남아 있습니다.

　첫 번째는 아마도 영화를 본 대다수 사람들이 기억하는 최고의 명대사가 아닐까 싶은데요. 수업시간에 키팅 선생이 100여 년 전 학교를 다녔던 선배들의 사진과 트로피가 진열된 곳으로 학생들을 데리고 가서 하는 말입니다.

　"저 침묵의 목소리를 들어보아라. '카르페 디엠(Carpe diem)'이란 소리가 들리지 않느냐. 우리 모두는 결국 죽는다. 시간이 있을 때

장미 꽃봉오리를 즐겨라. 너만의 일생을 살아라. 자신의 삶을 잊히지 않는 것으로 만들기 위해서.”

여기서 ‘카르페 디엠’은 우리말로 ‘현재를 즐겨라’ 정도로 바꿔볼 수 있습니다. 사실 제게는 두 번째 대사가 더 큰 울림을 주었는데요. 자신의 꿈과 부모님이 바라는 삶을 놓고 어떤 길을 걸어야 할지 고민하는 학생들을 향해 키팅 선생은 이렇게 말합니다.

“그 누구도 아닌 자기 걸음을 걸어라. 나는 독특하다는 것을 믿어라. 누구나 몰려가는 줄에 설 필요는 없다. 자신만의 걸음으로 자기 길을 가거라. 바보 같은 사람들이 무어라 비웃든 간에.”

행복을 유예하지 마세요

이 영화를 보고 나서 제가 힘들었던 지난 시간을 되짚어 보니 회의감에 시달렸던 또 다른 이유를 알 수 있었습니다. 바로 삶을 진정으로 소중하게 살고 있지 않았기 때문이었습니다. 나름대로 열심히는 했지만 그것은 진짜 치열함이 아니었습니다. 그저 ‘남들이 다 하니까’, ‘경쟁에서 뒤처지지 않기 위해서’ 살았던 시간에 불과했습니다. 누구나 몰려가는 줄에 서서 어떻게 하면 앞서갈 수 있을까만 고민했던 거죠. 나의 걸음을 가는 것이 아니었던 겁니다.

영화가 나온 지 30년이 지난 지금도 많은 이들이 〈죽은 시인의 사회〉를 자신의 인생 영화로 주저 없이 꼽는 이유 또한 마찬가지일 거라 생각합니다. 자기 걸음을 걷지 못하고, 나만의 일생을 살지 못하기 때문이겠지요. 우리나라는 더욱 그렇습니다. 사회에서 정해둔 혹은 어른들이 생각하는 성공의 공식이 있고, 대다수가 걸어야 하는 정해진 루트가 있습니다. 왜 그래야 하는지를 몰라도 우리에게는 그 방향으로 삶을 이끌고 가야 한다는 거스르기 어려운 압력이 주어집니다.

중고등학교 시절에도 원하든 원치 않든 꼭 해야 할 것이 있습니다. 딴생각하지 않고 공부에만 집중하는 것. 왜 해야 하는지 고민할 기회조차 없이 우리는 공부를 열심히 하고 잘하길 강요받았습니다. 아마 그게 한때 제가, 그리고 여러분들이 공부에 대해 막연한 거부감과 불편함을 가지게 된 이유가 아닐까 싶습니다.

왜 이런 상황이 생겼을까요? 참 얽히고설킨 복잡한 문제지만, 저는 이 말이 참 와닿았습니다.

카피라이터 박웅현 님이 『여덟 단어』라는 책에 쓴 내용인데요.

"초등학교 때부터 레이스가 시작되죠…. 초등학교 때부터 선행학습을 합니다. 그리고 명문 중학교에 가야 하죠. 거기 갈 때까지 행복을 유보해요. 명문 중학교에 가서 3일 정도 좋아하다가 다시 행복을 유보하고 특목고를 향해 달립니다. 특목고에 들어가면 또 서울대에 가기 위해 다시 행복을 유보해요. 서울대에 가면 대기업에 들어가기 위해, 부장이 되기 위해, 임원이 되기 위해, 아파트 평수를 늘리기 위해 행복을 유보해요. 그리고 나면 나이 60, 70이 되죠. 지금 이 순간, 현재에 의미를 부여하지 않으면 행복은 삶이 끝나갈 때쯤에나 찾게 될 겁니다."

저를 포함해 많은 학생들이 그렇습니다. 명문대 합격이라는 '문턱'만 넘으면 행복해질 수 있을 거라는 착각에 빠지게 됩니다. 하지만 이 작가의 말처럼 문턱을 넘기 위해 현재의 행복을 유보한다면 정말 죽을 때가 다 되어서도 행복을 찾지 못할 수 있다는 무서운 사실을 우리는 늘 놓치고 살아갑니다.

어떤 사람들은 문턱을 정해놓고 그것을 넘기 위해 치열하게 노력하는 것이 가장 가치 있는 삶이 아니냐고 의문을 제기할지도 모르겠어요. 물론 저 또한 목표가 있는 삶이 가치 있는 삶이라 믿습니다. 그런데 문제는 그 목표가 진짜 '나'의 목표가 아닐 수도 있다는 점입니다.

우리는 길게는 12년, 짧게는 3년 동안 '입시'라는 레이스를 달립니다. 그리고 어느 순간이 되면 그 레이스는 내가 원해서가 아니라 어쩔 수 없이 달려야 하는 책무가 되기도 합니다. 남들이 모두 달리니까, 남들보다 늦게 결승점에 도착하거나 혹은 결승점에 들어가지 못할까 봐 불안해하며 계속 달리는 거죠. 즉, 스스로 정한 간절한 목표가 있어 공부하는 것이 아니라 경쟁 자체가 공부의 목적이 되는 겁니다.

그런데 여기서 중요한 진짜 문제는, 그 멈추지 않는 레이스 속에서 내가 '어디로' 가고 있는지에 대한 생각은 까맣게 잊어버린다는 데 있습니다. 레이스의 거침없는 속도 속에서, 내가 향하고 있는 목적지가 '내가 정말 가고 싶은 곳인지' 고민하고 선택할 여유가 없기 때문이죠.

결국 우리는 그 목적지를 내가 간절히 원해서 정해놓은 목적지인 것마냥 착각하기에 이릅니다. 수능이라는 마지막 '허들'을 넘고서도 점수에 맞춰 대학이나 학과를 정하죠. 그 길에서 꿈은 점수에 의해 결정되고 인생의 방향은 본인의 의지와는 상관없이 정해지게 됩니다. 끊임없이 찾아오는 회의감에도 이것이 자신이 원하는 삶이라며 울며 겨자 먹기 식으로 스스로를 속이고 위로합니다. 생각하는 대로 살지 않으면, 결국 사는 대로 생각하게 되는 거죠. 그래서 저는 그렇게 살지 않기로 했습니다. 그저 남들이 그러라고 하니까, 그저 남들이 좋은 거라고 하니까, 그렇게 내가 원하는 게 무엇인지도 모른 채 나를 속이면서 살지 않기로 했습니다. 10대 때 이 알을 깨고 나가지 못한다면, 영원히 남들이 바라는 것을 자신의 목표라 착각한 채 간절히 원하는 꿈은 가슴속 깊숙이 묻어둔 채 살아갈 거라고 생각했습니다.

내 삶의 주인은 나 자신입니다. 어느 누구도 내 삶을 대신 살아줄 수는 없습니다. 또한 내 삶을 대신 책임질 수도 없죠. 그러니 그 내 인생이라는 배의 방향키는 다른 사람이 아닌 스스로가 온전히 쥘 수 있어야 하며, 동시에 그 키를 내려놓고 있어서도 안됩니다. 그러기에는 너무나도 소중한, 단 한 번뿐인 '내 삶'이니까요.

공부를 하는 진짜 이유 vs 가짜 이유

이쯤해서 이런 생각이 드실 수도 있습니다.

"공부 열심히 하려고 이 책 사서 보고 있는데, 공부하지 말란 말씀인가요?"

"그래서 공부를 해야 하는 이유가 뭐라는 거예요?"

답을 드리겠습니다. 저는 여러분께 '공부를 해야 합니다. 그리고 공부를 해야 하는 이유는 이겁니다'라고 딱 잘라 말씀드리지 못합니다. 아니, 안 할 겁니다. 물론 많은 공부법 책에서 얘기하는 것처럼 공부를 하면 '이것'이 좋고, '이렇게' 달라진 인생을 살 수 있다고 이야기할 수도 있을 겁니다.

하지만 저는 여러분들에게 그렇게 말하고 싶지 않습니다. 저는 제 글이 여러분을 '공부하는 기계'로 만들지 않았으면 좋겠습니다. '공부를 해야 한다'고 이미 답을 정해놓고 왜 공부를 해야 하는지, 공부를 하면 뭐가 좋은지 끼워맞추고 싶지 않습니다. 그건 여러분에게 세상이 정한 답을 강요하는 것밖에 되지 않거든요.

여러분이 원하는 것은 모두 다르고 그 안에서 공부 역시 제각기 다른 의미를 가지고 있을 겁니다. 그래서 누가 아무리 뭐라 얘기해도 어차피 그 답은 여러분의 선택도, 여러분의 답도 아니죠. 공부는 남이 시켜서 하는 것도, 할 수 있는 것도 아닙니다.

저는 여러분들이 단순히 '명문대'를 가기 위해 공부하길 바라지 않습니다. 10년 전만 해도 '명문대=최소한의 성공'이라는 나름대로의 방정식이 있었지만 지금은 아닙니다. 실제로 제 주위 친구들만 봐도 좋은 대학을 갔다고 해서, 남들이 선망하는 직업을 가졌다고 해서 모두가 행복한 게 아니라는 걸 알 수 있기 때문입니다. 그리고 더 역설적이게도 '명문대를 가기 위해서'라는 단순한 이유는 결코 여러분들이 그 공부를 포기하지 않고 계속해 나갈 수 있게 만들지 못할 겁니다. 공부를 해야 하는 더 근본적인 목적과 이유가 없다면 분명 지치고 힘든 순간 포기하게 될 겁니다. 다른 사람이 정해준 목표는 나를 다시 일어서게 할 수 있는 힘을 발휘하지 못하거든요.

그렇다고 해서 제가 여러분에게 '공부를 열심히 할 필요가 없다거나 좋은 대학에 가지 않아도 된다'라고 주장하는 것도 아닙니다. 진짜 중요한 건 과연 공부가 내 인생에서 어떤 필요가 있는지, 왜 해야 하는지를 치열하게 고민해 본 적이 있는가입니다. 그리고 그 과정을 거쳐 '진짜' 스스로 선택을 했고, '진짜' 이유를 찾아냈느냐입니다. 이 과정 속에서 필요없다는 결론에 도달할 수는 있을지는 몰라도 '그냥' 포기하는 일은 없었으면 좋겠습니다. 해보지도 않고 기회를 날려버리지도 않았으면 좋겠습니다. 고민해보지도 않고 공부는 내 길이 아니라고 생각해서 인생을 허비하지 않길 바랍니다.

확실한 건 공부는 분명 여러분이 꿈을 이루는 데 필요한 수많은 지식과 지혜를 준다는 점입니다. 공부는 여러분이 꿈을 이루는 데 꼭 필요한 인내, 끈기, 자신감을 줍니다. 그리고 공부라는 성취 경험은 여러분이 꿈을 이루는 데 필요한 또 다른 자신감의 근원을 만들어줄 것입니다.

고민 끝에 나온 여러분의 꿈 안에, 여러분의 인생 계획 안에 '공부'라는 두 글자가 있다면 피하지 말고 도전해 봤으면 좋겠습니다. 그렇게 여러분이 가지고 있는 그 무한한 잠재력과 가능성을 꽃피웠으면 좋겠습니다.

결국 공부와 성적, 대학을 놓고 고민하기 이전에 '나는 어떤 삶을 살 것인가, 내 인생을 어디로 이끌어갈 것인가'를 치열하게 고민해 봐야 합니다. 저는 여러분에게 자신이 원하는 대로 인생을 이끌어갈 수 있는 힘이 있다고 믿습니다. 부디 주어진 대로, 그냥 사는 대로 생각하지 말고, 여러분들이 원하는 대로, 생각하는 대로 살아갔으면 좋겠습니다. 그렇게 여러분 스스로가 한 번뿐인 여러분만의 빛나는 인생을 만들어갔으면 좋겠습니다.

종착할 항구가 없는 사람은

그 어떤 바람도 도와줄 수 없다.

_ 미셸 드 몽테뉴

Chapter 4

뜨겁게
부딪쳐보겠다는 마음

#꿈

꿈의 지도를 만드는 법

어릴 적 학교에서, 또 집에서 부모님, 선생님을 비롯해서 주변 어른들이 "넌 꿈이 뭐니?"라고 물었을 때 여러분은 뭐라고 대답을 하셨나요? 학창 시절 저의 생활기록부를 펼쳐보면 '장래희망'에 적힌 답이 매년 바뀌곤 했습니다. 어떤 때는 경찰이었다가, 어떤 때는 만화 〈명탐정 코난〉에 꽂혀 탐정이 되었다가, 드라마를 보고 나면 의사부터 변호사, 대통령까지 주인공의 직업에 따라 꿈이 바뀌곤 했죠. 그래서 '꿈이 뭐니?'라는 대답은 보통 그 시기, 어떤 드라마에 빠져 있느냐에 따라 결정됐죠.

하지만 저에게도 어김없이 사춘기가 찾아왔고 중학생쯤 되니 꿈을 묻는 어른들의 질문이 그렇게 싫을 수가 없었습니다. 우리한테 꿈에 대해서 생각해 볼 기회도, 시간도 주지 않고 대뜸 꿈부터 묻는 어른들이 원망스러웠거든요. 하지만 세상 시니컬하게 대답한 뒤에 혼자 있을 때면 불안한 마음이 밀려오곤 했습니다.

'그래서 앞으로 내 인생은 어디로 흘러갈까…?'

아무 관심 없는 척, 아무렇게나 흘러가도 상관없다는 척 굴었지만, 마음속에는 두려움이 자리잡고 있었죠.

사실 우리는 완벽히 알지 못하고, 직접 겪어보지 못한 것에 대해서 '불안'이라는 감정을 느낍니다. 미지 속의 무언가는 항상 불안과 두려움의 대상이죠. 그럼에도 우리는 늘 그래왔듯, 불안과 두려움을 이겨내고 나의 길을 가야 합니다. 인생이라는 항해에서 좌초되지 않고 길을 잃지 않도록 계속해서 나아가야 하죠.

길을 잃지 않으려면 두 가지를 알아야 합니다. 내 목적지가 어디인지, 그리고 그 목적지로 가는 길은 어디인지. 그래서 우리는 보통 새로운 길을 떠날 때 내 위치를 알려주는 GPS 기능과 네비게이션 앱을 사용합니다. 지도앱 없이 떠나는 여행은 생각만 해도 두렵고 무섭지 않으신가요?

우리의 인생도 마찬가지입니다. '불안'을 잠재울 수 있는 방법은 하나뿐입니다. 내가 어디로 가야 하는지를 정확히 알고, 내가 그 목적지에 하루하루 가까워지고 있다는 것을 느끼는 것. 그 마음이 우리의 불안을 설렘과 희망으로 바꿀 수 있습니다. 제가 '전쟁 문제를 해결하고 동아시아의 평화를 이끌어내는 외교관'이라는 꿈을 정하고 나서 달라질 수 있었던 이유가 바로 이것이었습니다. 꿈은 망망대해 속에서 길을 잃고 방황하고 있는 제가 어디로 가야 하는지를 알려주었거든요.

하지만 그것만으로는 충분치는 않습니다. 목적지를 알아도 어떻게 가야 할지를 모르면 발걸음을 떼기가 어렵기 때문이죠. 그래서 저는 꿈이라는 목적지를 정하고 난 뒤 그 목적지까지 이르는 나만의 지도를 그려야겠다고 결심했습니다. 그리고 한 권의 책에서 꿈의 지도를 그리는 방법을 배우게 되었는데요.

현존하는 최고의 야구선수라고 불리는 메이저리거 오타니 쇼헤이가 고교 시절 썼다고 해 더욱 유명해진 방법인데요. 바로 '만다라트'라고 부르는 기법입니다. 만다라트는 1980년대 일본의 한 경영컨설턴트가 고안하여 발전되어 온 '사고의 템플릿'으로 '내가 오늘 무엇을 할지'에서 생각을 출발하는 게 아니라 최종적인 나의 목적지에서부터 '거꾸로' 내려오면서 그 목적지에 도달하기 위한 길을 나누어 생각하게 만듭니다. 쉽게 말해 꿈을 이루게 만드는 작은 목표들이라는 사다리를 놓는 방법이라고 할 수 있습니다. 가장 먼저 저는 제 꿈을 이루기 위해 필요한 것들이 무엇인지 종이에 모두 적어봤습니다. 그리고 매일 자기 전 한 시간씩 생각을 정리하고 글을 써나갔습니다.

1. 인간과 사회에 대한 기본적인 지식과 능력

2. 사람의 마음을 얻는 리더십

3. 세상을 밝게 만들려는 선한 의지

4. 말하기, 글쓰기 능력

5. 정치와 외교(국제정치)에 대한 전문적인 지식

6. 다른 사람들을 배려하고 먼저 생각하는 이타심

7. 긴킹힌 정신과 체력

8. 세계를 무대로 목소리를 내기 위해 필요한 영어 및 제2외국
   어 실력

이제 이 핵심 목표들을 이루기 위해 필요한 더 작은 목표와 계획들을 적어보았습니다. 지금까지 내가 무엇이 부족했는지, 내가 가진 꿈을 이미 이룬 사람들은 어떤 역량을 갖췄는지 등을 따져보며 보름 동안 정말 치열하게 고민했습니다. 다시는 불안과 방황으로 시간을 허비하고 싶지 않았거든요. 그리고 완성했습니다.

매일 영어 듣기 1시간 (영화, 뉴스, 책)	매일 영어 단어 50개씩 외우기	모르는 단어 나오면 기록해 두기	수학 내신 4등급까지 올리기	사회 1등급 유지하기	국어 3등급 유지하기	매주 학습멘토링 가기	사람들을 진심으로 대하기	감사한 일은 반드시 기록하기
대학교에서 외국인 친구 사귀기	영어공부	TEPS 시험 800점	자기소개서 미리 써두기	서울대 정치 외교학부 진학	시험 끝나면 항상 피드백하기	국제 앰네스티 동아리하기	선한 영향력	친구가 질문하면 적극적으로 알려주기
모르는 문법 나오면 기록해 두기	좋은 영어 문장 필사하기	자막 없이 1달 1회 영화 보기	논술 과제 빠뜨리지 않고 하기	나만의 주제 선정해서 연구하기	학교 홈페이지 들어가서 듣고 싶은 수업 찾아보기	교실/학교 문제 있을 때, 친구들과 함께 해결하기	자기 전에 내가 만들고 싶은 세상 상상하기	용돈 모아서 기부하기
토론 동아리 하기	흥분하지 않고 토론하는 법 연습	모르는 단어 나오면 찾아서 기록해 두기	영어공부	서울대 정치 외교학부 진학	선한 영향력	정치외교 동아리 만들기	국제인권 관련 동아리하기	외교학과 다니는 선배 만나기
연설 동영상 찾아보기	말하기/ 글쓰기 실력 키우기	책/논문 읽고 1달 1권 탐구보고서 쓰기	말하기/ 글쓰기 실력 키우기	동아시아의 평화를 이끌어내는 외교관	꿈에 대해 알아보기	외교부 견학하기	꿈에 대해 알아보기	1달에 1권씩 외교 분야 논문/책읽기
말하는 것보다 듣는 비중 늘리기	학교 글쓰기 과제 열심히 하기	자기소개서 글감 메모하기	지식 쌓기	리더십 기르기	건강한 정신과 체력	외교관 만나기	서울대 정치 외교학부 견학하기	매일 신문 국제면 스크랩하기
학교 수업 열심히 듣기	역사 분야 책 1달 1권 읽기	철학 분야 책 1달 1권 읽기	친구들에게 먼저 양보하기	말하기 전에 3번 더 생각하기	방/교실 청소 먼저 하기	매일 내가 잘한 일 1개씩 기록하기	야식 먹지 않기	줄넘기 30분씩 하기
공부하면서 모르는 부분 적극적으로 질문하기	지식 쌓기	교과서 에서 모르는 내용 나오면 검색해 보기	전교회장 되기	리더십 기르기	하루에 하나씩 친구에게 칭찬하기	1주일에 5번 축구하기	건강한 정신과 체력	공부할 때 바른 자세로 앉기
매일 30분씩 책읽기	학교 외부강연 적극적으로 듣고 필기하기	과학, 기술 분야 책 분기에 한 권 읽기	축구할 때 수비수/ 골키퍼 마다하지 않기	리더십 관련 책 읽기	친구 말 자르지 않기	배달음식, 탄산음료 많지 먹지 않기	매일 6시간 이상 자기	하루에 10분씩 명상하기

이렇게 정해진 저만의 만다라트는 꿈의 지도가 되어 제가 가야 할 길을 알려주었습니다. 이 만다라트 덕분에 더 이상 하루하루를 어떻게 보내야 하는지 고민할 필요가 없었죠. 그저 이 미션들을 실천으로 옮기는 일만 남은 겁니다.

그리고 2년 뒤, 저는 결국 여기 적힌 작은 목표들을 대부분 해냈습니다. 계획했던 것처럼 나의 실력을 키웠고, 지식을 쌓았습니다. 그리고 그 과정에서 과거의 내가 부족했던 것들을 보완하고 채워나갔습니다. 예를 들면 저의 아킬레스건이나 다름 없었던 리더십이나 인간관계 같은 것들 말이죠. 만약 이 지도가 없었다면 저는 또 중간에 길을 잃고 방황했을지도 모릅니다. 하지만 내가 가야 할 목적지가 명확하고, 그 목적지에 이르는 길을 알고 있었기에 불안하지도, 두렵지도 않았습니다. 그저 열심히 한 걸음 한 걸음 걸어가면 최종 목적지에 도달할 수 있다는 확신을 가지고 있었으니까요.

여러분도 미래를 떠올렸을 때 불안한 마음이 든다면 보이지 않는 미래를 눈에 보이게끔 만들어보세요. 꿈이라는 꼭대기만 바라보고 있다면 그 꼭대기에는 영원히 도달할 수 없습니다. 그 꼭대기에 도달하기 위해서는 사다리를 놓든, 엘리베이터를 타든, 계단을 따라 걷든 행동해야 합니다. 꿈을 정하고, 꿈에 도달하는 여러분만의 지도를 그리고, 여러분만의 사다리를 놓아보세요. 그때부터 불안과 걱정은 설렘과 기대로 바뀔 겁니다. 그리고 그 설렘이 오늘 또 한 걸음, 내일 또 한 걸음, 여러분을 걸어가게 만들어줄 것입니다.

똥인지 된장인지 먹어봐야 안다

어떤 분들은 이런 생각이 드실지도 모르겠습니다.

"작가님, 저는 꿈에 그 정도 확신이 없어요."

"저는 꿈이 너무 많아서 하나로 정하기가 어려워요."

어떤 마음인지 너무나 잘 압니다. 사실 저 또한 그랬습니다. 꿈을 정했다고 해서 영원히 꿈이 바뀌지 않을 거란 보장도 없고, 또 실제 꿈이 이뤄졌을 때 내가 생각한 것과 다를 수도 있죠.

그렇기 때문에 더 꿈에 가까이 가보아야 합니다. 꿈을 파고들어가 보기 전에는 그 꿈이 정말 내가 하고 싶고 잘할 수 있는 것인지, 지속할 수 있는 것인지 알 수가 없습니다. 그걸 확인할 수 있는 유일한 방법은 직접 해보는 것입니다. 그 끝을 파봐야 어른들 말씀처럼 이게 '똥인지 된장인지' 알 수 있죠.

저 역시 꿈을 정하고 나서 제일 먼저 시작했던 일이 있었는데요. 제가 우울증을 극복하고 다시 치열하게 학교생활을 하는 데 가장 큰 원동력이 되어준 경험이기도 합니다. 잠깐 그 시절로 돌아가 이야기를 드려볼게요.

제가 꿈 만다라트를 완성하고 나서 가장 먼저 시작했던 일은 바로 정치외교학을 공부하고, 외교관이라는 일을 최대한 가까이서 경험해 보는 것이었습니다. 내가 그토록 간절히 꿈꾸는 일이 진짜 어떤 모습인지 알고 싶었습니다. 어떤 것인지도 모르고, 막연히 꿈만 꿀 수는 없었습니다. 직접 부딪쳐 알아봐야만 했습니다. 하지만 현실적으로 쉽지 않았습니다. 고등학교에 정치외교와 관련된 교과과정이 있을뿐더러 혼자 힘으로 전공서적을 읽으며 배운다는 건 너무 막연하고 어려운 일이기 때문이죠. 주변에 물어볼 사람도 마땅치 않은 상황 속에 혼자 골머리만 앓다가 어느 날 친구와 이런 고민에 대해 이야기를 나누게 되었습니다. 그런데 그 친구가 이런 말을 하더라고요.

"나도 정치외교학을 전공하고 싶은데 부모님은 경영대나 경찰대로 진학해서 조금 더 경제적으로 안정적인 삶을 살길 바라서. 사실 처음에는 부모님 말씀이 귀에 안 들어왔었는데, 한편으로는 불안하기도 해. 나중에 후회하지 않을지, 내가 그걸 전공하는 게 맞을지도 잘 모르겠고."

저처럼 많은 친구들이 꿈과 진로에 대해 불안을 느끼고 있다는 걸 알게 되었습니다. 그래서 그런 친구들과 함께 꿈을 파고 들어가보기로 했습니다. 정치외교 분야를 꿈꾸는 학생들이 함께 모여 마음껏 서로의 꿈을 이야기하고, 꿈과 관련된 경험을 해보고, 서로가 서로의 자극제가 되어주는 모임을 만들기로 한 것이죠. 그리고 바로 행동에 나섰습니다. '정치외교학 동아리원 모집'이라고 쓴 전단지를 학교 곳곳에 붙였고, 밤마다 기숙사 호실을 헤집고 다니며 함께할 친구들을 찾아 나섰죠. 그리고 제 동지가 되어준 두 명의 친구들과 하고 싶은 일들을 적어나가기 시작했습니다.

1. 외교관 만나기
2. 외교부 방문하기
3. 서울대 정치외교학부 가보기
4. 전쟁이나 영토 분쟁 주제로 토론회 열기

거창한 계획에 설렘으로 부푼 마음도 잠시, 생각보다 정치외교에 관심 있다는 친구들이 별로 없었습니다. 다섯 명이라는 조촐한 멤버. 함께 모여 책도 읽고 토론도 했지만 우리가 꿈꿨던 계획을 실행으로 옮기기에는 인원이 턱없이 부족했죠. 또 기숙사에 갇혀 늘 똑같은 일상을 보내는 친구들과 토론을 하다 보니, 성장에 필요한 지적 쇼크를 얻는 데 한계가 보였습니다. 다들 '우물 안 개구리'가 되어가는 느낌을 지울 수가 없었죠. 같은 꿈을 꾸는 친구들을 만나 더 많은 생각을 나누며 토론하고 싶었습니다. 자연스럽게 이 동아리를 만들자고 제안했던, 추진력 하나만큼은 자신 있었던 제가 총대를 맸습니다.

'우리가 지금 하고 있는 거, 다른 학교 애들도 모아서 전국 단위로 한번 해보자.'

지금으로 따지면 페이스북이라고 부를 수 있는 '싸이월드' 같은 SNS를 이용해 함께할 다른 학교 친구들을 찾아 나서기 시작했습니다. 그리고 당시 저희 학교에서는 휴대폰 반입이 금지되었던 터라 공중전화를 이용해 전국의 고등학교에 전화를 돌리고, 편지를 보냈습니다. 그 당시 모아두었던 용돈을 전화카드비에 모두 써버릴 정도였죠.

그렇게 연락을 돌린 지 며칠 지나지 않아 대원외고, 상산고, 외대부고를 비롯해 전국 각지의 학생들이 참여하고 싶다는 연락을 보내왔습니다. 생각보다 우리와 같은 갈증을 느끼고 있는 친구들이 많다는 걸 알게 되었죠.

하지만 모든 일이 순조로웠던 것만은 아니었습니다. 저희 학교는 물론이고 다른 학교 역시 선생님들의 반대에 부딪힌 건데요. 당시만 해도 동아리 같은 비교과활동이 입시나 공부에 방해되는 쓸모없는 일이라고 여기는 경우가 많았기 때문이었습니다.

시작부터 좌초될 수는 없었기에 선생님, 한 분 한 분을 찾아다니며 설득했습니다. 심지어 교장 선생님께도 찾아가 설명을 해야 했습니다. 우리의 계획을 A4 열 장 분량으로 작성해서 브리핑을 했고, 학업에 소홀해질 것이라 걱정하시는 선생님들께 '성적이 절대로 떨어지지 않게 하겠다'고 다짐을 한 뒤 마침내 허락을 얻어 냈습니다.

다른 학교 사정도 마찬가지였죠. 그리고 그중에는 끝내 참여하지 못한 친구들도 있었습니다. 하지만 우리는 포기하지 않았고 두 달여의 노력 끝에, 경기도의 한 청소년 수련원에 학교 대표 10여 명이 모였습니다. 그리고 그날 우리는 오랜 토의 끝에 모임의 이름을 '유패드(YUPAD)'로 정했습니다. 'Youth Union of Politics And Diplomacy', 즉 전국청소년정치외교연합이라는 이름이었죠.

이후 유패드 활동은 제 고등학교 시절의 가장 큰 비중을 차지하는 일 중 하나가 되었습니다. 3개월 뒤 200여 명까지 늘어난 전국 각지의 친구들과 함께 우리는 매주 온라인에서 만나 정치외교와 관련된 신문 기사를 분석하고, 각자의 의견을 올리며 토론을 했습니다. 또한 학교 친구들끼리는 매주 정치외교 분야의 책들을 읽어나갔고, 그렇게 읽은 책들이 1년 후엔 약 20권 가까이 되었습니다.

또 분기별로는 다양한 오프라인 활동을 기획했는데요. 제가 만다라트를 쓰면서 꿈꿨던 일들을 하나씩 실천으로 옮기기 위해 직접 UN대사로 일하고 계시던 외교관께 편지를 보내 강연회를 개최하기도 하고, 외교부에 견학을 가서 외교관들과 간담회를 열기도 했습니다. 방학 때는 서울의 청소년 수련원을 빌려, 1박 2일로 토론을 벌이기도 했죠. 2년간 이 모임 안에서 저와 친구들 모두 정말 뜨겁게 꿈을 꾸고, 꿈을 현실로 이루어가는 경험을 해나갔습니다. 그리고 이 꿈의 터전이자 도전은 15년째 이어지고 있는데요. 지금까지 만 명에 가까운 대한민국 고등학생들이 유패드 활동을 통해 정치와 외교로 세상을 바꾸겠다는 다짐을 이어갔습니다. 이 모든 일은 어른들의 도움 없이 우리 스스로 꿈을 위해 해낸 일들이었습니다.

유패드 활동은 제 개인적으로도 많은 것을 바꿔놓았는데요. 동아리를 이끌어가는 과정에서 현실 외교라는 건 우리가 생각한 것처럼 이상적이거나 순수하지 않을 수 있다는 것을 깨달았습니다.

또 외교관이 TV나 영화에서 보았던 것처럼 멋지고 화려한 직업이 아니라 보이지 않는 곳에서 치열하게 어려운 과제와 싸워야 한다는 걸 알게 되었죠. 더불어 나와 같은 꿈을 가진 친구들 중에서 일마나 똑똑한 친구들이 많은지 실감했고 그들이 얼마나 많은 책을 읽으며 내공을 갖추고 있는지를 몸소 느끼며 나도 그 친구들에게 부끄럽지 않도록 더 열심히 노력해야겠다고 매일 다짐할 수 있었습니다.

이 과정을 통해서 저는 꿈을 그저 내 가슴 깊은 곳에만 고이 품어두는 것이 아니라 실제 몸과 마음으로 느끼고 경험하고 다른 이들과 나눌 수 있었습니다. 그로 인해 꿈을 놓치지 않게 되었고 그 꿈이 더 간절해졌습니다. 매일같이 꿈을 이룬 상상을 했고, 그 설렘과 기대로 하루하루를 치열하게 살아갈 수 있게 되었습니다. 그 덕분에 동아리를 만들 때 선생님께 약속했던 것처럼 점수가 향상된 성적표를 보여드리기도 했습니다.

아무런 대가 없이 꿈을 이루기 위해 도전했던 이 활동은 뜻하지 않게 저에게 새로운 기회를 가져다주었습니다. 대학 입시의 수시 입학사정관제(현 학생부종합전형)에서는 점수화된 성적만큼이나 이 사람이 이 전공과 학과에 대해서 얼마나 열정을 가지고 있는지, 꿈을 이루기 위해 어떤 노력을 해왔는지와 같은 스토리를 중요하게 바라보는데요. 고등학생들이 쓰는 학교생활기록부의 '비교과' 항목이 여기에 해당한다고 할 수 있죠. 저는 대학 진학을 준비하면서 내가 이 전공에 얼마나 열정을 가지고 있는지, 그리고 그 일을 통해서 무엇을 배우고 깨달았는지 등을 진솔하게 써낼 수가 있었습니다. 면접장에서는 동아리 토론에서 다뤘던 소재가 질문으로 등장해 자신 있게 대답할 수 있었고 그 결과 면접관님들께 극찬에 가까운 칭찬을 듣기도 했습니다.

이 모든 것이 제 인생에 큰 보탬이 되었지만 가장 중요한 본질은 따로 있었는데요. 바로 유패드라는 동아리를 직접 내 손으로 만들어 꿈을 파고 들어본 과정이 남은 고등학교 생활을 바꿔놓는 아주 중요한 터닝포인트가 되어주었다는 점입니다. 이 경험은 학생회장에 당선되었을 때 이상으로 제게 '할 수 있다'는 용기와 자신감을 심어주었죠.

우울증에 시달리며 '나는 늘 왜 이렇게 쓸모가 없을까'라고 자책하던 제가 생각한 대로, 마음먹은 대로 세상에 임팩트를 줄 수 있다는 것. 새로운 사람과의 관계가 두렵기만 했던 내가 다른 사람들에게 긍정적인 영향을 줄 수 있다는 것은 이전까지 경험해본 적이 없었던 성취였습니다.

이 일을 통해 저는 제 자신을 긍정적으로 바라보게 되었고 내가 꽤 쓸모 있고 괜찮은 사람이라는 걸 느끼게 해주었습니다. 그리고 내가 진짜 꿈꿨던 대로, 세상에 긍정적인 영향을 줄 수 있을지도 모른다는 희망을 가지게 해주었습나다.

고등학교 때 스스로 가장 잘한 일을 꼽으라면, 저는 이 유패드라는 동아리를 만든 일이라고 답할 것 같습니다. 그저 막연한 꿈으로만 가지고 있었다면 내가 꿈꾸는 것이 정확히 무엇인지도 몰랐을 것이고, 꿈이 주는 엄청난 동기부여의 힘을 느끼지 못했을 테니까요. 하지만 저는 이 일을 통해 꿈을 행동으로 옮기면 언제든 그 꿈을 현실로 만들 수 있다는 것을 배웠습니다. 내 손으로 직접 세상에 영향을 끼칠 수 있다는 것도 깨달았죠. 그리고 내가 꿈꾸는 것을 현실로 만들었을 때, 그 꿈이 더 단단하고 커질 수 있다는 것 또한 알 수 있었습니다.

그런 점에서 저는 여러분들이 꿈꾸는 것이 있다면 그것이 무엇이든 그 꿈에 한 걸음이라도 가까워질 수 있는 노력을 '지금, 바로 여기'에서 해보셨으면 좋겠습니다. 꿈과 관련된 책을 읽어도 좋고, 사람을 만나도 좋고, 경험이나 활동을 해보셔도 좋습니다. 그 방법이 무엇이든 꿈이 느낌으로, 경험으로 와닿을 수 있게 만들어보세요. 그때부터 그 꿈은 꿈이 아니라 '현실'입니다.

『공부 마스터 플랜』이라는 책을 쓰면서 만난 수많은 사람 중 기억에 남는 학생이 한 명 있습니다. 모의고사에서 전국 1등을 하고, 수능에서 딱 한 문제를 틀린 믿기지 않는 '사기캐' 같은 학생이었는데요. 그분에게 공부의 비결이 무언지 물었더니 의외의 단어를 입 밖으로 내시더라고요.

"제 공부의 비결은 '덕질'이었습니다."

그분은 모 남자 아이돌 그룹 멤버와 유명한 발라드 가수를 10년 넘게 덕질해 오신 분이었습니다. 그리고 덕질이라는 것에 대해 이렇게 말했습니다.

"덕심이 있다 함은 하나의 대상에 깊이 빠져서 자신의 시간과 노력을 투자할 수 있다는 거예요. 보통 저 같은 여학생의 덕질 대상은 남자 연예인인데요. 덕질을 하면 그 사람의 생일, 키, 혈액형, 집, 가족 관계, 심지어는 어떤 사투리를 쓰는지, 얼굴에 점이 몇 갠지, 말할 때 습관이나 멋쩍을 때 하는 몸짓까지 하나하나 모두를 알고 싶거든요. 어릴 때부터 이렇게 덕질을 하다 보니 공부할 때도 덕질할 때처럼 하게 되더라고요."

그분은 웃으며 이야기를 이어나갔죠.

"수업에서 뭔가를 들으면 눈에 보이는 것만 받아들이는 게 아니라 더 적극적으로 그 내용을 덕질하는 거죠. 예를 들어 문학 수업을 들으면 수업 시간에 받아 적은 내용 외에 자습서의 설명이나 인터넷에서 검색한 자료를 교과서에 추가해서 완전체를 만들었어요. 사회탐구 과목도 이해가 안 되는 부분은 인터넷을 검색해서 보충했죠. 다른 과목도 마찬가지로 오빠 좋아하듯이 모든 걸 꿰뚫겠다는 각오로 공부를 하다 보니 어디서 시험 문제가 나와도 다 맞힐 수 있었던 것 같아요. 가끔은 선생님보다 더 자세히 알고 있던 적도 있어요."

그리고 그녀는 덧붙여 제게 이렇게 말했습니다.

"저는 덕질하고 있다면 충분히 성공할 수 있다고 생각해요. 덕질하는 사람들에게는 성공의 DNA가 내재되어 있어요. 그 DNA는 몰입, 열정 그리고 끈기죠. 특히 덕질은 지속적으로 시간과 노력을 들여야 하는 일이다 보니 덕질하는 사람에게는 무언가를 꾸준히 지속할 수 있는 능력, 끈기가 충분히 있다고 생각해요."

한때 저 또한 연예인을, 또 축구를, 또 게임을 덕질해 본 사람으로서 이 말에 동의하지 않을 수 없었습니다.

혹시 〈유 퀴즈 온 더 블록〉이라는 방송을 보신 적 있나요? 제가 즐겨 보는 프로그램 중 하나인데요. 저는 이 방송에서도 '덕질의 세 가지 성공 DNA'를 확인할 수 있었습니다.

이 방송엔 배우, 학자, 스타강사, 프로게이머, 작가 등 다양한 분야에서 의미 있는 성과를 이뤘거나, 자기만의 길을 개척하고 있는 사람들이 나와서 인터뷰를 합니다. 그러다 어느 순간 출연자들 사이에 한 가지 공통점이 있다는 걸 알게 되었는데요. 그들은 하나같이 자신이 하는 일을 이야기할 때 설레고 신남이 묻어난 표정을 하고 있었습니다. 그 표정만 봐도 그들이 그 일을 얼마나 하고 싶어 했고 좋아하는지를 알 수 있습니다.

그런 점에서 그들의 공통점은 다름 아닌 '덕업일치'였습니다. 내가 좋아하는 일(덕질)을 업으로 삼게 되는 것. 그걸 요즘은 '덕업일치'라고 부르더라고요. 그들의 이야기를 들어보면 약속이나 한 듯 엄청난 열정과 몰입, 끈기를 가지고 있었습니다. 하고 싶은 일이기 때문에 누구보다 뜨거운 열정으로 몰입하고, 안 되면 또 하고, 실패하면 또 물고 늘어지는 끈기를 가지고 지금의 모습까지 이를 수 있었다고 말하죠. 그들 또한 덕질을 통해 얻게 된 열정, 몰입, 끈기가 '성공 비결'이라고 말하고 있었습니다.

저는 이렇게 자신이 좋아하는 것, 하고 싶은 것을 찾고, 그걸 밑

바닥까지 파고드는 일을 '꿈 덕질'이라고 부릅니다. 실제로 제가 가르친 학생들 중에서도 '꿈 덕질'의 아이콘 같은 아이들이 있었는데요. 그중에서도 가장 기억에 남는 친구가 있습니다. 저는 이 친구를 처음 만났던 날을 아직도 잊지 못합니다. '기차 덕후'였던 이 친구는 취미가 뭐냐고 묻는 제게 지하철 호선별로 엔진의 구동음을 들려줬습니다. 이 에피소드 하나만으로도 그가 엄청난 철도, 기차 덕후라는 걸 알 수 있죠.

사실 이 친구는 남들이 봤을 때, 대단히 '머리가 좋거나', '학습 센스가 뛰어난' 유형이 아니었습니다. 저를 처음 만난 초등학교 6학년 때 거의 꼴찌에 가까운 성적으로 시작했으니, 출발선도 늦은 편이었죠. 자신이 좋아하는 철도를 깊이 공부할 수 있는 한국교통대학교에 가겠다는 꿈을 중학교 때부터 품었지만 솔직히 말해 이 친구의 실력으로는 결코 쉽지 않은 목표였습니다. 그러나 이 친구에게는 덕질의 힘이 있었습니다. 철도를 너무나도 좋아했기에 그 열정은 고스란히 공부에서도 드러났습니다.

목표가 명확했기 때문에 이 친구는 늘 수업이 끝난 뒤에도 혼자 남아 공부를 하거나 질문하곤 했습니다. 누구보다 성실하고 끈기 있게 공부한 덕분에 꼴찌에 가까웠던 성적이 꾸준히 오르면서 고등학교를 졸업할 때는 전교 10등 안에 들게 되었죠. 또 바쁜 고등학교 생활 중에도 본인이 좋아하는 철도와 관련된 학교를 탐방하고, 박람회를 찾고, 전문가를 만나러 다니기도 했습니다. 결국 이 학생은 노력과 열정을 인정받아 교통공학 분야에서 가장 들어가기 어렵다는 서울시립대 교통공학과에 합격했습니다. 열정, 몰입, 끈기의 결과였죠. 최근에는 철도 호송병으로 입대해, 그토록 좋아하는 기차를 매일 타면서 행복하게 군생활을 하고 있습니다.

제가 서울대학교를 다닐 때도 이런 덕질 덕분에 공부를 잘할 수 있었다고 말한 친구들을 여럿 만날 수 있었는데요. 앞서 소개했던 '시기게' 학생은 가수들의 권리와 저작권을 시기는 일을 하겠다는 목표를 가지고 공부해 로스쿨에 진학한 뒤, 현재는 엔터테인먼트 업계에서 일하는 법조인이 되었습니다. 또 축구 덕후인 어떤 친구는 축구 여행기를 자비 출판으로 펴내고 사회학과라는 본인 전공과는 무관한 축구 행정가로 일하기도 했습니다. 또 밀리터리에 빠진 어떤 친구는 군사 전문가가 되겠다며 외교학과에 진학해 지금은 그 분야에서 손꼽히는 전문가가 되기도 했습니다.

이처럼 꿈을 파고드는 일, 즉 '꿈 덕질'은 엄청난 열정과 몰입, 끈기를 불러일으킵니다. 그리고 그 힘은 그 무엇보다 강력한 동기부여의 원천이 되죠. 내가 너무나 좋아하고, 간절히 하고 싶은 일이기 때문에 어떤 장애물도 가로막을 수 없는 열정을 뿜어냅니다. 또한 내가 좋아하는 것을 계속하고 싶다는 목표가 명확하기 때문에 누구보다 몰입하게 됩니다. 그리고 그 과정에서 실패하고 부딪혀도 강한 끈기로 다시 일어날 수 있죠.

그런 점에서 꿈 덕질보다 강력한 동기부여는 없습니다. 내가 간절한 꿈을 찾고, 그걸 파고들고, 그 과정에서 만들어지는 열정, 몰입, 끈기의 힘으로 노력하는 것. 그런 사람들은 시간이 좀 걸릴지 몰라도 결국 그 일을 잘하게 될 겁니다. 누구보다 성실하고, 주변의 것들에 흔들리지 않으며, 결코 포기하지 않으니까요.

마지막으로 꿈 덕질이 중요한 현실적인 이유가 하나 더 있습니다. 앞서 말씀드린 것처럼 대학에서는 여러분의 성적만 보는 것이 아니라 꿈과 진로를 위해 노력해 온 과정을 학교생활기록부와 면접을 통해서 중요한 요소로 평가하는데요. 이제는 이런 꿈을 파고들어보는 과정이 '선택'이 아닌 '필수'가 되었다고 말할 수 있습니다. 내가 좋아하고 하고 싶은 일에 파고드는 것이 입시에 '방해'되는 것이 아니라 꼭 필요할 수 있다는 뜻이죠.

만약 여러분이 무언가를 덕질하고 있다면 여러분은 이미 성공의 DNA를 가지고 계신 겁니다. 또 진짜로 좋아하고 하고 싶은 것이 있다면 이미 여러분들은 남다른 열정과 끈기, 몰입을 할 수 있는 조건을 가지고 계신 겁니다. 이것이 여러분이 꿈과 목표를 이룰 수 있는 가장 큰 증거이고 이유입니다.

지금 성적이 어떻든, 어떤 결과를 이루었든 그런 건 중요하지 않습니다. 중요한 건 지금부터 남은 시간 동안 내가 뜨거운 열정으로 몰입하고, 끈기를 가지고 노력하면서 목적지까지 한 걸음 한 걸음 달려가는 것이니까요. 따라서 꿈이 있다면 누가 뭐라 해도 그 일을 꿈으로만 두지 말고 끝까지 파고들어 보세요. 누가 뭐라 해도 여러분의 길을 걸어가세요. 그 길에서 얻게 된 몰입, 열정, 끈기의 힘이 여리분의 꿈이 이루어질 수 있게 도와줄 겁니다.

📖 ─────────────────────────

──────────────────── **여러분은 언제 가슴이 뛰나요?**

'저는 아직 좋아하는 것도 없고, 뭘 하고 싶은지 모르겠어요'

'저는 꿈이 없는데, 어떡하나요?'

혹시 이런 생각이 드시나요? 걱정하지 않으셔도 됩니다. '덕업일치'를 이룬 사람들 모두 처음부터 그런 것은 아니었습니다. 어린 시절부터 내가 뭘 좋아하고 하고 싶은지를 명확히 알고 있었던 사람은 극소수였습니다. 물론 운 좋게 아주 어릴 때부터 좋아하는 걸 발견하는 사람도 있지만, 꽤 오랜 방황의 과정을 거친 이들이 대다수였습니다.

그들도 우리처럼 꿈을 찾지 못해 방황했지만, 시간이 지나면서 자연스레 여러가지 경험을 하고 다양한 사람을 만나고 책을 읽으며 몰랐던 세상을 발견했습니다. 그리고 처음 그 세상에 발을 디디면서 '아, 이거 정말 재미있네, 흥미롭네'라고 느끼거나 '이거 진짜 중요하고 의미 있는 거구나'라는 문제의식과 사명감을 가졌습니다. 그리고 그 흥미 또는 사명감이 그 일에 계속 관심을 가지고 계속하도록 만들었죠.

제 꿈도 마찬가지였습니다. 하늘에서 갑자기 뚝 떨어진 것이 아니었습니다. 어릴 때 있었던 경험을 하나하나 되짚어보면서 꿈을 정할 수 있었죠. 비극으로 점철된 19~20세기 우리나라 역사에 대한 책을 읽고, 영화를 보고, UN평화공원에서 참전용사를 만나 가슴이 뜨거워졌던 경험. 그리고 전쟁과 국제정치라는 분야에 관심을 가지고 빠져들었던 경험에서 꿈의 실마리를 찾을 수 있었습니다.

꿈의 단서는 분명 내가 읽고 보고 듣고 느꼈던 것들 중에 있습니다. 어떤 일을 떠올릴 때 여러분의 감정이 요동치는 뭔가가 있을 겁니다. 문제의식을 크게 느껴서 가슴이 뜨거워질 수도 있고, 너무 흥미롭고 호기심이 넘쳐서 신이 날 수도 있습니다. 얼른 하고 싶고, 잘하고 싶어서 가슴이 뛸 수도 있죠. 그 모든 감정이 바로 꿈의 단서입니다. 그리고 이런 것들을 내가 '좋아하는 것' 또는 '하고 싶은 것'이라고 부를 수 있겠죠.

아직 꿈의 단서를 찾지 못했다면 나에게 그런 감정의 파동과 울림을 주는 일이 무엇인지 한번 되짚어보세요. 생각보다 우리는 살면서 많은 일을 겪었고, 직접 경험한 것이든 간접적으로 경험한 것이든 많은 경험치를 쌓아왔습니다. 그리고 그 안엔 분명 우리가 놓친 꿈의 단서가 숨어 있을 겁니다.

따라서 꿈의 단서가 보이지 않는다고 너무 걱정하거나 조급해할 필요는 없습니다. 꿈의 단서는 경험의 양과 비례하니까요. 더 적극적으로 책을 읽고 사람들을 만나며 다양한 세계를 접해보세요. 그러면 분명 언젠가는 꿈의 단서를 만나게 됩니다. 꿈의 단서가 보이지 않는 것은 단서가 없어서가 아니라 단서를 접할 경험이 부족할 뿐이니까요.

꿈을 파고들었는데, 이후에 꿈이 바뀌면 어떡하지 하고 걱정하는 분들도 계실 겁니다. 그래도 괜찮습니다. 왜냐하면 꿈이 바뀌더라도 우리에게 남는 것들이 있기 때문입니다. 내가 간절히 원하는 것을 미쳐서 파고들다 보면, 나도 모르는 새 우리는 그 일을 하기 전에 비해 압도적으로 성장해 있습니다. 꿈을 파고들면서 읽고 보고 느낀 것들이 여러분의 생각을 더 성장시켜줄 것이고, 그 안에서 내가 좋아하고 잘하는 것이 뭔지, 그렇지 않은 것인지 뭔지가 더욱 명확히 보일 것입니다.

덕질의 경험은 그대로 나에게 남습니다. 뭔가 좋아하고 하고 싶은 게 있을 때, 어떻게 그걸 파고들어야 하는지 우리 몸은 기억하게 되죠. 그리고 그런 일이 생겼을 때, 나도 모르게 '몰입, 열정, 끈기'의 태도와 힘이 발휘됩니다. 그러니 많이 경험하고, 많이 보고, 많이 느끼려고 노력하십시오. 무기력하게 아무것도 하지 않고 있으면 달라지는 건 아무것도 없습니다. 부딪쳐봐야 알 수 있습니다. 그리고 조금이라도 여지가 있는 꿈의 단서를 만난다면, 한번 파고들어보세요. 늘 후회는 시도해 보지 않은 것에 오기 마련입니다. 여러분 자신을 믿고, 과감하게 문을 두드려보세요. 자신도 모르게 훨씬 더 넓은 세상을 보고, 느끼고, 발 딛고 있는 여러분을 발견하게 될 것입니다.

꿈은 직업이 아니라 신념입니다

만약 '앞으로 나는 이런 길을 가고 싶어. 이런 삶을 살고 싶어'라는 생각이 조금이라도 들었다면 그 모든 것이 여러분의 꿈의 조각들입니다. 그 조각을 모두 합치면 온전히 여러분만의 꿈이 되겠지요.

그런데 여기서 흔히들 하는 오해가 있습니다. 많은 학생들이 꿈이라고 하면 특정 직업이나 장래희망을 떠올리곤 합니다. 의사가 되는 것, 법조인이 되는 것, 가수가 되는 것 등등이죠. 하지만 그것은 꿈의 일부이지 전부가 아닙니다. 만약 그게 꿈의 전부라고 한다면 의사가 되고 나서의 삶, 법조인이 되고 나서의 삶에 어떠한 방향도 제시해 주지 못할 겁니다.

꿈은 그보다 더 본질적이고 종합적인 것입니다. 내 인생에서 중요한 가치는 무엇인지, 행복한 삶을 사는 데 무엇이 중요한지, 내 삶은 어떠했으면 좋겠는지, 나를 둘러싼 세상은 어떠하길 바라는지, 그리고 이를 위해 나는 무엇을 할 것인지 등등을 모두 합쳐서 우리는 '꿈'이라고 부릅니다. 단순히 의사, 법조인, 가수가 되겠다를 넘어서 내가 왜 의사, 법조인, 가수가 되고자 하는지, 어떤 일을 하고 세상에 어떤 영향을 끼치는 사람이 되고 싶은지가 더 중요한 목적입니다. 여기에 대한 자신만의 기준이 명확할 때 진정한 '꿈'이라고 부를 수 있겠지요.

　누군가는 아주 평범한 삶을 원할 수도 있고 반대로 세상을 아주 획기적으로 바꿔놓는 삶을 꿈꾸는 사람도 있을 것입니다. 우리 인생에는 중요한 것들이 참 많죠. 일과 직업, 가족, 사랑하는 사람들, 경제적인 만족도, 종교, 가치관 등등 헤아릴 수 없을 정도입니다. 그리고 그중에서도 내가 옳고 중요하고 소중하다고 믿고, 그래서 인생 전체 또는 일부를 걸어서라도 지키고 이뤄내고자 하는 것, 그것을 우리는 다른 말로 '신념'이라고 부릅니다. 그리고 그 신념은 우리의 꿈과 인생을 가치 있게 만들어주는 가장 큰 부분을 차지합니다.

　저에게도 여러 가지 꿈이 있었습니다. 이미 눈치를 채셨겠지만 저는 전쟁이라는 문제를 해결하는 외교관이 되고 싶었지요. 하지만 지금의 저는 교육 분야의 작가이자 스타트업 CEO로 지내고 있습니다. '직업'으로서의 꿈은 분명히 바뀌었습니다. 하지만 제 신념은 바뀌지 않았습니다. 신념이 곧 꿈이라면, 꿈이 바뀌지 않았다는 뜻입니다. 오히려 지금의 저는 제 꿈에 더 부합한 삶을 살고 있습니다.

무슨 뚱딴지 같은 소리냐고요? 차근차근 설명해 보겠습니다. 기억나시나요? 제게는 외교관이 되고 싶었던 이유가 있었습니다. 전쟁이라는 문제를 해결하고, 그런 비극적인 일이 다시는 일어나지 않게 만드는 데 기여하고 싶었기 때문이죠. 전쟁이라는 문제에 제 인생을 걸어보려 했던 건 역사를 공부하면서 6.25 전쟁을 비롯해 무고한 사람들이 '단 한 번뿐인' 소중한 인생을 희생했던 사실이 가슴 찢어지게 아팠기 때문이죠. 그게 만약 나였다면, 혹은 나의 친구, 나의 가족이었다면 어땠을까를 생각하면서 소중한 모든 이들의 생명을 지키고, 그 사람들이 한 번뿐인 인생을 더 행복하게 살았으면 하는 바람이 제가 외교관이 되고자 했던 이유였습니다.

하지만 제가 대학생이 되고 나서 보니 전쟁만큼이나 심각한 문제가 있었습니다. 바로 저도 경험했고, 여러분도 어쩌면 경험하고 있을지 모르는 문제인데요. 앞에서 말씀드렸듯 저는 고등학교 1학년 때까지 '내가 뭘 좋아하는지, 어떤 사람이 되고 싶은지' 고민해 볼 기회도 여유도 없었습니다. 그렇게 삶의 밑바닥에서 허우적거리며 무엇이 중요한지를 느끼고 깨달았습니다. 그리고 마침내 제 꿈과 나아가야 할 길을 찾았습니다.

그런데 세상이 그 어느 때보다 빨리 바뀌어가고 있음에도 여전히 여러분들은 저와 같은 방식의 교육을 받고 있습니다. 저보다도 훨씬 전인 80~90년대 방식으로 공부하고 교육을 받습니다. 저는 여러분들이, 제 후배들이, 동생들이 제가 10년 동안 겪었던 시행착오를 겪지 않길 바랐습니다.

왜냐하면 여러분들의 삶이 너무나도 소중하기 때문입니다. 한 번뿐인 삶, 그리고 그중에서도 인생에서 가장 빛나야 하는 10대라는 찬란한 시간을 여러분들이 의미 있고 가치 있게 살아낼 수 있도록 만들어드리고 싶었습니다. 그래서 저는 이 일을 합니다. 이게 저의 신념입니다. 전쟁이라는 문제를 해결하고자 했던 제 목적이 사람들의 삶이 더 가치 있고 행복해지길 바라는 마음 때문이었던 것처럼, 제가 지금 책을 쓰고 교육회사를 창업해서 고군분투하는 이유는 여러분들의 한 번뿐인 인생이 행복해지길 원하기 때문입니다. 여러분들이 좋아하는 것, 잘하는 것을 고민하고 작은 성공들을 쌓아가면서 인생의 토대를 다듬어가는 것. 그것이 제가 이 일을 하는 이유입니다. 동시에 제 꿈이 바뀌지 않았다고 말하는 이유이기도 합니다.

꿈이라는 것은 다른 사람들에게 거창하게 보일 필요도 없고 세상의 대단한 문제를 바꿀 필요도 없습니다. 하지만 꿈은 여러분들이 인생의 마지막 지점에 갔을 때 '이로 인해 내 삶은 의미 있고 가치 있었다, 참 행복했다'라고 말할 수 있는 목적 그 자체여야 합니다. 내가 인생을 걸어볼 만한, 인생을 바칠 만큼 소중한 것이어야 한다는 의미겠죠. 꿈은 직업이 아니라 신념이며, 수단이 아니라 목적입니다. 저는 그런 꿈이 여러분들의 삶을 이끌어가길 바랍니다.

랭리에게는 없고 라이트 형제에게는 있는 것

꿈은 단순히 어떤 너 상위의 목직을 이루기 위한 수단이 아닙니다. 실패와 고난을 감내할 만큼의 가치가 있는 그 자체로 값진 것을 의미합니다. 우리는 모두가 더 풍요로운 생활을 하길 원하고, 사람들에게 인정받고 원하는 것을 손쉽게 이룰 수 있는 힘을 가지길 바랍니다. 그것은 우리가 인간으로서 갖고 태어난 본능적인 욕망입니다.

언젠가 제가 읽었던 책 중에 이런 문장이 있었습니다.

"성공을 결정하는 질문은 '나는 무엇을 즐기고 싶은가'가 아니

Chapter 4 • 뜨겁게 부딪쳐보겠다는 마음 #꿈

145

라, '나는 어떤 고통을 견딜 수 있는가'다. 행복으로 가는 길에는 똥 덩어리와 치욕이 널려 있다."

꿈도 마찬가지입니다. 꼭 대단히 어렵거나 고상한 것일 필요 없지만, 그렇다고 해서 무작정 욕망에만 충실하다면 그것을 꿈이라고 부르기는 어려울 것입니다. 그렇기 때문에 꿈이라는 건 '그것을 이루기 위해 어디까지 감내할 수 있는가'에 따라 결정된다고 생각합니다. 꿈을 이루는 과정은 결코 쉽지 않거든요. 그럼에도 이뤄야만 할 가치와 의미가 있는 것, 그런 걸 우리는 꿈이라고 부릅니다.

꿈에는 숱한 실패에도 우리를 다시 일어서게 하는 힘이 있습니다. 포기하지 않고 끈질기게 물고 늘어질 수 있는 힘을 주죠. 여러분들이 알 만한 사람들의 이야기로 꿈이 얼마나 큰 힘을 가지는지 살펴볼까요?

비행기를 최초로 개발한 사람이 누구인지는 아마 다들 아실 겁니다. 바로 라이트 형제죠. 그런데 라이트 형제가 비행기를 열심히 개발하고 있던 시기에 미국에서 똑같이 비행기를 만들던 사람이 있었습니다. 심지어 그 사람은 라이트 형제보다 훨씬 더 유명하고, 돈도 많고, 뛰어난 경력을 가지고 있었는데요. 바로 새뮤얼 피어폰 랭리입니다. 랭리는 미국의 유명한 천문학자로 하버드 대학에 근무한 뒤 미국 해군사관학교에서 교수를 지냈고, 굉장히 큰 연구재단의 고위직으로 일하고 있었습니다. 더군다나 이 사람은 미국 정부에서 5만 달러, 대략 지금 우리 돈으로 환산하면 200억 원이라는 어마어마한 돈도 지원을 받았죠.

랭리의 친구들 중에는 그 당시 미국에서 제일 돈이 많기로 유명했던 철강왕 앤드루 카네기와 전화를 발명해서 큰 부와 명예를 얻었던 알렉산더 그레이엄 벨 같은 사람들이 있었습니다. 그리고 그와 함께 비행기를 만드는 사람 중에는 뉴욕에서 최초로 자동차를 개발한 사람을 비롯해서 명문대 출신의 최고 기술자들이 모여 있었죠.

똑똑한 두뇌와 명성, 주변 사람들의 지원까지 랭리는 무엇 하나 부족함이 없어 보였습니다. 따라서 당시 사람들은 랭리가 비행기를 만드는 최초의 인물이 될 거라는 데 이견을 갖지 않았다고 합니다. 그래서 랭리가 가는 곳에는 항상 〈뉴욕 타임즈〉 기자들이 따라 다녔다고 해요. 당연히 랭리 또한 전구를 개발한 토마스 에디슨이나 전화를 개발한 벨처럼 자신도 비행기를 발명해서 큰 부와 명예를 얻고 싶어 했습니다. 그래서 그는 밤낮으로 매우 열심히 연구를 했다고 해요.

그에 반해 라이트 형제는 랭리만큼 공부를 잘한 것도 아니고, 돈이 많은 것도 아니었습니다. 라이트 형제는 평범한 집안에서 태어나서 가족들과 함께 자전거 가게를 운영하던 기술공이었습니다. 그들에게 논을 지원해 주는 사람도 없었고, 랭리만큼 유명한 사람을 알지도 못했습니다. 또 라이트 형제를 포함해 그들과 함께 비행기 개발을 연구하던 사람들 중에 대학 졸업자는 단 한 명도 없었다고 합니다. 어쩔 수 없이 그들은 자전거 가게를 운영해서 번 돈으로 어렵게 연구해야 했습니다.

그러나 우리 모두가 알다시피, 비행기를 발명한 사람은 새뮤얼 피어폰 랭리가 아닌 윌버와 오빌 라이트 형제입니다. 1903년 12월 17일, 노스캐롤라이나 키티호크 들판에서 라이트 형제가 만든 비행기가 세계 최초로 하늘로 날아올랐죠.

랭리는 수학이나 과학에 관련된 업적도 훨씬 많았고, 똑똑하고 유능한 사람들이 팀에 있었고, 개발 자금도 충분했습니다. 라이트 형제 못지 않게 성실하게 연구에 매진했죠. 그런데 도대체 무엇이 둘의 운명을 가른 것일까요? 그들 사이에는 아주 특별한 딱 한 가지 차이점이 있었는데요. 그건 다름 아닌 '꿈'입니다. 라이트 형제에게는 비행기를 만들어내겠다는 간절한 꿈이 있었습니다. 그들은 하늘을 나는 비행기를 만들어낼 수 있다면 많은 사람들이 더 편리하고 나은 삶을 살 수 있을 거라고 믿었습니다. 큰돈을 벌거나 유명해지고 싶어서 비행기를 만든 게 아니라 비행기를 통해서 인류가 누리게 될 혜택을 생각했던 거죠. 그래서 라이트 형제는 시험 비행 때마다 부품을 여분으로 다섯 세트나 챙겨서 다섯 번 정도 실패를 하면 집에 돌아오는 게 일상이 될 정도로 많은 실패를 했지만, 몇 번이고 실패해도 그 믿음을 잃지 않았다고 합니다. 오히려 사람들에게 왜 비행기를 만드는 게 필요하고 우리의 삶에 중요한지, 어떤 변화를 가져다줄 수 있는지를 매일같이 이야기했다고 합니다. 그래서 실제로 비행기를 처음으로 날아올리던 날, 미국의 신문사들이 찾아오지도 않고 사람들에게 주목을 받지도 못했지만, 자신들이 얼마나 중요한 일을 해냈는지를 알고 있었기 때문에 라이트 형제는 낙담하지 않고 묵묵히 계속해서 비행기 개발에 매진했다고 합니다.

반면에 랭리가 비행기를 만들고자 했던 가장 큰 이유는, 비행기를 만들어서 사람들과 인류에게 이로움을 주겠다는 게 아니었습니다. 랭리는 그 당시에 전구를 발명한 에디슨이나 그레이엄 벨처럼 큰 업적을 남겨서 더 유명해지고 사람들에게 인정 받고 싶었습니다. 한마디로 명예와 부를 얻기 위한 수단으로 비행기를 발명하려고 했던 것이죠.

이는 라이트 형제가 비행기를 개발하고 나서 랭리가 한 행동을 보면 알 수 있는데요. 만약 랭리에게 비행기를 만드는 그 자체가 너무나도 중요하고 소중한 꿈이었다면, 라이트 형제가 최초로 비행기를 날아올렸더라도 그는 더 좋은 비행기를 만들기 위해 연구를 계속했을 것입니다. 하지만 랭리는 라이트 형제가 자신보다 먼저 비행기를 발명하자 자신이 뒤처졌다는 생각과 사람들의 조롱이 두려운 나머지 비행기 만드는 일을 바로 포기해 버렸다고 합니다.

내가 이 일을 왜 해야 하는지, 이 꿈이 왜 중요하고 소중한지와 같은 것을 이른바 '목적의식'이라고 부릅니다. 그리고 라이트 형제에게는 비행기를 만드는 일이 바로 그런 것이었습니다. 비행기를 만드는 것 자체가 너무 소중하고 이를 통해 혜택을 얻게 될 인류를 생각하면 가슴이 뛰고 힘이 났던 거죠.

하지만 랭리에게는 비행기를 만드는 게 목적 그 자체가 아니라 일종의 수단이었습니다. 돈을 더 벌기 위해서, 더 유명해지기 위해서, 더 큰 명예를 얻기 위해서 비행기를 만들고 싶었던 거죠. 물론 돈을 벌기 위해서, 유명해지기 위해서 뭔가를 하는 게 나쁘다는 뜻은 결코 아닙니다.

그런데 만약에 내가 많은 돈을 벌기 위해서, 유명해지기만을 위해서 꿈을 이루려고 한다고 해보죠. 갑자기 더 많은 돈을 벌 수 있거나, 더 유명해질 수 있는 일이 있으면 그 사람은 어떻게 할까요? 아마 그 일을 선택하게 될 겁니다. 나에게 더 많은 돈과 유명세가 주어진다고 해서 언제든지 바뀔 수 있는 일이라면, 그걸 우리가 꿈이라고 부를 수 있을까요?

보통 우리가 꿈이라고 부르는 일은 사실 한 번에 이루기가 쉽지 않습니다. 라이트 형제가 비행기를 날아올리기 위해서 수없이 실패했던 것처럼, 우리가 꿈을 이루기 위해서는 어쩔 수 없이 잦은 시련과 위기를 맞게 될지도 모릅니다. 꿈이 크면 클수록 더 많은 실패를 하게 되겠죠.

하지만 진정한 꿈은 내가 실패를 하더라도, 지금은 조금 힘들고 어렵더라고 꼭 이뤄야 하는 것입니다. 어떤 대가를 치르고서라도 이루고 싶을 만큼 소중하고 가치 있는 것. 단순히 돈을 벌기 위해서, 유명해지기 위해서라면 결코 우리는 그 꿈의 종착지에 다다르지 못할 겁니다. 다시 한번 말하지만 꿈은 수단이 아니라 목적입니다. 그 자체로 이뤄야 할 이유가 있어야 한다는 의미입니다.

숱한 실패에도 결국 꿈을 이루고, 세상에 유의미한 영향을 끼치고, 변화를 만들어낸 사람들의 꿈은 그러한 것이었습니다. 라이트 형제가 살던 시대의 사람들 대부분이 라이트 형제가 비행기를 발명할 거라고 생각하지 못했습니다. 훨씬 더 잘난 랭리가 먼저 해낼 거라고 생각했죠. 하지만 라이트 형제는 어떤 실패가 와도, 어려움이 있어도 꿈을 포기하지 않았습니다. 결국 라이트 형제가 꿈을 이룰 수 있었던 가장 큰 이유는 그 꿈을 포기하지 않았기 때문이에요. 저는 여러분이 어떤 꿈을 꾸든, 포기하지 않을 이유가 있는 그런 꿈을 가졌으면 좋겠습니다.

저에게도 그런 꿈이 있습니다. 앞서 말씀드렸듯 제가 대학교 4학년 때 창업했던 첫 회사는 보기 좋게 망했습니다. 하지만 세상을 이롭게 하는 회사를 세워서 학생들이 '좋아하는 걸 찾고, 잘할 수 있게 돕겠다'는 꿈을 버리지 않았습니다. 때로는 하루하루가 너무 고통스럽고 힘들었지만, 저는 그 꿈을 꼭 이뤄야 했기 때문에 포기하지 않았습니다.

그 꿈을 이루는 데 얼마나 더 오랜 시간이 걸릴지, 얼마나 더 큰 고통을 감내해야 할지 모릅니다. 그럼에도 저는 계속해서 도전하고 포기하지 않으려고 합니다. 일곱 번 망하면, 여덟 번째에 또 도전할 겁니다. 포기하지 않으면 결국은 될 거라는 믿음을 가지고 계속할 겁니다.

　그러니 여러분도 자신을 믿고 자신만의 소중한 꿈을 찾아보세요. 그리고 그게 무엇이든 절대 포기하지 말고 딱 한 번만 더 해보셨으면 좋겠습니다. 딱 한 걸음만 더 가보는 거죠. 그렇게 한 걸음 한 걸음 가다 보면, 여러분이 가볍게 내딛는 걸음 뒤에 꿈이 현실로 나타날 수 있을 거라고 믿습니다.

Dream as if you'll live forever. Live as if you'll die today.

(영원히 살 것처럼 꿈꾸고, 오늘 죽을 것처럼 살라)

인생이라는 마라톤에는 결승점이 없다

여기까지 읽다 보면 이런 생각이 또 드실지도 모르겠습니다.

　"어차피 꿈 같은 거 없어도 열심히 공부하고 대학 잘 가면 되는 거 아닌가요?"

　"꿈이 그렇게 중요한가요?"

　만약 제가 글을 쓰는 이 순간이 10년, 20년 전이라면 '꿈'이라는 거창한 단어를 여러분들께 이야기할 필요도 없었을지 모릅니다.

오히려 '열심히 공부하고, 좋은 대학 가세요, 꿈은 그때 찾아도 늦지 않아요'라고 하는 게 맞을지도 모릅니다. 물론 자기확신, 꿈, 주체적인 태도, 이 모든 것들이 공부를 잘하기 위해서 필요한 요소지만 공부를 잘하게 된다는 목적 하나만을 위해서라면 이 시간을 아껴 성적 올리는 방법을 설명하는 게 나을 겁니다.

하지만 제가 이렇게 많은 시간과 분량을 할애에서 여러분에게 '공부'보다 더 높은 우선순위의 것들을 이야기드리는 이유가 있습니다. 바로 여러분들이 살아갈 세상이 바뀌었기 때문입니다. 그리고 그 세상 안에서는 '공부 잘하는 것'만 가지고는 살아남기가 어려울 수도 있기 때문입니다. 앞에서도 잠깐 이야기를 드렸지만 '명문대=최소한의 성공'이라는 공식은 무너지고 있고 여러분들이 살아갈 세상은 저도, 여러분의 부모님도, 단 한 명의 인류도 경험한 적이 없는 세상으로 빠르게 바뀌어가고 있습니다.

예를 들어 우리는 생성형 인공지능 챗GPT가 고작 1~2년 만에 세상을 어떻게 바꾸는지 또렷하게 목격했습니다. 자료 검색은 물론이고 원하는 것만 입력하면 단 몇 초만에 긴 논문을 번역하고 원하는 주제의 글을 완성하기도 합니다. 어려운 수학 문제를 풀어내기도 하죠. 심지어는 만들고 싶은 웹사이트 이미지만 캡쳐해서 넣으면, 그 사이트를 몇 초만에 코딩해 내기도 합니다.

AI 뿐만이 아닙니다. 만들어진 지 20년밖에 안된 전기자동차 회사 테슬라의 시가총액(회사 가치)은 자동차 회사 최초로 1,000조 원이 넘어 도요타, 벤츠, 폭스바겐, BMW, 현대차, 혼다, GM, 볼보 같은 기존의 세계 최대 자동차 회사들의 시가총액을 모두 합친 것보다도 더 큽니다. 우리나라만 봐도 생긴 지 15년도 안된 쿠팡이라는 회사의 시가총액(약 40조 원)은 2023년 12월 기준으로 우리가 잘 아는 현대, 이마트, 롯데 같은 기존 대기업들의 시가총액 총합(6~7조 원)의 대여섯 배를 웃돌기도 합니다. 또한 일론 머스크의 스페이스 X, 아마존의 창업자 제프 베이조스의 블루 오리진 같은 회사들에서는 수년 내로, 일반인의 우주여행이 가능해질 거라 주장합니다.

기술이나 경제뿐만이 아닙니다. 우리나라는 전 세계에서 가장 낮은 출산율을 기록하며 2010년생 기준 약 48만 명이었던 출생아수가 2030년에는 약 절반인 26만 명, 2050년에는 21만 명까지 줄어들 예정입니다. 여러분 교실에 지금 학생 수가 몇 명이든, 30년 뒤에는 책상의 절반이 비게 된다는 뜻입니다. 그 외에도 기후변화 같은 환경 문제, 지속적인 저성장의 경제 구조 같은 문제처럼 영역을 막론하고 세상의 거의 모든 분야가 급속도로 바뀌고 있습니다.

우리는 그 변화가 어떤 모습일지, 어떻게 세상이 바뀔지 알기가 어렵습니다. 그럼에도 불구하고 모든 전문가들이 한 가지는 확실하게 이야기합니다. 그것이 어떤 변화든, 지금의 속도보다 수십 배는 더 빠를 것이라고 말이죠. 우리가 한 번도 걸어본 적이 없는 길을 걸어가야 하는 것만큼은 분명해 보입니다. 이제는 지도도 없고, 내비게이션도 없는, 심지어 목적지가 어딘지도 모르는 길을 함께 걸어가야 하는 거죠. 그렇다면 우리는 바뀌는 세상을 어떻게 대비해야 할까요?

미국의 16대 대통령 에이브러햄 링컨은 이렇게 말했습니다.

"미래를 예측하는 가장 최선의 방법은 스스로 그 미래를 만드는 것이다."

이 말이 맞다면 우리에게 중요한 것은 세상이 어떻게 바뀌고 우리 앞에 어떤 길이 놓일지를 알아차리는 것이 아닙니다. 그보다 더 중요한 것은 우리가 어떤 길을 만들 것인지, 어떤 길을 걸어가고 싶은지라고 할 수 있죠. 수많은 갈림길 중에서 어떤 길을 선택할 것이냐, 왜 그 길을 만들고 선택하는가가 더욱 중요할 겁니다.

나만의 길을 만들고 선택하는 데 있어서 가장 중요한 기준이 있습니다. 그것은 바로 '내가 뭘 하고 싶은지, 내가 뭘 좋아하는지'

아는 것입니다. 왜냐하면 어떤 세상이 와도 한 가지 변하지 않는 사실이 있거든요. 우리가 이 세상에 태어난 이상 내 삶이 행복해야 한다는 사실, 내 삶이 의미 있게 쓰이길 바란다는 사실입니다. 그렇다면 어떤 것도 '성공'의 삶을 보장해 주기 어려울 만큼 빠르게 바뀌는 세상에서 우리가 기댈 수 있는 것은 결국 내가 뭘 좋아하고, 뭘 하고 싶은지라고 할 수 있죠.

그러면 어떤 분들은 이렇게 질문하실 수도 있습니다.

"옛날에는 뭘 좋아하고, 뭘 하고 싶은지가 중요하지 않았던 건가요?"

물론 예전에도 중요했습니다. 그럼에도 불구하고 소위 '성공'이 보장되는 길이라는 것이 존재했습니다. 열심히 공부를 해서 좋은 대학에 진학하고, 대기업에 들어가거나, 전문직이 되거나, 공무원이 되면 최소한으로 보장받던 것들이 있었습니다. 내가 '좋아하는 것, 하고 싶은 것'을 보류하거나 포기할 만큼의 가치가 있었던 겁니다.

하지만 지금은 그 어떤 환경도 여러분의 삶에 확실한 '성공'을 보장해 주지 않습니다. 앞서 말씀드린 것처럼 세상이 너무 빨리 바뀌고 있거든요. 앞으로 여러분이 어떤 진로를 선택하든 대부분의 분야에서 로봇과 인공지능이 인간이 하던 일을 대체하고 있을 겁니다. 실제로 과거에는 기계가 대체하기 어려울 거라고 생각했던 창작 분야, 예를 들면 그림이나 영상, 소설 등도 이제는 인공지능이 만든 것과 사람이 만든 것을 구분하기가 어렵습니다. 이제 웬만한 일은 인공시능과 로봇이 인간보다 더 잘하게 될 겁니다. 그런 세상에서 우리에게 진짜 필요한 것은 뭘까요?

"Not the best, But the only"라는 말이 있습니다. 제가 가장 좋아하는 말 중 하나이기도 한데요. 최고가 되는 것보다 더 중요한 것은 바로 '유일무이한' 것이라는 뜻입니다. 유일하기 때문에 경쟁도 없고, 대체될 수도 없다는 뜻이죠. 제가 생각하기에 이것이야말로 바뀌는 세상에서 살아남는 유일한 방법이 아닐까 싶습니다. 결코 대체될 수 없는 유일한 사람이 되는 것. 그것이 우리가 가야 할 길이라고 할 수 있죠. 그렇다면 '유일무이한' 사람이 된다는 건 또 뭘 뜻하는 걸까요?

언젠가 일본의 한 회사에서 만든 광고 영상을 본 적이 있는데요. 광고는 이렇게 시작합니다. 한 청년이 수많은 사람들과 함께 달리며 이렇게 말합니다.

"인생은 마라톤이다…. 더 빠르게, 한 걸음 더 앞으로. 그 앞에 미래가 있다고 생각한다. 반드시 결승점이 있다고 생각한다."

그 순간 반전이 시작되는데요. 그는 이렇게 말합니다.

"근데 정말일까? 인생은 마라톤이 아니다. 누가 결정한 코스고 결승점인가?"

그리고 이어지는 내레이션….

"어디를 달려도 좋다. 어디를 향해도 좋다. 자신만의 길이 있다. 우리가 아직 만나지 않은 세계는 엄청나게 넓다. 그래, 내딛는 거다. 고민하고, 고민해서 끝까지 달려가는 거다. 실패해도 좋다. 돌아가도 좋다. 누군가와 비교하지 않아도 된다. 길은 하나가 아니다. 결승점은 하나가 아니다. 그것은 인간의 수만큼 존재한다. 누가 인생을 마라톤이라고 했는가?"

저는 이 대사 안에 유일무이한 사람이 된다는 것의 답이 있다고 생각합니다. 사실 유일무이한 사람은 '되는 것'이 아닙니다. 이미 여러분들은 유일무이한, 세상에 단 하나뿐인 존재입니다. 여러분과 똑같이 생긴, 똑같이 생각하는 사람은 단 한 명도 없습니다.

이미 여러분은 여러분만의 고유성을 가지고 태어났습니다. 저는 여러분이 그토록 소중한 여러분의 고유성을 마음껏 세상에 펼쳤으면 좋겠습니다. 여러분의 꿈을 통해 세상이 더 나아질 수 있음을, 여러분의 꿈이 세상을 바꾸는 역사가 될 수 있음을 믿습니다.

너무 멀리 보지 마라.

운명의 사슬은 한 번에 한 고리씩만 다룰 수 있다.

_ 윈스턴 처칠

Chapter 5

오늘보다 내일 더 나아지겠다는 마음

#성장

"어릴 때는 잘했는데…"

중학교나 고등학교에 입학한 뒤 첫 시험을 치르고 나면 꼭 듣는 말이 있습니다.

"제가 초등학교 때는 꽤 잘하는 편이었는데요…."

"저희 아이가 중학교 때는 잘했는데요. 고등학교 첫 시험에서 완전히 바닥을 쳤어요."

학생들이나 부모님들이나 이런 경험을 한 번 하고 나면 큰 충격을 받습니다. 그리고 생각보다 충격의 여파는 오래가죠.

이처럼 초등학교에서 중학교로, 또 중학교에서 고등학교로 올라가는 시기는 말 그대로 대혼란입니다. 성적표 속 등수의 앞자리가 바뀌기도 하고 별거 아니라고 생각했던 과목들이 '원래 이렇게 어려웠나?' 싶은 순간도 경험하게 됩니다. 그러나 그건 여러분만의 일도, 여러분만의 잘못도 아닙니다.

이미 경험해 보신 분들은 아시겠지만 초등학교에서 중학교로 올라갈 때 학업 수준은 5학년에서 6학년 올라갈 때보다 몇 배는 높아집니다. 공부해야 하는 양도 다르고 초등학교 때보다 평가가 훨씬 더 타이트해지죠. 중학교에서 고등학교로 올라갈 때는 더더욱 그렇습니다. 초등에서 중등 올라갈 때와는 비교하기 어려울 정도로 공부의 양, 과목 수, 난이도 모두 수십 배는 오릅니다. 그러니 상급 학교로 진학하면서 학업 성적이 떨어지는 건 너무 자연스러운 일일지도 모릅니다.

그런데 문제는 첫 시험의 충격이 극복하기 어려울 만큼 오래간다는 것이죠. 어떤 친구들은 그 충격에서 벗어나지 못하고 '나는 이제 안 될 거야'라는 생각에 잠식되어 '한때 공부 잘했던' 사람이라는 화려한 과거만 안고 학창 시절을 보내기도 합니다. 제 주위만 보아도 이런 경험을 가진 친구들이 아주 많습니다.

저는 고등학교 시절 믿기 어려운 경험을 했는데요. 제가 고등학교 진학 후 첫 시험이었던 배치고사에서 수학 30점을 받았을 때죠. 아마 등수로 따지면 160명 중에 130~140등 정도를 했을 겁니다. 저보다 수학 시험을 못 본 친구들이 20~30명 정도 있었다는 뜻이죠. 그리고 입학한 뒤에 그 20~30명이 대략 누구누구인지 알 수 있었습니다. 수학 시간에 선생님이 문제를 풀어보라고 하면 저처럼 시간 내에 '다 풀었다'고 손 한번 들지 못하던 친구들이었죠.

그런데 고등학교를 졸업할 즈음 저는 아주 놀라운 사실을 알게 됩니다. 제가 속해 있던 문과에서 3학년 때 수학 성적 1, 2등을 차지한 친구들이 모두 놀랍게도 배치고사 때 제 뒤에 있던 그 아이들이었다는 것을요. 당연히 그 친구들은 본인들이 목표로 했던 대학의 학과에 우수한 성적으로 입학했죠.

더욱더 놀라운 사실은 저희 고등학교에서 가장 높은 수능 성적을 받아 서울대학교 경영학과에 입학한 친구는 고등학교 첫 시험에서 160명 중 뒤에서 10등 안에 들었던, 그야말로 최하위권이었던 친구였습니다. 그리고 지난 3년을 찬찬히 돌이켜보니 제가 방금 언급한 친구들의 공통점을 한 가지 더 발견할 수 있었는데요. 이 부분은 한 가지 연구를 소개한 뒤에 이어서 말씀드리도록 하겠습니다.

세계적인 교육심리학자인 스탠포드 대학교의 캐롤 드웩 교수는 CEO, 운동선수, 학자, 예술가 등 다양한 분야에서 압도적인 성공을 거둔 이들을 조사했습니다. 그 결과 인종, 환경, 성별, 지능은 모두 달랐지만 그들에게서 발견되는 공통적인 심리적 특성이 있었다고 합니다. 그리고 그녀는 그것의 이름을 '마인드셋'이라고 불렀습니다.

캐롤 드웩 교수가 말하는 마인드셋이란 인간이 자신의 재능과 실력을 바라보는 마음속의 렌즈 같은 것이라고 설명할 수 있습니다. 과학 시간에 배운 오목렌즈와 블록렌즈를 띠올리면 조금 더 쉽게 이해할 수 있는데요. 똑같은 사물을 봐도 어떤 렌즈로 보느냐에 따라 그 사물이 크거나 혹은 작게 보이죠. 마찬가지로 우리 마음속에도 '성장 마인드셋'과 '고정 마인드셋'이라는 두 가지 종류의 렌즈가 존재하는데요. 성장 마인드셋은 '내 실력과 재능이 얼마든지 달라지고 성장할 수 있다는 믿음'을 가진 사람들의 마인드셋을 의미합니다. 반면 고정 마인드셋은 '실력과 재능은 타고나는 것이며 바꿀 수 없는 고정된 것이다'라는 믿음을 가진 사람들의 마인드셋을 의미합니다. 그리고 이미 눈치를 채셨겠지만 때때로 실패하고 시행착오를 겪더라도 결국 성공을 이뤄낸 사람들은 하나같이 '성장 마인드셋'을 가지고 있었다고 합니다.

　이후 캐롤 드웩 교수는 또 다른 흥미로운 연구를 진행했는데요. 이제 막 중학교에 입학한 학생들의 마인드셋을 측정한 뒤 그 학생들을 2년간 추적 조사한 것입니다. 여기서 그녀는 놀라운 사실을 한 가지 발견합니다. 그녀는 자신의 저서에서 이렇게 말합니다.

　"우리의 연구에서 고정 마인드셋을 가진 학생들만이 성적이 하락하는 현상을 보였습니다. 반대로 성장 마인드셋을 가진 학생들은 2년 동안 성적이 올랐습니다. 중학교에 입학하기 전의 성적을 보면 두 그룹 학생들의 차이는 구별하기 어려울 정도로 비슷했습니다. 초등학교라는 좀 더 친절한 환경에서는 비슷한 점수를 보였지만 중학교 입학이라는 도전에 맞닥뜨린 뒤 급격한 차이가 벌어지기 시작했던 겁니다."

　그렇습니다. 바로 상급학교로 진학하는 똑같이 어려운 시기에 비슷한 실력을 가진 학생들의 성적을 가른 것은 다름 아닌 그 학생이 어떤 '마인드셋'을 가지고 있었는가였다는 사실을 밝혀낸 것입니다.

다시 제 고등학교 이야기로 돌아가서 보겠습니다. 고등학교 입학 당시에는 저보다도 수학 점수가 낮은 친구들이었지만 졸업할 때 대역전극을 이룬 학생들의 공통점은 놀랍게도 교실에 저보다 늘 일찍 나와 있었다는 사실입니다. 또한 그 친구들은 선생님에게 도움을 요청하거나 다른 친구들에게 질문하는 것을 주저하지 않았습니다. 그리고 시험을 못 보든 잘 보든, 다음 날이면 어김없이 아무 일 없었다는 듯 다시 책상에 앉아 공부를 시작한 친구들이었습니다.

캐롤 드웩 교수는 바로 이 점이 '성장 마인드셋'을 가진 사람들이 보이는 대표적인 공통점이라고 설명합니다. 그들은 지금 실력이 충분치 않더라도 부단한 노력과 올바른 방법, 타인의 도움을 통해서 나의 실력은 나아질 수 있을 거라는 확신을 가지고 있다고 말합니다. 또한 지금의 실패가 앞으로도 쭉 지속될 거라 생각하지 않기 때문에 포기하기보다는 끝까지 파고들며 오히려 배움의 기회로 만든다고 말합니다. 실제 제가 『압축공부』를 쓰면서 만나본 모든 성적 급상승러들은 하나같이 이런 믿음을 가지고 있었습니다.

'내 실력은 언제든지 나아질 수 있고 실패는 영원하지 않다.'

그리고 그들은 '진짜' 역전 스토리의 주인공이 되었습니다.

'이미 고정 마인드셋을 가지고 있는 것 같은데 어떡하죠?'

'저는 그 중요한 마인드부터 글러먹었나는 거네요…'

혹시 이런 걱정이 드시나요? 하지만 전혀 좌절할 필요가 없습니다. 캐롤 드웩 교수가 말하길 우리는 성장 마인드셋과 고정 마인드셋 모두에 해당하는 요소들을 가지고 있으며, 이 또한 고정 불변의 것이 아니라고 합니다. 성장 마인드셋을 의식하는 것, 즉 생각을 살짝 바꾸기만 해도 효과를 거둘 수 있다는 것이지요.

그렇다면 왜 우리는 고정 마인드셋에 빠져드는 걸까요? 그 이유를 한번 살펴볼게요.

고정 마인드셋이 두드러지는 시기는 주로 삶의 중대한 변화가 일어나는 시기라고 합니다. 우리의 상황에 적용해 본다면 그 첫 번째 시기는 중학교 진학일 텐데요. 여기에서는 크게 두 가지의 큰 변화를 맞게 됩니다.

먼저 초등학교 때까지는 큰 부담이 없었던 공부가 인생에서 중요한 비중을 차지하게 됩니다. 학기마다 성적이라는 게 매겨지고 이 성적이 고등학교 진학에 영향을 주기도 합니다. 또 학교나 학원에서 선생님들은 '중학생이 되었으니 이제는 제대로 공부를 좀 해야지'라고 말씀하십니다. 어찌 보면 이때부터 '실전' 공부가 시작된 것이죠.

또 하나의 변화는 여러분들이 이 단어를 좋아하실지는 모르겠지만 바로 '사춘기'입니다. 일단 신체적으로 급격한 변화가 찾아옵니다. 그리고 정서적, 심리적으로 많은 부분이 이전과는 달라지죠. 특히 다른 사람들 시선을 신경 쓰기 시작합니다. 친구들이 나를 어떻게 바라보는지, 다른 사람들이 나를 어떻게 평가하는지에 예민하게 반응하게 되고 그러다 보니 초등학교 시절에는 그토록 하고 싶었던 발표나 임원선거가 어느 날부터는 부담스럽고 하기 싫어집니다.

또 이성에 대한 인식이 달라지죠. 잘 보이고 싶은 이성 친구가 생기고 외모가 자꾸 신경 쓰이기 시작합니다. TV 속 잘생긴 아이돌이나 배우를 보면 거울 속의 나와 비교하게 됩니다. 하나둘씩 얼굴에 솟은 여드름이 왜 그리도 보기 싫은지 모릅니다. 저는 아직도 중학교 1학년 빼빼로데이 때 처음으로 좋아하는 여학생에게 빼빼로를 건네던, 가슴이 쿵쾅쿵쾅 뛰고 떨리던 그 순간을 잊을 수가 없습니다(물론 잘 안됐지만요…).

아무튼 이런 변화들은 우리로 하여금 세상과 타인을 바라보는 시각 자체를 다르게 만듭니다. 점점 세상의 평가에 신경을 쓰게 되고 다른 사람에게 상처받지 않고 싶은 마음이 커져갑니다. 그러다 보면 이런 질문들이 불쑥불쑥 떠오르며 마치 세상이 나를 평가하는 듯한 느낌을 받게 됩니다.

'내 머리는 똑똑할까, 멍청할까?'

'내 외모는 잘생긴 편인가, 아니면 못 생긴 편인가?'

'나는 남들 눈에 어떻게 보일까?'

학교나 학원에서 시험을 치다 보면 이런 마음은 더욱 강화됩니다. 옆자리의 친구는 100점을 받았는데 나는 95점을 받으면, 나쁘지 않은 점수임에도 기분이 좋지 않습니다. 이런 일은 내 의지와 상관없이 일어나기도 합니다. '누구누구는 몇 점 받았다던데?' 내가 원하든 그렇지 않든 나는 이미 주변 사람들에게 끊임없이 비교 당하고 있습니다. 다른 사람을 신경쓰지 않을 수 없게 만드는 것이지요.

이럴 때마다 점점 작아지게 됩니다. 초등학교 때는 뭐든 다 잘할 수 있을 거라고 믿었는데, 어릴 때는 조금만 잘해도 주변 어른들이 칭찬하고 인정해 줬는데 지금은 그렇지가 않습니다. 나는 늘 특별한 사람이고 싶고, 사람들에게 주목받고 싶은데, 또 부모님에게는 늘 자랑스러운 아들딸이고 싶은데, 세상에는 나보다 잘나 보이는 친구들이 너무도 많습니다. 그리고 개중에는 나보다 열심히 하지 않는 친구들도 있는 것 같습니다. 게다가 그 친구를 보면서 주변 사람들은 '걔는 천재야, 머리가 진짜 좋아'라고 말합니다. 나도 그런 말을 듣는 멋진 사람이 되고 싶은데 그럴 수가 없습니다.

이제 '세상은 불공평하다는 생각'이 들기 시작합니다. 그리고 이 상황을 내가 바꾸기 어려울 것 같아 마음이 움츠러듭니다. 노력한다고 해서 달라질 것 같지 않습니다. 급기야 점점 도망치고 싶어집니다.

엄마는 '조금만 더 노력하면 잘할 수 있는데 그걸 왜 안 하니?'라고 말씀하시지만, 노력한다고 바꿀 수 있을 거라는 생각이 들지 않습니다. 타고난 애들이 계속해서 잘하게 되는 것 같고 나는 그 '타고난 애들'이 아닌 것처럼 느껴집니다.

나는 '열심히 하는데도 그 친구들만큼 잘하지 못하는', 그런 못난 사람이 되고 싶지 않습니다. 노력하지 않으면 '좀 더 열심히 할걸'이라는 핑계라도 댈 수 있지, 노력했는데도 안되면 정말 내가 멍청한 사람인 것 같습니다. 그렇게 우리는 나를 보호하기 위해서, 못난 사람이 되지 않기 위해서, 다른 사람들의 '심판과 평가'에서 벗어나기 위해서 '가능한 한 노력을 하지 않게' 됩니다. '될 놈은 되고, 안될 놈은 안된다'고 말하는 냉소주의자가 됩니다. 잘하고 싶은 마음을 애써 감추는 내게 어른들은 '왜 넌 생각이 없니?', '아직도 정신을 못 차렸구나' 하며 나무라시죠. 진짜 잘하고 싶지만 그럴 수밖에 없는 내 마음도 모르고 말입니다.

"저희 아들은 수학 머리가 부족해요"

저에게도 그런 경험이 있었습니다. 중학교 시절, 저는 다른 과목에 비해 수학 점수가 잘 나오지 않았는데요. 나름대로 학원도 꾸준히 다니고, 학교나 학원에서 내주는 숙제도 열심히 했지만 이상하게도 원하는 점수를 얻기가 어려웠죠. 어떤 때는 문제가 너무 쉽게 나와서 만점자가 전교에 수십 명이 되는데도 꼭 한두 문제씩 틀리곤 했습니다.

그래서 어느 날 엄마와 다른 수학 학원에 상담을 갔습니다. 엄마와 저는 난생 처음 보는 학원 선생님과 책상을 마주하고 앉았고, 엄마는 말씀을 시작하셨습니다.

"저희 승우가 수학 공부를 열심히 하는데도 성적이 잘 안 나옵니다. 제가 학교 다닐 때 수학을 못했었는데, 얘가 저를 닮아서 수학 머리가 없나 봅니다."

저는 엄마 덕분에 공부를 계속할 수 있었다고 말씀드릴 수 있을 만큼 엄마에게 정말 많은 것들을 받았지만, 엄마도 사람인지라 이날 한 가지 실수를 하셨습니다. 엄마는 별 뜻 없이 하셨던 이 말씀이 제 마음속에 아주 크나큰 수학 공부의 장애물이자 걸림돌을 심어줬기 때문입니다.

별 얘기 아닌 것 같을 수도 있습니다. 사실 흔히 쓰는 말이기도 하고요. 하지만 이러한 말은 듣는 이로 하여금 '고정 마인드셋'을 가지게 만드는 대표적인 말이라고 할 수 있는데요.

'수학 머리가 없어서 수학 공부를 못하나 봅니다'라는 말 안에는 두 가지 메시지가 숨어 있습니다. 첫 번째는 수학을 잘하는 데 있어서 '수학 머리'가 중요하다는 거죠. 여기서 말하는 수학 머리는 뭔가요? 우리가 흔히 타고난 재능이라고 부르는 것일 겁니다.

그런데 이보다 더 중요한 메시지가 있습니다. 바로 수학을 잘하는 데 그토록 중요한 수학 머리, 즉 타고난 재능이 저에게는 어떻다는 건가요? 그렇습니다. 없다는 거죠.

만약 여러분들이 이런 말에 계속해서 노출되어 왔다고 가정해 볼게요. 그리고 여러분들이 열심히 수학 공부를 했는데도 원하는 결과가 나오지 않았어요. 이때 우리들 마음속에 어떤 생각이 들까요?

1번 : "노력이 충분하지 않았거나 공부법이 나에게 안 맞았어."

"내 실력에 맞지 않는 문제집을 풀었어. 다음 시험에 전략을 바꾸고 더 노력하면 성적이 잘 나올 수 있을 거야."

2번 : "역시 엄마 말이 맞았어. 난 수학 머리가 없어."

"나보다 공부 안 한 것 같은 애들이 시험 더 잘 봤네. 역시 성적은 타고난 머리 순이야."

여러분은 어떤 생각이 드실 것 같나요? 저는 고민할 것도 없이 2번이었습니다. 노력이 부족했다, 방법이 안 맞았다 같은 것들은 눈에 잘 보이지도 않고 정확히 파악하기도 어렵습니다. 그런데 '수학 머리가 부족해서 열심히 해도 수학 성적이 안 나왔다'라는 논리는 훨씬 더 직관적이고 명료해 보이거든요. 그런 일이 반복되면 반복될수록 나도 모르게 '공부를 잘하는 데는 타고난 머리가 중요하다'는 생각이 더욱 확고해집니다.

실제 수학 시험을 치고 원하는 결과가 나오지 않을 때마다 저는 이 생각을 내려놓을 수가 없었습니다. 지금 내가 하는 공부가 무슨 소용이 있나 하는 마음에 점점 더 하기 싫어졌습니다. 그렇게 저는 고등학교 1학년을 지나며 '수포자'가 될 뻔했죠. 이것이 자퇴를 결심한 이유이기도 했습니다. 저의 타고난 재능으로는 저보다 훨씬 더 잘 타고난 것 같은 친구들을 이길 수 있을 것 같지 않았거든요.

토끼와 거북이 이야기는 틀렸다

실제로 우리는 살아가면서 고정 마인드셋을 부추기는 수없이 많은 말들에 영향을 받게 됩니다. 그리고 원하는 결과를 거두지 못할 때마다 점점 그 생각에 휩싸이게 되죠.

'맞아, 머리가 안 좋아서 그래.'

'타고난 재능이 부족해서였어.'

이런 일이 반복되면 결국 '나는 해도 안될 거야'라고 믿고 자포자기하게 되죠.

심리학에서는 이런 현상을 '확증편향'이라고 합니다. 어떤 상황을 겪거나 정보들을 취할 때 자신이 기존에 가지고 있던 생각이나 믿음에 부합하는 증거들만 눈에 보이는 현상을 의미하는데요. 작은 선입견의 불씨가 우리 마음속에 커다란 불신의 벽을 만드는 과정이라고 할 수 있죠.

어릴 적 들어본 〈토끼와 거북이〉 이야기 다들 기억나시나요? 토끼와 거북이가 달리기 경주를 했고, 발걸음이 빠른 토끼가 처음에 한참을 앞선 나머지 방심하고 단잠에 빠졌다가 성실하게 달려온 거북이에게 역전당했다는 줄거리죠. 지금까지 우리는 이 우화를 '꾸준히 노력하면 재능이 부족해도 경주에서 이길 수 있다'로 받아들이며 지냈습니다. 하지만 캐롤 드웩 교수는 이 우화가 '노력에 오명을 뒤집어 씌웠다'고 말합니다. 노력은 느림보들이나 하는 짓이라는 이미지를 심어주었다는 것이죠. 캐롤 교수의 말처럼 우리 중 누구 하나 거북이가 되고 싶어 한 사람이 있었을까요?

그녀는 〈토끼와 거북이〉 이야기가 본래 의도와 다르게 우리에게 고정 마인드셋을 심어주고 있을지도 모른다고 말합니다.

"이런 이야기들이 가진 문제는 세상을 '양자택일'의 틀로 해석한다는 점입니다. 세상은 '능력이 있는 사람'과 '노력을 해야만 하는 사람'으로 나눠져 있다는 식이죠. 그리고 이건 바로 고정 마인드셋의 관점이기도 합니다. 노력은 능력이 없는 사람에게나 필요하다고 보지요. 고정 마인드셋은 우리에게 이렇게 말합니다.

만약 네가 뭔가를 열심히 해야 한다면 분명 너는 그걸 잘하지 못하는 거야. 정말 타고난 천재에겐 세상 모든 일이 쉽단다."

사실 우리는 알고 있습니다. 앞에서도 말씀드렸지만 이야기는 여기서 끝나지 않았죠. 어쩌면 이때부터 시작이었던 겁니다. 반 년이 지나고, 1년이 지나고, 2년이 지나며 수많은 성적의 지각변동이 일어났고 저에게도 많은 역전의 경험들이 쌓이기 시작했죠. 그토록 넘기 어려웠던 수학의 벽을 넘어섰고, 죽었다 깨어나도 풀 수 없을 것 같았던 문제들을 어느새 익숙한 듯 풀어내기 시작했죠. 그 당시 제 앞을 가로막고 있던 것은 타고난 수학 머리가 아니었습니다. 사실은 나아지기 어렵고 바꾸기 어려울 것이라고 믿었던 고정 마인드셋이 저를 짓누르고 있었던 겁니다.

세상이 이분법으로 나뉘지 않는다는 것을 알고 난 뒤, 저를 짓누르고 있던 고정 마인드셋의 프레임에서 벗어나기로 했습니다. 가능성을 가두는 세상에서 벗어나 내 선택에 따라, 또 내 노력에 따라 얼마든지 달라질 수 있고 성장할 수 있다고 믿는 세상에 살기로 했습니다. 해보지도 않고 포기하고 변명하고 핑계만 대는 삶을 살고 싶지 않았습니다. 우리가 사는 세상은 1차원이 아니라 타고난 재능, 의식적인 노력, 헌신적인 태도, 효과적인 전략과 방법, 인내심, 끈기, 절제력 등 수많은 것들이 성공에 영향을 미치는 3차원의 세상이니까요.

이제는 '실패'의 의미도 달라졌습니다. 고정 마인드셋의 세상에서는 실패는 곧 나 자신이었고, 바꿀 수 없는 것이었습니다. 하지만 성장 마인드셋의 세상에서는 실패란 나 자신이 아닌 노력, 방법, 과정 등 내가 '선택'한 것들의 결과였죠. 나시 말해 언세든 내가 선택을 바꿔서 이전과는 다른 과정을 거치면 분명 그 결과도 바뀔 수 있다는 뜻이었습니다. 저는 제가 선택하지 않은 것에 운명을 맡겨야 하는 세상에 다시는 살지 않기로 결심했습니다.

더불어 내가 선택하지 않은 것들이 나의 가능성을 한계짓는 것 또한 용납하지 않기로 했습니다. 내 운명을 바꿀 수 있는 것은 오직 나였습니다. '될놈될 안될안(인터넷에서 자주 쓰이는 말로, '될 놈은 되고, 안될 놈은 결국 안된다'는 말의 줄임말)'이라고 비야냥대며 나에게 주어진 능력을 과소평가하지 않기로 했습니다. 설사 그 말이 맞다고 해도 지금 내가 '될 놈'인지, '안될 놈'인지 알 수 없었거든요. 그건 끝에 가봐야 알 수 있는 결과론적인 이야기일 뿐이니까요.

재능의 존재를 무시하는 게 아닙니다. 타고난 재능을 살리는 일 또한 중요합니다. 내가 무엇을 잘하는지 알고, 간절히 그 일을 하고 싶은 마음이 든다면 당연히 그 일을 하면 됩니다. 하지만 대부분의 사람들은 처음부터 내가 뭘 잘하는지, 나의 타고난 재능은 무엇인지 알기가 어렵습니다. 부딪쳐 경험해 봐야 알 수 있거든요. 저도 그랬습니다. 해보지도 않고 '나는 이걸 못 해'라고 단정 짓기에는 겪어보지 않은 것들이 너무나도 많이 남아 있었죠.

어떤 세상에 살지는 각자의 선택입니다. 저는 내 인생이 너무 소중했고 내 꿈이 중요했기 때문에, 나라는 존재가 할 수 있고 달라질 수 있고 성장할 수 있다고 믿는 세상에서 살아가기로 결정했습니다. 다시는 나의 가능성을 의심하지 않기로 했습니다. 나를 의심하게 만드는 세상 사람들의 말에 휘둘리지 않기로 했습니다. 내 인생의 주인은 나고, 그 누구보다 나의 가능성을 믿어주어야 하는 사람이 바로 나였으니까요. 그리고 이렇게 결심한 날 저녁, 작은 종이에 다음과 같이 써서 책상 위에 붙여두었습니다.

"내가 나를 믿지 못한다면 세상의 누가 나를 믿어주겠는가.

실패가 아니다. 아직 도달하지 못했을 뿐이다."

진짜 공부의 목적

아마 우울증 진단을 받고 학교로 다시 돌아온 고등학교 1학년 가을쯤이었을 겁니다. 저를 가두고 있던 고정 마인드셋의 세상에서 벗어나자 그동안 놓치고 있던 것들이 보이기 시작했습니다.

먼저 공부의 목적이 달라졌습니다. 그전까지는 누군가를 이기고 다른 사람에게 나의 '똑똑함'을 증명하기 위해 공부했다면, 이때부터 공부는 '진짜' 괜찮은 나를 만들어가는 과정이었습니다.

오늘도 스스로와의 약속을 지켜내는 모습을 확인하며 나의 '성실함'을 발견하고, 어제보다 오늘 더 나아지는 과정을 통해 '학습력'을 키우고, 어렵고 때로는 실패해도 다시 도전해서 결국 해내는 내 모습을 보며 '끈기'와 '회복탄력성'을 단단하게 만드는 것. 이렇게 나도 몰랐던 나의 가능성을 발견하고 계속해서 내가 나를 믿을 수 있게 만드는 과정이 바로 공부였죠. 그래서 훗날 세상이라는 무대에서 아무리 어렵고 힘든 문제를 만나도 그 문제를 해결할 수 있을 거라고 자기 자신을 믿게 되는 것. 이것이 바로 공부를 하는 '진짜' 목적이었습니다.

또한 꿈을 정하고 나서 이 공부가 왜 필요한지를 알게 되니 그때부터 공부는 시험을 잘 보기 위한 수단이 아니라 나의 지식과 식견을 넓히기 위해, 말 그대로 진짜 똑똑해지기 위해 필요한 일이었습니다. 쉽게 말해 공부란 '성장'과 '배움'의 연속이었고, 내가 더 나은 사람이 되는 과정이었습니다.

실제로 훗날 『압축 공부』라는 책을 쓰기 위해 만났던 멘토들 또한 그러했습니다. 성적을 단기간에 급상승시켜 명문대에 진학한 그들이었지만, 아이러니하게도 그들에게 공부는 시험 성적을 끌어올리는 단순한 수단이 아니었습니다. 공부를 통해 자신의 역량을 개발하고 동시에 자신이 더 나은 사람으로 발전해 나가는 것을 중요한 목적으로 삼았죠. 나를 가둔 '알'이라는 세계를 하나씩 깨고 나가는 과정이 바로 공부였던 겁니다.

그날 이후 저에게 결과보다 중요한 것은 바로 오늘 하루를 성공적으로 보냈는가였습니다. 결과는 내가 마음대로 컨트롤할 수 없지만, 적어도 내가 어떤 하루를 보낼 것인지는 스스로 선택하고 결정할 수 있었으니까요. 즉 '성공'은 다른 사람이 평가할 수 있는 것이 아니었습니다. 오직 나 스스로만이 알고, 나 스스로만이 평가할 수 있었죠.

하루를 보내는 목표이자 그날 하루의 '성패'를 가르는 기준은 세 가지였습니다. 저는 매일 자기 전에 스스로에게 되물었습니다.

"오늘 하루 진짜 최선을 다했는가?"

"어제보다 오늘 나아졌는가?"

"오늘 새로운 것을 배웠는가?"

그리고 이러한 목표를 이루기 위한 행동강령으로 세 가지를 정했습니다.

1. 하루 24시간 중 30분 이상 흘려보내는 시간이 없도록 한다.
2. 매일 나아진 점을 기록한다.
3. 매일 새롭게 배운 것을 기록한다.

이날 이후, 그전까지는 쓰는 둥 마는 둥 했던 플래너를 본격적으로 쓰기 시작했습니다. 당시 시중에서 판매하는 플래너 중에는 30분 단위로 기록할 수 있는 것이 없길래 아예 직접 양식을 만들었습니다.

먼저 플래너에 일어나는 시간부터 잠드는 시간까지를 30분 단위로 표시했습니다. 그리고 세면, 식사, 학생회나 동아리 활동 등 공부를 하지 못하는 모든 시간에 색을 칠했죠. 그리고 색이 칠해지지 않은 나머지, 즉 오늘 하루 공부할 수 있는 총 시간을 계산한 다음 미리 짜놓은 1주 계획에 따라 오늘 해야 할 공부의 양을 시간에 맞게 분배했습니다. 그리고 여기에는 적절한 휴식 시간이나 축구 같은 취미 활동도 포함했습니다. 24시간 공부만 할 수 없으니까요. 그리고 최선을 다해 계획을 지키되 계획대로 되지 않으면 주말에 비워둔 '스페어 타임'을 활용해서 계획을 보완했습니다. 마지막으로 하루를 마치고 나면 오늘 새롭게 배우거나 깨달은 것들을 함께 적어놓곤 했죠.

매일 '성공적인' 하루를 보낸 것은 아니었습니다. 당연히 계획대로 되지 않는 날도 많았죠. 하지만 플래너를 쓰다 보니 '나도 모르게' 흘려버리는 시간이 점점 줄어들었습니다. 그리고 고3쯤 되었을 땐 정말 하루를 온전히 내가 계획한 대로 사용할 수 있는 수준이 되었죠.

특히 이 플래너가 정말 중요했던 건 하루의 계획을 쓰고, 실제 내가 해낸 것들을 기록하면서 점점 내가 나아지고 있다는 것을, 괜찮은 하루를 보내고 있다는 걸 눈으로 보고 느낄 수 있었다는 겁니다. 하루, 이틀, 사흘, 나흘… 최선을 다한 하루하루의 흔적들이 쌓여갈수록 스스로에 대한 믿음을 키워갈 수 있었습니다.

그런 점에서 앞에서도 이야기 드렸던 것처럼 플래너를 쓰면서 최대한 성장하고 있는 것들을 의식하고 기록하려고 노력했는데요. 처음에는 스톱워치로 순수 공부 시간을 재면서, 그 시간 자체를 어제보다 오늘 조금 더 늘리기 위해 노력했습니다. 그리고 이후에는 공부를 하면서 맞힌 수학 문제의 개수나 같은 시간에 외운 단어의 개수처럼 수치로 확인할 수 있는 지표들을 매달 정해 놓고 계속해서 기록해 나갔습니다. 그리고 어느 정도 공부가 궤도에 오르고 나서는, 성적이 올랐을 때 그 성적이 이전 대비 얼마나 상승했는지를 기록했습니다. 의식적으로 '성장'을 느껴나간 것이죠. 항상 내가 나아지고 있는지를 점검하고, 동시에 나아졌다면 그 성장을 다음 성장의 동력으로 만들기 위해 노력해 나갔습니다. 그리고 그 결과, 저는 더 이상 나를 남과 비교하지 않고 실패해도 흔들리지 않는 단단한 마음을 키워갈 수 있었습니다.

모든 일은 한 번에 되지 않습니다. 중요한 건 그 과정을 인내하고, 실패해도 다시 일어서는 회복력입니다. 그리고 이러한 성장 마인드셋은 인내심과 회복력을 길러줍니다. 목적지에 도달할 수 있을 때까지 버티는 힘을 만들어주죠. 그러니 다른 사람과 자신을 비교하지 말고, 지금 당장 결과에 일희일비하지 말고, 어제보다 오늘 더 나아지는 것을 목표로 하세요. 그리고 그렇게 만들어진 나의 성장과 수고를 인정하고 칭찬해 주세요. 여러분과 여러분의 노력을 믿으세요, 어제보다 오늘, 오늘보다 내일 분명 더 나아질 거니까요.

"그동안 들인 그 너의 노력을 한번 믿어 봐. 실수할까 봐 움츠러들지 말고. 남이 날 어떻게 볼지, 어떻게 생각할지 조마조마해하지 말고. (내가 비밀 하나 말해줄게) 남의 시선이 날 만들어가는 게 아니라 너의 시선이 널 만들어가는 거야. 그러니까 너 자신을 더 칭찬해 주고, 따뜻하게 바라봐 줘. 너 지금 아주 잘하고 있어."

– 〈낭만닥터 김사부〉 중에서

고정 마인드셋의 세상에서 벗어나 달라질 수 있다는 마음을 갖췄다면 이제는 다음 단계로 나아가야 합니다. 성장에 대한 믿음이 준비되었다면 이제는 핵심적인 성장을 만들어내야 한다는 뜻입니다. 다시 말해 진짜 공부 실력을 키우는 일이죠. 이를 위해서는 진짜 내가 무엇을 바꿔야 하는지에 마주해야 했습니다. 성장 마인드셋의 세상에서 성취를 결정하는 데 가장 중요한 '노력, 방법, 과정' 중에서 무엇을 어떻게 바꿔야 하는지 알아내야 했죠.

저는 개인적으로 '공부머리'라는 말만큼이나 싫어하는 말이 한 가지 있습니다. 바로 '엉덩이 힘'이라는 말인데요. 학생들이 스스로의 가능성을 낙인찍게 만들기 때문에 '공부머리'라는 말을 싫어한다면, 반대로 '엉덩이 힘'이라는 말은 마치 '무조건 노력을 많이 하면 좋은 결과가 나올 것'이라는 인상을 심어주거든요. 물론 노력을 열심히 하지 않는 학생들에게는 당연히 엉덩이 힘을 발휘해야 하는 일이 선제되어야 하죠.

그런데 첫 시험에서 30점을 받고 수학 때문에 학교를 자퇴하려고 했던 1학기 내내 제가 열심히 하지 않은 것은 아니었습니다.

분명 나는 내가 할 수 있는 물리적 한계에 도달할 만큼 열심히 했어요. 하지만 원하는 결과를 얻지 못했죠. 실제로 저처럼 원하는 결과가 나오지 않으면 묻지도 따지지도 않고 노력의 양에 집착하는 학생들을 종종 볼 수 있었습니다. 공부에 욕심이 있는 중상위권 학생들이 주로 빠지는 함정이죠.

이런 학생들에게 '엉덩이 힘'이라는 말은 어떤 가이드도 주지 못합니다. 그저 '더 열심히 하면 될 것'이라는 희망고문만 심어주지요. 성장 마인드셋을 소개하는 내용에서 '노력해도 안되던데?'라는 불편한 마음이 드셨다면 아마 이 때문일 겁니다. 저도 그랬거든요. 열심히 노력해도 안되는 것 같은 사람에게 노력을 더 많이 하라고만 요구하면 '역시 내가 타고난 능력이 부족해서 그런가?' 하는 의심만 키울 뿐입니다. 사실 우리가 알고 있는 '노력'의 개념이 조금 잘못되었을 수 있기 때문인데 말이지요.

세계적인 심리학자인 안데르스 에릭슨 박사는 자신의 저서인 『1만 시간의 재발견』에서 두 가지 종류의 노력이 있다고 말합니다. '의식적인 노력'과 '기계적인 노력'이 그것이죠. 그의 말에 따르면 의식적인 노력을 하는 이들은 지속적으로 자신의 부족한 점을 보완하고 끊임없이 발전합니다. 매 순간의 노력에 명확한 목적의식이 있죠. 쉽게 말해 똑같은 노력을 할 때마다 개선할 것은 없는지, 더 나아질 수 있는 방법은 없는지를 고민하고 그것을 집중적으로 수정하면서 노력을 해나간다는 것이죠.

실제로 『압축 공부』를 쓰면서 만났던 어느 피겨스케이팅 선수 출신 멘토는 김연아 선수의 훈련을 지켜본 소감을 이렇게 말했습니다.

"김연아 선수는 똑같은 걸 수백 번씩 연습합니다. 근데 한 번 할 때마다 엄청 의식적인 노력을 기울여요. 매번 부족한 점이 뭔지 찾아내고 그 점을 개선해 나가는 방향으로 연습을 합니다. 똑같은 걸 수백 번 하면서 가장 좋은 자세를 찾아가는 끈기가 김연아 선수를 세계 최고로 만든 것이 아닌가 싶습니다."

에릭슨 박사가 말하는 '의식적인 노력'이 바로 이런 것입니다.

반면에 기계적인 노력을 하는 사람들은 아무리 많은 시간과 노력을 들이부어도 큰 변화가 없습니다. 왜냐하면 이 노력을 통해서 어떤 점을 개선할 것인지에 대한 고민이 빠져 있기 때문입니다. 단순히 '많이 했다, 열심히 했다'는 만족감에 안주하죠. 대개 그 과정에는 내가 무엇이 부족한지, 그래서 오늘 노력을 하면서는 무엇을 의식적으로 바꿔야겠다는 목적의식이 없는 경우가 많습니다.

그렇기 때문에 에릭슨 박사는 많은 시간 동안 열심히 하는 것만큼, 혹은 그 이상으로 중요한 것은 바로 '올바른 방법'으로 노력하는 것이라고 말합니다. 이를 위해서는 자기 자신을 객관적이고 냉정하게 바라보고, 그로부터 내가 어떤 문제점을 가지고 있고 어떤 부분을 수정하고 개선해야 할지에 대한 고민이 필요할 텐데요. 제가 생각하는 진짜 성장을 만드는 방법 세 가지는 다음과 같습니다.

1. 절대적으로 충분한 양의 노력
2. 자기객관화와 피드백 습관
3. 위의 두 방법을 통해 근본적인 문제점을 찾고 집중적으로 수정하기

따라서 '나는 안되는 사람이야. 지금까지 열심히 노력했는데도 소용없잖아'라고 좌절할 필요가 없는 겁니다. 수정해야 할 문제점을 내가 아직 찾지 못했다는 뜻이니까요. 당연히 그 문제점은 언제든지 노력하면서 바꿔갈 수 있는 것들이고요.

어둠 속에서 가장 힘든 건 길이 보이지 않을 때입니다. 하지만 여러분에게는 길이 있습니다. 타고난 능력이 부족해서가 아니라, 여러분이 못나서가 아니라, '아직' 올바른 방법, 문제점을 해결하

는 방법을 찾지 못한 것뿐이니까요. 지금부터 하나씩 하나씩 나를 돌아보면서 의식적인 노력을 만들어봅시다. 지금부터는 제가 문제점을 발견하고 의식적인 노력을 만들어갔던 과정을 잠시 설명해 드릴게요.

전지적 작가 시점이 필요하다

저도 처음엔 무엇을 어떻게 바꿔야 하나 막막했습니다. 그래서 지금까지 내 몸과 마음에 배어 있는 모든 공부의 토대를 두드려 보기로 했습니다. 진짜로 실력을 끌어올리는 데 도움이 되는 것과 그렇지 않은 것을 구분해야 했고, 내가 나에게 주어진 시간을 효율적으로 쓰고 있는지, 우선순위에 맞게 공부를 하고 있는지 모든 것을 의심해 보기로 했습니다.

가장 먼저 앞서 말씀드린 플래너를 기반으로 한 달간 내가 하는 모든 공부의 발자취를 기록하기 시작했습니다. 처음에는 매일 시간을 어떻게 쓰고 있는지, 그리고 그 시간 동안 무엇을 했는지 기록했죠. 그리고 공부가 끝나고 나면 오늘 공부를 하면서 스스로 어떤 점이 나아졌다고 느꼈고, 동시에 어떤 점에서 부족한 점이 있었는지를 기록해 나갔습니다. 마치 관찰 카메라처럼 한 달 동안 스스로 제3자가 되어 나의 공부를 냉정하고 객관적으로 지켜보기 시작한 겁니다.

그리고 부족한 점이라고 느껴지는 게 있다면 선생님, 선배, 친구 등 가리지 않고 찾아다니며 나보다 잘하는 사람들은 어떻게 공부하는지, 또 내가 몰랐던 더 나은 방법이 없는지 집요하게 물었습니다. 어느 날은 수업이 끝난 선생님께 질문을 하기 위해 화장실까지 따라갔다가 핀잔을 듣기도 했죠.

이런 과정을 겪고 나니 제 공부의 결정적인 문제점 한 가지를 발견할 수 있었는데요.

"승우야, 강의 보는 시간은 진짜 공부하는 시간이 아니란다."

제 공부 스케줄표를 본 선배들은 하나같이 이렇게 말했습니다. 저는 곧 이 말의 뜻을 깨닫게 되었습니다. 바로 제가 공부하는 '척' 하고 있었다는 사실이었죠. 그때까지 저는 진짜 실력을 키우는 공부가 아니라 '내가 공부하고 있다'는 만족감을 채우는 공부를 하고 있었습니다.

먼저 제가 공부하는 '척' 하고 있었다는 걸 알게 된 첫 번째 이유는 바로 강의를 듣는 시간이 너무 많다는 것이었습니다. 저희 학교는 외곽에 위치해 있어 학생들은 학원 대신 '인강(인터넷 강의)'

을 활용하고 있었는데요. 저 역시 거의 모든 과목의 인강을 신청한 터라 당연히 제 공부에서 가장 많은 비중을 차지하는 것은 바로 인강 듣는 시간이었습니다.

당시 저는 수학 실력이 뒤처졌다는 생각 때문에 수학 인강만 무려 세 개를 듣고 있었습니다. 주중에는 학교 수업 진도에 맞추어 개념 강의와 문제풀이 강의를 하나씩 들었고 주말에는 선행에 필요한 인터넷 강의까지 듣고 있었죠. 거기에 국어는 물론 사회, 과학까지 거의 대부분 과목의 인강을 듣고 있었습니다. 게다가 몇몇 과목의 인강 선생님들은 수업에 재미있는 에피소드를 풀어 주셨기 때문에 교실에서 혼자 인강을 보면서 피식피식 웃는 경우들이 있었죠. 이렇게 하루에 네다섯 시간씩 인강을 듣고 나면 공부를 열심히 했다는 만족감을 느낄 수 있었습니다(여러분들은 제 이야기를 꼭 '인강'이 아니라 '학원 수업'에 적용해 보셔도 좋습니다).

어찌 보면 너무나 자연스러운 일이었습니다. 음식 떠먹여주듯, 강사님들이 지식을 떠먹여주니 그 순간에는 쉽게 이해가 되고, 재미도 있고, 직접 머리 싸매고 문제를 풀거나 개념을 이해하려고 노력하지 않아도 되니 편했습니다. 여기에 공부를 열심히 했다는 만족감까지 주니, 어쩌면 나도 모르게 내 몸이 인강 듣는 시간을 가장 기다리고 있었을지도 모르죠. 저는 '인강 중독'에 빠져 있었던 겁니다.

하지만 문제는 시간이 지나고 나면 기억에 남는 게 없다는 데 있었죠. 당장에는 다 아는 것 같았지만 내 머리와 손으로 직접 얻은 지식이 아니다 보니 쉽게 잊혀졌고, 그 사실을 몰랐던 저는 열심히 공부했다고 착각하며 지내왔던 겁니다.

생각해 보세요. 훌륭한 음악 연주를 듣거나 보고만 있는다고 해서 우리가 훌륭한 음악을 연주할 수 있게 되는 것은 아닙니다. 직접 그 음악을 수십 번, 수백 번 반복해서 연습을 해야 비로소 그 음악을 제대로 연주해 낼 수 있죠.

제 공부의 첫 번째 문제가 바로 여기에 있었습니다. 당장 저는 인터넷 강의를 3분의 1로 줄였습니다. 남은 시간에 직접 문제를 풀고 노트 정리를 하는 등 내 손으로 공부하는 시간을 늘렸죠. 인강을 듣고 나면 최소한 그 시간의 두 배만큼은 복습하고 문제를 풀었습니다. 비슷한 유형의 문제를 만났을 때 반드시 맞히겠다는 목표의식을 가진 겁니다.

인강을 신청할 때도 더욱 신중하게 고민했습니다.

'학교 수업만으로는 부족한가?'

'지금 이 인강이 내 공부에서 중요하고 우선순위가 높은가?'

'이 인강을 듣고 나면 복습할 시간이 충분히 있는가?'

이 세 가지를 스스로에게 묻고 모두 '그렇다'라는 답이 나오면 그때 새로운 인강을 찾아 등록했죠.

처음에는 무척이나 불안했습니다. 하지만 스스로 공부하는 시간이 늘어나니 복잡한 문세나 이해하기 어려웠던 개념들이 하나둘씩 풀리기 시작했습니다. 내가 이만큼 공부했다는 만족감을 벗어나 '진짜' 실력이 나아지고 있음을 느끼니 이 방법이 결코 틀리지 않았다는 확신이 들었죠.

시험지에서 발견한 문제의 본질

제가 공부하는 '척' 하고 있다는 걸 알게 된 두 번째 계기는 바로 지금까지 치렀던 모든 시험의 시험지들을 꺼내보면서부터였습니다. 그리고 그 과정에서 발견한 문제점은 바로 내가 알고 있다고 착각했지만 실제 시험에서는 틀리는 경우가 무척 많았다는 것이었습니다. 예를 들어 오답노트에 기록한 문제를 시험에서 또 틀리거나 개념을 충분히 이해했다고 생각했지만 실제 시험에 출제된 문제를 틀리는 경우 등이었죠.

보통 이런 걸 우리는 '메타인지'에 속고 있다고 표현합니다. 메타인지는 '내가 무엇을 알고 무엇을 모르는지를 아는 눈', 쉽게 말해 내 기억을 보는 눈을 의미합니다. 제가 바로 저의 메타인지에 속고 있었던 것이죠.

특히 수학에서 이 문제가 심각했습니다. 한 번 틀렸던 문제를 다시 풀어서 안다고 생각하거나, 풀지 못해 해설지를 보고 공부했지만 실제 시험에서 또다시 틀리는 경우가 너무 많았던 거죠. 대체 왜 그랬을까요?

이유는 간단했습니다. 제가 문제를 정확하게 아는 게 아니라 문제집을 푸는 것 자체에 목적을 두었기 때문이었습니다. 다시 말해 빨리 이 문제집을 '풀어재끼는' 것이 공부의 목표가 되어버렸던 것이죠. 내가 풀지 못했거나 틀린, 혹은 맞긴 했지만 다시 풀기 어려울 수도 있는 문제들을 두세 번 반복해서 살피지 않다 보니 당연히 비슷한 실수를 반복할 수밖에 없었죠.

그렇게 과목을 막론하고 대부분의 공부법에 구멍이 나 있음에도 불구하고 저는 그 구멍들을 채우지 않은 채 엄한 곳에 에너지와 시간을 쓰고 있었습니다. 정확히는 어디에 구멍이 나 있는지조차 몰랐죠.

제 공부의 문제점을 알고 난 뒤 해결하기 위해 가장 먼저 시중의 합격수기나 공부법 책들을 찾아 읽었습니다. 그리고 수학 성적이 꾸준히 올랐던 친구들을 한 명 한 명 찾아다니며 조언을 구했습니다. 그리고 그들의 이야기에서 두 가지 공통점을 찾을 수 있었는데요.

'집어넣는 공부보다 꺼내는 공부를 해야 한다.'

'수학 문제집은 여러 권을 한 번씩 보는 것보다 한 권을 여러 번 보는 게 훨씬 중요하다.'

결국 이 두 가지 조언의 핵심은 내 공부의 '구멍'을 채우는 것에 목표가 맞춰 있는가였습니다. 하지만 이전의 제 공부를 돌이켜보면 진도를 나가는 게 중요했고, 빨리 문제집을 풀어내는 데 급급했습니다. 그러니 공부에 구멍이 나 있다는 사실 자체를 알지 못했죠. 그것은 에릭슨 박사가 얘기했던 어떤 목적의식도 없는 '기계적인 노력'이었고 '밑 빠진 독에 물 붓기'와 다름없었습니다. 왜냐하면 결국 그 채워지지 않는 구멍들이 계속해서 제 발목을 잡았기 때문이죠.

그때부터 저는 두 가지 공부의 원칙을 세웠습니다.

첫 번째, 수업 내용을 복습하고 나면 반드시 공부가 끝나고 나서 확실하게 이해했는지 확인한다.

조금 더 구체적 설명하자면 50분 공부를 하고 나면 10분 정도 시간을 내 학습한 내용을 보지 않은 상태로 백지에 그 내용을 적는 것입니다. 때로는 스스로에게 설명을 하거나 필요하다면 목차를 참고하면서 상세한 내용을 함께 떠올렸습니다. 만약 쓰거나 설명하다 막히는 부분이 생기면 다시 그곳을 집중적으로 공부하는 과정을 반드시 거쳤습니다.

두 번째, 처음에 풀지 못했거나 어려운 문제는 적어도 한 달 이내에 세 번 이상 풀어본다.

100문제 정도가 있는 수학 문제집 한 권을 푼다고 가정해 보겠습니다. 처음에 풀 때 100개 중에 70개는 어렵지 않게 맞혔습니다. 나머지 30개가 틀렸거나, 못 풀었거나, 맞혔지만 애매한 것들이에요. 처음 문제를 풀면서 이 30개 문제에는 '다시 풀 필요가 있다'는 걸 표시해 두어야 합니다. 그 후 오답노트를 쓰거나 해설지를 보면서 어떻게 풀어야 할지, 왜 그렇게 풀어야 하는지를 이해하려고 노력하죠. 그리고 난 뒤 앞에서 '다시 풀 필요가 있다'라고 체크해 두었던 문제들을 두 번째로 다시 풀어봅니다. 그때도 첫 번째와 마찬가지로 다시 풀 필요가 있는지 없는지를 체크하죠. 이때는 30개 중에 20문제 정도는 다시 풀 필요가 없다에 체크할 것입니다. 하지만 여전히 헷갈리는 나머지 10문제에 대해서는 앞의 과정을 반복합니다. 결론적으로 전체 100문제 중 내가 못 푸는 문제가 0이 되도록 만드는 것이지요.

무엇이 문제인지 알고 나자 길이 보이기 시작했습니다. 그렇게 저는 약 8개월 동안 제 공부의 구멍을 채워가는 일에 집중했고, 곧 기적이 일어났습니다.

"전국 11등이라고요?"

치열했던 고1 겨울방학이 지나고 어느덧 고2 초여름이 되었습니다. 여느 때와 다름 없이 모의고사를 치르는데 이상하게 문제가 잘 풀리더라고요. 평소 같으면 풀기 어려웠을 문제의 풀이법이 머릿속에 자연스럽게 떠올랐고 국어나 영어 과목의 지문들도 수월하게 읽혔습니다.

'평소보다 성적이 잘 나올 것 같은 기분인데?'

시험이 끝나자 기분 좋은 예감이 들었습니다. 그리고 며칠 뒤 받은 성적표에는 믿기 어려운 등수가 적혀 있었죠.

'전국 11등'

상상도 못했던 등수였습니다. 부모님, 친구들, 선생님 모두 깜짝 놀랐습니다. 1년 전만 해도, 자퇴를 하겠다고 울고 불고 했던 제가 믿기 어려운 성장을 만들어냈으니까요. 그때가 고등학교 첫 수학 시험에서 30점을 받은 지 정확히 1년 2개월 후였습니다.

물론 계속해서 이 성적을 유지한 것은 아니었습니다. 냉정하게 말하면 제가 약한 과목이 쉽게, 비교적 잘하는 과목이 어렵게 나온 덕분에 거둔 결과였습니다. 이후에도 성적은 오르락 내리락 했지만 저에게 이 경험은 등수 그 자체보다 훨씬 값진 경험이 되었죠. 진짜 할 수 있다고 믿으면 할 수 있다는 사실을 깨닫게 해주었기 때문입니다. 등수나 점수에 집착하지 않고 어제보다 오늘 더 나아지기 위해 또 그 과정에서 내 문제점을 파악하고 그걸 해결하는 것에 집중했던 그 시간들이 결코 틀리지 않았음을 확인할 수 있었습니다. 나를 믿고 포기하지 않았던 제 자신이 참 자랑스러웠습니다.

그리고 또 한 가지, 이 과정에서 제가 가장 잘했던 것이 있었습니다. 성장 마인드셋의 세상에서 얻게 된 가장 값진 것이었는데요. 바로 지금 내 실력이 부족한 것을 부끄러워하지 않았다는 것입니다. '아직' 잘하지 못한다는 사실을 인정하고, 쿨하게 받아들였기 때문에 가능한 결과였죠.

그로부터 저는 저만의 알을 깨고 나갈 수 있었습니다. 다른 사람들에게 묻는 것을 두려워하지 않게 되었거든요. 고정 마인드셋의 세상에서 내가 지금 못한다는 것은 타고난 능력이 부족하고 못난 사람이라는 걸 의미하지만, 성장 마인드셋의 세상에서는 내가 부족한 걸 다른 사람에게 묻고 배우는 것이 전혀 부끄러운 일이 아닙니다. 오히려 부족한 걸 알면서도 그걸 채우지 않고 배우지 않는 것이 부끄러운 일이죠.

지금 실력이 부족하다고 해서 낙담할 필요도, 좌절할 필요도, 부끄러워할 필요도 없습니다. 결국 여러분은 잘하게 될 것이고 목표지점에 도달할 것이니까요. 그러니 여러분이 사용할 수 있는 모든 자원을 활용해서, 여러분의 부족한 점을 채우려고 노력해 보세요. 도움을 요청하고 조언을 구하세요. 여러분이 문을 두드려야 도움을 받을 수 있습니다. 선생님이든 부모님이든 선배든 혹은 여러분보다 어떤 과목을 더 잘하는 친구들이든 가리지 말고 묻고 또 물어보세요. 생각보다 사람들은 누군가에게 도움을 주는 일을 좋아하니까요.

영국의 저명한 사회학자 벤자민 바버는 이렇게 말했습니다.

"세상은 강자와 약자 또는 승자와 패자로 구분되지 않는다. 배우려는 자와 배우지 않으려는 자로 나뉠 뿐이다."

진짜 강자, 승자가 되는 길은 오직 '배우려는 자'에게만 열린다는 사실을 꼭 기억하시길 바랍니다.

바람이 불지 않을 때 바람개비를 돌리는 방법은

앞으로 달려나가는 것이다.

_ 데일 카네기

Chapter 6

두려움을 이기는 마음

#실천

때로는 잘하고 싶은 마음이 독이 된다

지금까지 공부라는 벽을 넘기 위해, 또 소중한 내 인생의 주인이 되어 꿈을 찾고 그걸 파고들어가 보기 위해 고군분투해 온 이야기를 들려드렸습니다. 우선 여기까지 읽어오신 스스로에게 잘했다고 칭찬 한번 해주세요. 적지 않은 분량인데도 여기까지 읽어왔다는 것은 앞으로 공부라는 도전을 충분히 해낼 수 있는 능력과 마음이 있으신 분들이라는 의미니까요.

그런데 이 이야기를 끝으로 '그렇게 오래오래 행복하게 살았답니다' 하고 동화 속 해피엔딩처럼 글을 마칠 수 있다면 얼마나 좋을까요. 하지만 인생이라는 게 언제나 원하는 대로 흘러가는 것은 아닙니다. '호사다마(好事多魔: 좋은 일 뒤에는 어려움이나 좋지 않은 일이 따르기 마련이라는 뜻의 고사성어)', '산 넘어 산이다'라는 말이 괜히 있는 게 아니니까요.

전국 11등의 성적표를 받아본 이후, 한동안 모든 일들이 뜻대로 잘 풀리는 것만 같았습니다. 항상 최상위권의 성적을 유지했던 것은 아니지만 이전에 비해서 확실히 좋아진 것은 분명했고, 두 번째 챕터에서 이야기한 것처럼 고군분투 끝에 학생회장에도 당선이 되었죠. 미약하게 시작했던 유패드 동아리도 자리를 잡아 그해 5월 100명 넘는 친구들이 모여 전국 총회를 개최하기도 했습니다.

이렇게 점점 할 일이 많아지고 잘하고 싶은 마음이 커지다 보니 저에게도 어느새 슬럼프가 찾아왔습니다. 가장 먼저 공부할 때 집중력이 흐트러지기 시작했죠. 무더위가 기승을 부리면서 책상에 앉으면 졸음부터 밀려왔습니다. 참다 못해 눈을 잠시 붙이고 나서 다시 공부 좀 하려고 앉으면, 그다음부턴 온갖 잡다한 생각들이 집중을 방해하기 시작했죠.

학생회나 동아리 활동에 대한 고민부터 주말 자유시간에 친구들과 뭘 하고 놀지까지, 아주 다양한 장르의 잡념들이 떠올랐습니다. 심지어 동아리 활동을 하면서 좋아하는 여학생이 생기기도 했는데요. 안타깝게도 그 마음을 고백했다가 단칼에 까이는 바람에 자의 반 타의 반으로 싱숭생숭한 마음을 고쳐먹을 수 있었지만요.

어느 날은 공부가 너무 하기 싫어서 선생님께 병원을 다녀온다고 거짓말을 하고 혼자 영화를 보고 돌아오다가 걸려 뜨거운 사랑의 매를 맛보기도 했습니다. 시간이 갈수록 학교 생활은 나태해지고 있었죠.

제가 이런 생활을 하는 데에는 본질적인 문제가 따로 있었습니다. 좋은 성적을 받고 나니 '더 잘해야 한다'는 압박감이 절 짓누른 것인데요. 어제보다 오늘 나아지는 '진짜' 성장에만 집중하겠다고 마음을 먹었지만, 그 덕분에 성과가 나는 걸 확인하자 더 좋은 결과를 얻고 싶다는 '욕심'이 생기기 시작했습니다. 과거의 제가 집착했던 '가짜' 성장의 그림자가 다시 드리우기 시작한 거죠. 그리고 그 욕심은 점점 더 저를 압박하기 시작했습니다. 하루하루 최선을 다하고 오늘보다 내일 나아지는 것에 성취감을 누리던 이전과 달리, '어떻게 하면 더 빨리 점수를 올릴 수 있을까?' 하는 조급함이 찾아온 거죠.

자연스레 플래너 속 계획은 자꾸 무리한 방향으로 바뀌어갔습니다. 당연히 해야 할 일은 이전보다 많아졌고 시간은 부족해졌죠. 하루가 멀다 하고 계획표에는 점점 실천을 완수했다는 'O' 표시보다, 'X' 표시가 더 많아졌습니다. 그렇게 하루하루가 지나면서 성취감보다는 '오늘도 계획을 지키지 못했다'는 자책감이 계속해서 쌓이기 시작했습니다. 그런 날들이 점점 많아질수록 공부가 하기 싫다는 마음도 커져갔습니다. 그전까지는 늘 열심히 하는데도 성과가 나오지 않아서, '딱 한 번만'이라도 내가 원하는 목표에 도달하게 해달라는 간절한 마음이었는데 막상 그 한 번을 이루고 나니 '계속해서 잘하고 싶은 마음'이 저에게는 부담이자 압박으로 작용한 것이었죠. 결국 공부를 '시작'하는 것조차 두려워서 회피하게 되는 날들이 반복되었습니다.

이처럼 계속해서 잘하고 싶다는 마음은 노력을 지속하게 만드는 중요한 원동력이 되지만 조급함과 부담감이 지나치면 우리는 그 일을 결국 '회피'하게 됩니다. 부담과 스트레스가 너무 크다 보니 도망치고 싶은 거죠. 그리고 그 마음은 점점 게을러지고, 나태해지고, 계획을 미루는 모습으로 나타나게 됩니다. 그럴수록 우리는 '오늘도 제대로 못했다'는 죄책감에 스스로를 비난하게 되고, 그 마음이 더더욱 자신감을 잃게 만듭니다. 이렇게 생긴 악순환을 우리는 보통 '슬럼프'라고 부릅니다.

원대한 꿈이나 높은 목표를 가질 때에도 이런 경험을 하게 됩니다. 실제로 최근에 멘토링을 했던 한 중학생 친구는 제게 이런 말을 했습니다.

"저는 〈슬기로운 의사생활〉이라는 드라마를 보고 의사가 되고 싶다고 생각했어요. 누군가를 살리는 것이 얼마나 가치 있는 일인지를 깨닫고 의사라는 꿈을 더 간절히 원하게 되었죠. 하지만 꿈을 가지게 되면서 오히려 제 공부 습관은 무너지기 시작했습니다. 의사라는 꿈의 무게를 견디지 못했기 때문이죠. 의사가 되려면 공부를 누구보다 뛰어나게 잘해야 된다는 걸 알고 나니, 잘해야 한다는 압박감과 잘할 수 있을까 하는 두려움에 공부 권태기가 찾아왔습니다."

저도 마찬가지였습니다. 오른 성적을 계속해서 유지해야 한다는 마음, 꿈꾸던 대학교에 꼭 합격해야 한다는 마음이 어느새 부담으로 다가와 저를 짓누르고 있었습니다. 이렇게 현실과 목표의 차이가 너무 크게 느껴지면 아무리 간절한 마음이 있어도 엄두가 나지 않아서 시작조차 못하거나 회피하게 되는 게 당연합니다.

이럴 때 흔히 사람들은 '내 의지가 부족해서', '간절하지 않아서'라고 착각을 하곤 합니다. 하지만 문제의 본질은 의지가 부족한 것도, 간절하지 않은 것도 아닙니다. '잘하고 싶은 마음'이 부족해서가 아니라 너무 크기 때문이죠. 그 마음이 부담을 주고 있어서 자신도 모르게 그 일을 회피하고 있다는 사실을 사람들은 잘 알지 못합니다. 그런데 이 마음은 피하거나 없애려고 하면 자꾸 더 커지는 속성을 갖고 있습니다. 잘하고 싶은 마음을 없애는 방법은 기대만큼 아주 잘하게 되거나, 잘하고 싶은 마음을 포기하거나 둘 중 하나밖에 없거든요.

그런데 현실적으로 단기간에 아주 잘하게 되는 것은 쉽지 않죠. 그래서 많은 사람들이 이 부담감 때문에 포기를 선택합니다. 실제로 어린 시절에 '영재'나 '유망주'라는 말을 듣던 수많은 이들이 무너진 이유 중 하나가 바로 '더 잘해야 한다'는 부담과 스트레스를 극복하지 못했기 때문이죠.

이럴 때는 막연하게 '더 열심히 해야지', '더 의지를 키워야지'라는 마음보다 스스로 내가 부담을 느끼고 있다는 사실, 그로 인해 해야 할 일을 회피하고 있다는 사실을 인정해야 합니다. 그래야만 문제의 진짜 해결책이 보이기 시작합니다. 그리고 그 마음 위에서 작은 것부터 시작하고, '의지' 자체보다는 '상황'을 바꾸고, 차근차근 하나씩 하나씩 쌓아올리려는 지혜가 필요합니다. 이제부터 그 방법에 대해 이야기를 해볼게요.

인터넷에서 한동안 '게으른 완벽주의자'라는 말이 유행했는데요. 완벽주의란 '무엇이든 완벽하게 해내아만 만족을 하는 성격이나 성향'을 의미합니다. 유명한 운동선수, 과학자, 예술가들은 대부분 완벽주의 성향을 가지고 있다고 하는데 미켈란젤로나 이순신 장군 같은 분들이 완벽주의로 높은 성취를 이룬 대표적인 인물이죠. 이처럼 긍정적인 완벽주의는 어려운 여건에서도 뛰어난 성취를 이르게 만드는 아주 강력한 동기부여의 근원이 됩니다. 남들이 '그 정도면 됐어'라고 이야기해도 아주 사소한 부분까지 살피고, 노력하고, 치열하게 고민하죠.

그런데 문제는 이 완벽주의 성향이 실천으로 옮겨지지 못하거나 혹은 너무 과한 나머지 큰 부담을 느껴서 뭔가를 제대로 시작도 못한다는 데 있습니다. 이런 경우를 앞에서 이야기한 '게으른 완벽주의'라고 부릅니다. 진짜 게을러서라기보다는 더 잘하고 싶은 마음이 너무 큰 나머지 '게으른 것처럼' 행동하는 거죠. 머릿속으로는 더 완벽하게 해야 한다는 압박을 느끼고 그만큼 더 열심히 해야 한다는 걸 알지만 실행으로 옮길 엄두가 나지 않거나 의지가 부족해서 행동하지 못하는 경우라고 할 수 있죠.

계획이 크고 거창할수록 게으른 완벽주의는 더 빈번하게 나타나게 됩니다. 늘 머릿속으로 계획은 거창하지만 실천에서 주저앉는 분들이라면 공감하실 텐데요.

예를 들어 잠들기 전 마음이 갑자기 뜨거워져서는 내일은 아침 6시에 일어나서 수학 문제집을 풀고, 영어 단어를 200개 외우겠다고 계획을 세웁니다. 하지만 이튿날 아침 눈을 뜨면 어제의 불타던 의지는 온데간데없습니다. 한겨울 전기장판은 왜 이리도 포근할까요? 또 부모님이 거금 들여 장만해 주신 침대의 고급 매트리스는 코끼리가 밟고 지나가도 잠에서 깨지 않는다는 어느 광고처럼 내 몸을 일으켜세워 줄 생각이 0.1퍼센트도 없습니다. 그러면 어떻게 되나요? 조금만 더, 조금만 더 하다가 8시가 되고, 9시가 되고, 10시가 되고, 12시가 되고···. 아무것도 한 게 없는데 점심 시간이 되는 마법을 경험하게 되죠. 그러면 또 '완벽주의'의 악마가 고개를 쳐듭니다.

'이미 시작부터 그른 거, 내일부터 하자!'
'어차피 망친 계획, 오늘 맘껏 놀고 내일부터 지키지 뭐···.'
게으른 완벽주의자의 함정에 빠진 우리들은 결국 어떤 것도 시작조차 할 수 없게 됩니다.

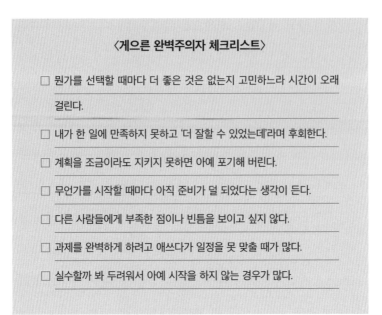

〈게으른 완벽주의자 체크리스트〉

☐ 뭔가를 선택할 때마다 더 좋은 것은 없는지 고민하느라 시간이 오래 걸린다.

☐ 내가 한 일에 만족하지 못하고 '더 잘할 수 있었는데'라며 후회한다.

☐ 계획을 조금이라도 지키지 못하면 아예 포기해 버린다.

☐ 무언가를 시작할 때마다 아직 준비가 덜 되었다는 생각이 든다.

☐ 다른 사람들에게 부족한 점이나 빈틈을 보이고 싶지 않다.

☐ 과제를 완벽하게 하려고 애쓰다가 일정을 못 맞출 때가 많다.

☐ 실수할까 봐 두려워서 아예 시작을 하지 않는 경우가 많다.

게으른 완벽주의자들의 대표적인 특징들인데요. 만약 다섯 개 이상 해당되신다면 여러분도 게으른 완벽주의자의 성향을 가지고 있을 가능성이 높습니다.

고백하자면 저 또한 게으른 완벽주의의 성향을 많이 가지고 있는데요. 늘 고민이 많고 뭔가를 하고 나서도 '잘해냈다'라는 만족보다는 '더 잘할 수 있었는데'라는 아쉬움을 많이 느끼는 편입니다. 그리고 계획이 조금이라도 틀어지거나 안되는 것이 있으면 '이미' 완벽하지 못하다는 생각에 포기해 버리는 경우가 많았습니다. 실수하거나 틀릴까 봐 도전하지 못한 적도 많았죠. 그리고 이

중에서도 가장 공감했던 항목은 완벽하게 하려다가 일정을 놓치는 경우인데요. 과제를 완벽하게 해내려다가 마감 기한에 임박해서 제출한 적이 참 많았습니다. 심지어는 서울대학교 원서를 낼 때도 자기소개서를 조금 더 고치겠다는 생각으로 마감까지 붙잡고 있다가 기한에 늦을 뻔하기도 했죠(이때 정말 손발을 떨며 마음 졸였던 기억은 아직도 생생합니다).

완벽주의는 '이 정도면 됐지'라는 자기합리화와 타협을 결코 허용하지 않고 끝까지 물고 늘어지는 끈기의 근원입니다. 실제로 제가 아는 한 서울대 의대생은 "서울대 의대는 불안증 환자들이 모두 모인 곳이다. 완벽하지 않다는 불안감에 한 번 볼 걸 두 번 보고, 두 번 볼 걸 세 번 보는 사람들이 모인 곳이다"라고 말하기도 했습니다.

사실 완벽주의 성향이 있다는 건 공부를 제대로 해낼 수 있는 아주 좋은 토대를 가지고 있다는 것과 같습니다. 따라서 무작정 피할 것이 아니라 극복하고 적극적으로 활용해야 하는 것이죠. 이를 위해서는 게으른 완벽주의가 가진 문제의 원인을 명확하게 파악하고, 그 해결책을 찾아야 합니다. 지금부터 하나씩 그 답을 찾아가보겠습니다.

'목표치가 너무 높다.'

'계획이 크고 거창하다.'

'흔히 0 아니면 100, 도 아니면 모라고 생각한다.'

게으른 완벽주의자들이 가진 문제점에는 아주 근본적인 공통점이 있습니다. 바로 목표가 너무 높거나 커서 비집고 들어갈 틈이 없다는 거죠. 한마디로 목표나 계획이 너무 무겁습니다. 그리고 '작게' 시작하는 것을 무시하고 모든 일이 한 번에 이루어지길 바랍니다. 조급한 거죠. 그렇다 보니 '진짜' 시작하는 방법을 모릅니다. 첫 단추가 어디에 있는지 찾지 못하니 시작 자체가 어렵습니다.

혹시 '코끼리를 냉장고에 넣는 법'이라는 밈을 들어보신 적이 있나요. 커다란 코끼리를 어떻게 그보다 작은 냉장고에 넣을 것인가에 대해 다양하고 재기발랄한 답이 나오면서 유명해졌는데요. 여기서 살짝 웃음기를 빼고 진지하게 한번 들여다볼게요. '코끼리를 냉장고에 어떻게 넣을 것인가'에서 문제의 핵심은 뭔가요? 커다란 코끼리를 그대로 넣기에는 냉장고가 너무 작다는 것이겠죠. 만약 코끼리 크기도 그대로고 냉장고 크기도 그대로라면 우리에게는 선택지가 없습니다. 코끼리에게는 다소 미안하지만 코끼리를 잘 쪼개서 넣는 방법밖에 없죠.

제가 굳이 이렇게 다소 잔인한 비유를 가져온 이유는 우리가 시작하기 어려운 진짜 이유를 여기서 찾을 수 있기 때문입니다. 우리가 하려고 하는 일은 마치 '코끼리'와 같습니다. 소화하기에 너무 덩어리가 크다는 겁니다. 마치 오르기 어려운 산이나 넘기 어려운 벽처럼 느껴지죠.

그에 비해 나는 그걸 쉽게 소화하기 어려운 작은 냉장고입니다. 거대한 코끼리를 있는 그대로 나라는 냉장고에 집어넣으려고 하면 어떨까요? 당연히 안되죠. 해야 할 일이 내 능력에 비해 크다 보니 거기에 압도되어 버립니다. 높은 산을 한 번에 넘어서려고 하니 엄두가 안 나는 겁니다.

그럴 때 우리가 할 수 있는 유일한 방법은 실제로 코끼리를 쪼개듯, 그 일을 쪼개는 겁니다. 그래서 '이건 해볼 만하겠는데?'라는 생각이 들게끔 아주 작게 만들어야 합니다.

저는 이것을 '나누어 생각하기'라고 부릅니다. 혹자는 '분해의 규칙'이라고도 하더군요. 목표를 이뤄내고 싶다면 우리는 과정을 잘게 쪼개야 합니다. 예를 들어 좋은 성적을 거두고 싶다면 공부를 열심히 하는 것에 목표를 두기보다 일단 책상에 앉아 교과서를 펼치는 것에 초점을 둬야 하는 것처럼요.

실제로 저도 그랬고, 제가 책을 쓰면서 만난 수많은 멘토들이 그랬습니다. 그들이 커다란 목표를 하루하루 노력으로 채워나가고, '게으른 완벽주의'를 극복해 낸 유일한 방법은 바로 해야 할 일들을 쪼개고 쪼개서, 작고 쉽게 만드는 것이었습니다.

실제로 고교 시절 전국 1등을 도맡아하고 서울대 경제학과 재학 시절에 행정고시에 최연소로 합격한 한 멘토는 이렇게 말했습니다.

"수학 문제 20개를 세 시간에 걸쳐서 풀겠다고 하면 시작하기도 힘들고, 시작한다고 해도 집중력을 지속하기가 어려웠습니다. 일단 목표가 너무 크고 그 일을 하면서도 성과가 눈에 보이지 않기 때문이죠. 그래서 저는 일부러 20문제를 다섯 문제씩 나눠서 체크 리스트를 만들고 다 풀 때마다 표시를 했습니다. 그리고 20문제를 다 못 풀더라도 무작정 실패했다고 여기기보다는 '달성률 몇 퍼센트' 같은 식으로 체크했습니다. 이렇게 마치 게임에서 퀘스트를 깨듯 공부하면 스트레스를 덜 받고 동기부여하는 데도 도움이 되었어요."

그녀의 말처럼 '나누어 생각하기'는 시작을 쉽게 하는 것은 물론, 나머지 계획을 지속하게 하는 동기부여의 효과 또한 강력한데요. 예를 들어 '1~20번 풀기'로 계획을 세우고 열일곱 문제밖에 풀지 못했다면, 아무리 열심히 했어도 계획을 달성하는 데 실패한 것입니다. 하지만 '1~5번 풀기', '6~10번 풀기', '11~15번 풀기'라고 쪼개서 적었다면, 똑같이 열일곱 문제를 풀었어도 세 개의 성공 경험을 쌓고 그다음 목표를 이뤄나갈 성취감을 얻을 수 있게 된다는 겁니다.

이걸 사람들은 '도미노 효과'라고 부릅니다. 도미노가 어떻게 쓰러지는지를 생각해 보시면 금방 그 의미를 이해하실 수 있을 텐데요. 너무나 당연한 얘기지만 아무리 개수가 많고 복잡하다고 해도 그것이 도미노라고 한다면 결국 그 탑을 쓰러뜨리는 방법은 한 가지입니다. 바로 첫 번째 도미노를 쓰러뜨리는 거죠. 모든 도미노는 서로서로 연결되어 있어서 가장 앞에 있는 도미노만 쓰러지면 바로 다음 도미노가 쓰러지고, 그다음 도미노가 또 다음 도미노를 쓰러뜨리는 겁니다.

그런데 여기서 더 중요한 사실이 한 가지 있습니다. 만약 그 도미노들이 점점 크기가 커진다면 어떻게 될까요? 물리학자들에 따르면 한 개의 도미노는, 그다음 세워진 도미노가 1.5배 크더라도 쓰러뜨릴 수 있다고 하는데요.

만약 첫 도미노가 5센티미터고 1.5배씩 커진다면 열일곱 번째 도미노는 피사의 사탑을 쓰러뜨릴 수 있고, 22번째 도미노는 에펠탑을 쓰러뜨릴 수 있는 크기가 됩니다. 그리고 31번째 도미노는 에베레스트 산보다 무려 900미터나 더 높아집니다.

이처럼 큰 목표를 잘게 쪼개되 동시에 작은 목표들을 서서히 늘려가면 됩니다. 아무리 그 시작이 미약하더라도 어제보다 나은 오늘, 오늘보다 나은 내일이라는 걸음을 쌓아가다 보면 어느새 작은 도미노가 에펠탑을 쓰러뜨릴 수 있는 것처럼 작은 시작이 거대한 변화가 되어 목표를 이뤄낼 수 있는 힘을 가지게 된다는 것이죠.

흔히 사람들은 변화하고 목표를 이루려면 큰 것 혹은 거창한 것부터 시작해야 한다고 생각합니다. 또한 반대로 작게 시작하는 것을 두고는 '그까짓 것이 뭘 바꿀 수 있겠어'라고 생각하죠. 그러나 큰 것을 바꿔야 원하는 걸 얻을 수 있다는 생각은 조급함에 지나지 않습니다. 우리의 기억을 한번 되짚어봅시다. 큰 것, 거창한 것부터 바꾸려고 했을 때 진짜로 달라지는 것들이 있었나요? 내가 '지금' 집중해야 하는 일, 뭔가를 '시작'할 때의 일은 반드시 쉽고 작은 것이어야 합니다. 결국 뭔가를 진짜 시작하려면 우리의 마음속에 '그렇게 어렵지 않을 것 같은데? 해볼 수 있겠는데? 어쩌면 잘해낼 수도 있겠는데?'라는 생각이 들어야 한다는 거죠. 이 생각이 들면 '시작'은 이미 '시작'된 것이나 다름없습니다. 그렇게 작은 시작을 만들어내고 어제보다 나은 오늘, 오늘보다 나은 내일을 하루하루 만들어가는 데 집중해야 합니다. 그래야 진짜 목표지점에 도달할 수 있습니다.

오타니도, 빌 게이츠도 알고 있었던 '이것'

여기서 말하는 나누어 생각하기는 비단 공부에서 있어서만 중요한 것이 아닌데요. 우리가 소위 천재라 불리는 이들 대부분은 이같은 나누어 생각하기의 대가였다고 합니다. 실제로 빌 게이츠와 함께 근무했던 마이크로소프트의 전설적인 프로그래머 나카지마 사토시는 본인의 책『오늘 또 일을 미루고 말았다』에서 이렇게 말합니다.

"빌 게이츠는 어려운 문제를 해결하기 쉽게 분할하는 일에 능숙했다. 혹시 프랑스 철학자 데카르트가 말한 '분해의 규칙'을 알고 있는가? 해야 할 대상을 분할하라는 이론인데, 이를 가장 잘 실천하고 있는 사람은 아마 빌 게이츠일 것이다."

그리고 앞에서 소개해 드렸던 '만다라트' 역시 나누어 생각하기를 활용하는 대표적인 방법입니다. 만다라트가 유명해지게 된 계기인 오타니 쇼헤이의 만다라트를 살펴볼게요.

오타니 쇼헤이는 현재 메이저 리그에서 활동하는 일본 국가대표 출신 야구선수입니다. '노력형 천재'라고 불리는 그가 고등학교 시절 작성했다고 하여 사람들에게 널리 알려지게 된 것이 바로 만다라트인데요. 그 시절 오타니 쇼헤이에게는 한 가지 꿈이 있었습니다. 바로 일본 프로 리그 여덟 개 팀에서 1순위로 스카웃되는 것이었죠. 그리고 오타니는 그 목표에 도달하기 위해서 필요한 것들을 만다라트에 적었습니다.

먼저 최종 목표를 이루기 위해 필요한 작은 목표 여덟 가지를 나누어 적었죠. '몸 만들기, 제구, 구위, 멘탈, 시속 160킬로미터의 강속구, 인간성, 운, 변화구' 등이었죠. 그리고 다시 작은 목표들을 이루기 위해 필요한 더 작은 목표들을 나눠 적었습니다. 예를 들어 시속 160킬로미터의 강속구를 던지기 위해 '하체 강화, 체중 증량, 어깨 주위 강화' 등과 같은 목표죠.

표에는 나와 있지 않지만 아마도 그는 이 만다라트를 토대로

• 오타니 쇼헤이가 고등학교 1학년 때 세운 목표 달성표 •

몸 관리	영양제 먹기	FSQ 90kg	인스텔 개선	몸통 강화	축이 흔들리지 않기	각도를 만들기	공을 위에서 던지기	손목 강화
유연성	몸 만들기	RSQ 130kg	릴리스 포인트 안정	제구	불안정함 없애기	힘 모으기	구위	하체 주도로
스태미너	가동력	식사 저녁7수저 아침3수저	하체 강화	몸을 열지 않기	멘탈 컨트롤	볼을 앞에서 릴리스	회전수 증가	가동력
뚜렷한 목표, 목적 가지기	일희일비 하지 않기	머리는 차갑게 가슴은 뜨겁게	몸 만들기	제구	구위	중심축 회전	하체 강화	체중 증량
위기에 강하게	멘탈	분위기에 휩쓸리지 않기	멘탈	8구단 드래프트 1순위	스피드 160km/h	몸통 강화	스피드 160km/h	어깨 주위 강화
기복 만들지 않기	승리를 향한 집념	동료를 배려하는 마음	인간성	운	변화구	가동력	라이너 캐치볼	피칭 늘리기
감성	사랑받는 사람	계획성	인사	쓰레기 줍기	청소	카운트볼 늘리기	포크볼 완성	슬라이더 구위
배려	인간성	감사	장비는 소중히	운	심판에 대한 태도	슬로 커브	변화구	좌타자 결정구
예의	신뢰받는 사람	지속력	긍정적 사고	응원 받는 사람이 되자	책 읽기	직구와 같은 폼으로 던지기	스트라이크 에서 볼을 던지는 제구	거리의 이미지화

더 잘게 쪼개진 목표를 만들어나갔을 겁니다. 예를 들어 어깨를 강화하기 위해서 해야 하는 운동들을 리스트업하고, 체중을 늘리기 위해서 해야 하는 일들을 적었겠죠. 이렇게 계속해서 '최종 목표 → 작은 목표 → 더 작은 목표 → 더 작은 목표…'로 나누어가면서 그는 '지금 당장' 할 수 있는 일을 발견했을 겁니다. 예를 들어 어깨를 강화하는 운동을 하기 위해 오타니는 매일 헬스장에 갔을 것이고, 헬스장에 가서 첫 번째로 어떤 운동을 시작할지 정했을 겁니다. 그런 뒤 아무 고민 없이 그날의 운동을 시작하고 그 일을 해내는 것에 집중했을 겁니다.

결국 그의 최종 목표는 목표를 세워간 역순으로 이뤄졌습니다. 매일 헬스장에 가기라는 작은 목표의 실천은 곧 어깨 주위 강화라는 목표를 이루게 만들었을 것이고, 그것은 곧 오타니를 시속 160킬로미터의 강속구라는 목표에 가까워지게 만들었을 겁니다. 그리고 실제로 오타니 쇼헤이는 10여 년 뒤, '이도류(투수와 타자를 겸하는 선수)'라고 불리며 시속 160킬로미터를 넘어 세계 최고 수준인 165킬로미터의 강속구를 던지는 선수가 되었고, 일본 프로 리그를 넘어 메이저 리그로 진출했습니다. 그리고 현재는 아메리칸 리그 MVP를 2021년, 2023년 만장일치로 2회나 수상하며 세계 최고의 야구선수라 불리고 있습니다.

이렇게 커다란 목표를 나누고 또 나누어 내가 오늘 해야 할 일을 발견하고, 매일매일의 일을 해내는 것에 집중하면, 어느새 그 작은 목표들이 쌓이고 쌓여 커다란 목표를 이뤄내게 만들죠. 이것이 바로 '나누어 생각하기', 그리고 '나누어 실천하기'의 힘이 불러오는 '도미노 효과'라고 할 수 있습니다.

나누어야만 우리가 뚫고 들어갈 지점을 찾을 수 있고, 어디서부터 어떻게 시작을 해야 할지 계획을 세울 수 있습니다. 또한 이뤄야 할 목표 또는 해결해야 할 문제의 본질에 다가가서 근본적인 해결책을 찾을 수도 있습니다. 결국 현명한 사람들은 큰 목표나 문제를 더 작게 쪼개어 볼 수 있는 지혜를 가진 사람들이었습니다.

높은 목표로 인해 두려움이 들고 거창한 계획에 부담을 느껴 시작하지 못할 때도 마찬가지입니다. 만약 우리가 산 정상만 바라보고 산을 오르면 어떻게 될까요? 아마 끝까지 오르지 못할 겁니다. 첫째로 저 높은 곳까지 한 번에 오를 엄두가 나지 않기 때문이고, 두 번째는 정상만 바라보고 가면 내가 지금 제대로 길을 가고 있는지 알 수 없기 때문입니다.

이런 점을 두고, 션 영이라는 UCLA대학의 행동과학자는 『무조건 달라진다』라는 자신의 저서에서 행동이나 습관을 변화시키는 최우선적인 방법으로 '아주 작은 첫걸음'을 잘 설계하고 만들어야 한다고 조언하는데요. 그는 높은 산으로 가는 길에 설치된 사다리를 건너며 두려움에 떠는 친구에게 정상에 오른다는 생각은 지우고 그냥 사다리에만 집중하라고 말합니다.

이처럼 우리가 목표를 이루기 위해 해야 할 일은 저 높은 산 정상만 바라보고 있는 것이 아니라, 내가 발을 내딛을 수 있는 첫걸음을 찾고, 그 첫걸음을 떼는 것에 집중해야 합니다. 그리고 '어느 세월에 저 멀리까지 가지?' 하며 한탄하는 것이 아니라 그 다음 걸음을 어떻게 온전히 내딛을지만 생각하고 거기에만 집중해야 합니다.

쪼개기의 마법

저 또한 '나누어 생각하기'를 통해 슬럼프를 극복할 수 있었는데요. 슬럼프가 지속될수록 점점 더 '이래서는 안된다'는 문제의식과 내가 바뀌어야 한다는 의무감이 커졌고, 그럴수록 마음은 조급해졌습니다. 그래서 한 번에 자꾸 뭘 바꾸려고 시도했죠. 마치 방학이 시작될 때 하루에 한두 시간도 제대로 공부한 적이 없으면서 생활계획표의 24시간을 공부로 꽉꽉 채우는 것처럼요. 그러다 막상 내일이 되어서 계획에 실패하면, 의욕을 잃고 언제 그런 마음을 먹은 적 있었냐는 듯 이전의 무기력한 상태로 다시 돌아가곤 했죠.

그러던 어느 날, 우연히 한 졸업생 선배의 강연을 듣게 되었습니다. 그 선배는 저보다도 훨씬 낮은 성적으로 입학해 치열한 노력 끝에 그 들어가기 어렵다는 의과대학에 진학한 선배였습니다. 선배는 강연에서 본인의 고등학교 시절 계획표를 보여주었는데요. 계획표에는 1학년 때 세운 목표, 그리고 그 목표를 이루기 위해 학년, 학기별, 월별로 이뤄내야 할 것들이 빼곡히 직혀 있었습니다. 그리고 매달 자신이 어떤 목표들을 이뤄내고 있는지를 기록한 내용들도 빠짐없이 들어 있었습니다. 그리고 그 플래너의 가장 위에는 이런 말이 써 있었죠.

'조급해 하지 말자. 나는 잘하고 있고, 결국 해낼 것이다!'

그 선배의 마음이 제 마음과 같았을 겁니다. 불쑥불쑥 찾아오는 조급함과 불안함을 극복하기 위해 자신만의 사다리를 더 단단하게 만들고, 그 사다리를 올라가는 자신의 모습을 확인하며 스스로 확신을 쌓아나갔겠죠.

저도 그날 교실로 돌아와 플래너에 이렇게 적었습니다.

'조급해 하지 말자. 나도 잘하고 있고, 결국 나도 해낼 것이다.'

그리고 저만의 사다리를 그려나가기 위해 공부 습관과 과목별 점수라는 두 가지 카테고리를 정했습니다. 그리고 내가 문제라고 생각하는 것들, 반대로 내가 '이러했으면 좋겠다'는 목표 상태를 적었죠. 그리고 그 상태에 도달하기 위해 바꾸어야 하는 것들을 하나씩 하나씩 쪼개서 적었습니다. 그리고 그것을 하나의 체크리스트로 만들어 책상 위에 붙여놓고 매일매일 그 일을 실천하는 것에 집중했습니다.

두 번째로는 과목별로 현재의 내 점수와 내가 원하는 목표 점수를 적었습니다. 그리고 이전의 시험지들을 보면서 그 차이가 어디서 나왔는지를 살펴봤죠. 그리고 그 부족한 점들을 보완하기 위해 해야 할 것들의 목록을 적어보았습니다. 마치 병원에서 사용하는 일종의 진단서 및 처방전이었던 겁니다. 그리고 그 목록 중에서 가장 중요한 것부터 우선순위를 매겨 월별 계획을 수립하고 매달 그 일을 해내는 것에 집중하기 시작했습니다.

그때 이후 저에게는 루틴이 생겼습니다. 매월 말일은 지난 한 달을 돌아보고, 다음 달에 무엇을 해야 하는지 사다리를 그리는 데만 시간을 쏟았습니다. 그리고 매주 일요일 저녁에는 일주일 동안 내가 했던 것들을 돌아보고, 다음 주에 무엇을 해야 할지, 매일매일 해야 하는 것이 무엇인지를 명확하게 계획하는 것에만 집중했죠.

이 습관은 고3 수능을 마칠 때까지 이어졌습니다. 다음의 표는 실제로 제가 고3 때 9월 평가원 모의고사를 보고 나서 평소보다 아쉬운 점수를 받은 뒤 11월 수능까지 언어(현재의 국어)와 수학 과목에서 공부해야 할 것들을 리스트업해 둔 것인데요.

이렇게 전체적으로 내가 해야 할 것들을 정리하고 나니 그깃만으로도 불안감이 조금씩 사라지기 시작했고 내가 오늘 무엇을 해야 할지가 명확하게 보였습니다. 그전까지는 막연하게 뭘 공부해야 하나 하고 불안했던 것들이 나누어 생각하고 나니 조금씩 눈에 보이고 손에 잡히기 시작했습니다. 그리고 그 덕분에 성장 마인드셋에서 이야기했던 것처럼 어제보다 오늘 나아지는 것들, 해내야 하는 것보다는 해내고 있는 것들로 다시 초점이 돌아오기 시작했죠. 불안한 마음을 다시 다잡게 된 것입니다.

• 실제로 사용했던 공부 계획표 예시 •

	9월 평가원 점수 → 목표 점수	할 일	실천 계획
언어	96 →100	1) 전국연합/평가원/사설 오답노트 및 분석 2) 06~10년도 6.9 수능 3) EBS 수능특강/인터넷수능 (시/비문학/소설/쓰기/수필) → 3회 4) 10주 완성/FINAL/고득점 300제 → 3회 및 오답노트 5) 고전시가(고전산문의 모든 것) → 2회 6) 어휘, 어법 7) 언어의 기술 1.2 → 3회 8) 문학적 개념어 → 2회	1) 추석 안에 끝내기 2) 일주일 1세트씩 3) 조금만 더 고민하기 4) 10주 완성 → 추석 기간 동안 완료 FINAL → 일주일 2개씩 5) 추석 기간에 1회독 6) 어휘, 어법 → 1주 2회 7), 8) 주말에 1/3씩
수학	89 →100	1) 고득점 300제/인터넷 수능 2) 수능특/10주 완성/FINAL 3) 전국연합/모의평가(6.9) 오답노트 만들기 4) 메가스터디 1000제 5) 수붕T 프린트/수종T 프린트 모두 풀기 6) 미래로 7) 실전문제 (05~10년도 모의고사) 8) 신승범T 인강 복습 9) 수붕T EBS 교재/EBS 요약강의 교재	1) 추석 동안 끝내기 2) 조금만 더 고민하기 3) 일주일 3개씩 4) 추석 기간 동안 5) 9월 마지막 주 6) 10월 첫째 주 7) 일주일 2회 8) 매일 꾸준하게 9) 매주 주말

제가 『공부 마스터 플랜』과 『압축 공부』를 쓰면서 만난 멘토들 또한 마찬가지였습니다. 그들은 높은 목표를 가지고 있었지만 동시에 목표에 이르는 그들만의 로드맵이 있었습니다. 아무리 목표와 현실의 갭이 크더라도, 자신만의 사다리가 있는 이들은 결국 목표지점에 도달했습니다. 진짜 목표를 이루고 싶다면 쪼개고 나

누면서 조금씩 그 계단을 밟고 올라가야 합니다. 한번에 뭔가를 거창하게 하려고 하면 반드시 실패합니다.

"조급하다는 것은 욕심이다. 빨리 많은 것을 이루려는 마음이기 때문이다."

법륜스님은 이렇게 말했습니다. 다시 한번 강조합니다. '한번에' 되는 일은 없습니다. 로마는 하루아침에 이뤄지지 않았습니다. 매일매일의 역사가 쌓여 대제국 로마를 완성했습니다. 조급해 할 필요가 없습니다. 불안한 마음이 들수록 펜을 꺼내 내가 해야 할 일들을 쪼개서 적어보세요. 그리고 그 작은 일들을 해내는 것에만 집중해 보세요. 그러면 어느새 시작할 때는 그토록 커보였던 일들이 결국 내가 해낼 수 있는 일이었다는 사실을 알게 될 겁니다.

버릴 줄 아는 용기

지금까지 우리가 시작이 어렵거나 해야 할 일을 회피하게 되는 이유 중 하나가 하고자 하는 일의 덩어리가 너무 크기 때문이라고 했습니다. 그래서 쪼개야 한다고 말씀드렸죠. 하지만 계획대로 실천을 해내기 어려운 이유가 또 하나 있는데요. 우리가 해야 할 일의 가짓수가 많다는 게 문제입니다.

고등학교 생활을 볼까요? 공부해야 할 과목도 여러 개고 내신이나 수능을 비롯해 비교과, 봉사활동 등 다양한 일들을 해야 하죠. 그런데 문제는 우리 스스로가 그 가짓수를 자꾸 늘려나가는 데 익숙하다는 겁니다. 예를 들어 실력이 부족하다고 느끼면 우리는 불안해집니다. 그럴 때 가장 쉽게 할 수 있는 선택지는 학원을 추가하고, '인강'을 추가하고, 문제집과 참고서를 더 구매하는 일입니다. 그러면 뭔가 안심이 되거든요. 불안한 마음에 코끼리만 계속 키워가고 있는 거죠. 결국 그렇게 비대해진 코끼리에 더욱 압도당한 채 아무것도 제대로 이룬 게 없는 상태로 시간은 흘러가게 됩니다.

경제학에 파레토 법칙이라는 것이 있습니다. 보통 '80대 20, 2대 8의 법칙'으로도 불리는데, 쉽게 말해서 전체 결과의 80퍼센트가 20퍼센트의 원인에서 일어나는 현상을 뜻합니다. 예를 들어 20퍼센트의 고객이 백화점 전체 매출의 80퍼센트를 도맡는 현상이 여기에 해당합니다. 제가 인터뷰했던 공부에서 좋은 성과를 내는 학생들은 의식적으로든 무의식적으로든 모두 이 법칙을 이해하고 자신의 학습에 적용하고 있었습니다.

많은 학생들이 열심히 하는데도 성과가 나오지 않아 어려움을 겪곤 합니다. 그런데 이런 학생들이 미처 깨닫지 못한 게 있습니다. 바로 모든 노력이 성과를 야기하는 데 동등한 비중을 차지한다는 생각입니다. 한마디로 1의 노력을 투입하면 1의 결과가 나오는 것이 당연하다는 생각인데요. 하지만 파레토의 법칙에서 볼 수 있듯 학습을 하는 데 있어서 노력과 성과는 늘 일대일로 정비례하지 않습니다. 오히려 20%의 원인이 80%의 결과를 야기하는 경우가 훨씬 더 많습니다. 반대로 얘기하면 우리가 쏟아붓는 80%의 노력이 고작 20%의 결과밖에 만들어내지 못할지도 모른다는 겁니다.

그렇다면 중요한 것은 80퍼센트의 결과를 바꾸기 위해서 20퍼센트의 원인에 집중해야 한다는 것입니다. 성적 급상승을 이룬 이들은 물론, 특정 분야에서 좋은 성과를 거두는 사람들은 바로 이 20퍼센트에 해당하는 지점을 의식적으로 찾아서 집중적으로 공략합니다. 그들은 그곳을 송곳처럼 날카롭고 깊게 파고들었을 때 실질적인 변화가 일어났다고 말했습니다.

제가 고등학교 1학년 때 하루에 열 시간이 넘게 수학 공부만

했는데도 성적이 오르지 않았던 이유 또한 여기에 있었습니다. 늘 부족하다고 느껴질 때마다 새로운 인강과 새로운 문제집을 추가했죠. 하지만 그 어떤 것도 제대로 해낸 것이 없었습니다. 그래서 앞서 말씀드렸듯 문제의식을 느끼고 기존에 듣고 있던 인강의 개수를 줄이고, 한두 개라도 제대로 내 것으로 만드는 데 집중했죠. 또한 문제집을 막 '풀어재끼는' 것이 아니라 한 권의 문제집을 정해 그 안에 내가 못 푸는 문제가 하나도 없을 때까지 반복하고, 또 반복했습니다. 그리고 마침내 고2 여름을 앞두고 전국 11등이라는 성적 급상승을 만들어낼 수 있었죠. 결국 핵심은 선택과 집중이었습니다. 가짓수를 줄이고 선택한 것들만큼은 집중적으로 파고들었던 거죠.

만약 내 실력이 부족하다면 필요한 것은 더 많은 학원, 더 많은 교재가 아닙니다. 진짜 여러분에게 필요한 것은 내가 집중해야 하는 것을 명확하게 한 뒤 나머지는 버릴 줄 아는 결단과 용기입니다.

내가 정말로 할 수 있겠다는 생각이 들고 실제로 조금이라도 성장하는 느낌이 들면 사람은 자연스레 하고 싶다는 생각을 하게 됩니다. 이것이 한두 가지의 목표를 이루는 데 집중해서 조금이라도 거기서 성과를 내면 나머지 80%가 따라오게 되는 프로세스의 핵심 중 한 가지이기도 합니다.

세계적인 베스트셀러 『원씽』의 저자 게리 켈러는 바로 우리가 모든 일을 할 때 온 정신과 에너지를 쏟아서 집중해야 하는 '단 한 가지의 일', 즉 원씽이 있다고 말하는데요. 앞에서 이야기했던 도미노 효과를 야기하는 첫 번째 도미노가 바로 여기서 말하는 원씽이라고 할 수 있죠.

그런데 문제는 많은 사람들이 바로 이 첫 번째 도미노 조각을 찾아낸다고 할지라도 그 조각을 쓰러뜨리는 데 에너지를 집중하지 못한다고 말합니다. 여러 가지를 더 해야 한다는 욕심과 불안, 과도한 완벽주의적인 성향 때문이라고 할 수 있는데요. 그는 그 모든 것 중에서 '원씽'을 발견하고 파고드는 사람만이 목표를 이룰 수 있다고 말하며 '파고든다는 것'의 정의를 이렇게 말합니다.

"파고든다는 것은 자신이 할 수 있는 다른 모든 일을 무시하고 반드시 해야 하는 일에만 집중하는 것을 뜻한다."

사람들은 너무나도 정직하고 순수하게 모든 일이 다 중요하다고 생각합니다. 하지만 모든 일은 결코 동등한 중요도를 갖지 않습니다. 성과를 내기 위해서는 20%의 노력으로 80%의 결과를 바꿀 수 있는 한 가지를 찾아야 합니다. 이건 요행도, 꼼수도, 게으름도 아닙니다. 오히려 치열하게 고민하지 않고 기계적인 노력만 쏟아붓는 것이 진짜 게으름입니다. 머리가 좀 아프더라도 답을 찾기 어렵더라도 그 한 가지가 무엇인지를 찾기 위해 우리는 모든 정신과 집중력을 쏟아부어야 합니다.

제가 좋아하는 애니메이션 〈진격의 거인〉에는 이런 대사가 등장합니다.

"아무것도 버릴 수 없으면 아무것도 바꿀 수 없다."

『어린 왕자』를 쓴 생텍쥐베리도 "완벽함이란 더 이상 추가할 게 없는 상태가 아니라 더 이상 뺄 것이 없는 상태"라고 말했습니다. 스티브 잡스는 이 말을 자신의 디자인 철학으로 삼았고, 그 덕분에 애플을 세계 최고의 디자인 기업으로 성장시킬 수 있었죠. 게리 켈러 역시 자신의 저서에서 "바쁘게 움직이는 것만으로는 부족하다. 개미들도 늘 바쁘지 않은가. 정말 중요한 것은 무엇 때문에 바삐 움직이는가다"라고 말하며 선택과 집중을 강조했습니다.

여러분, 버려야만 바꿀 수 있습니다. 모든 것을 다 하려는 생각을 버리고 나에게 가장 중요한 것을 이뤄내는 데 모든 에너지와 시간을 쏟아부어야 합니다. 그렇게 해서 성과를 내고 나면 그 뒤에 따라오는 나머지 80%들은 이미 이루어져 있거나 혹은 이뤄가는 중일 것입니다. 여러분이 해낸 20%가 여러분의 삶에서, 여러분의 목표에서 '스몰빅'이 되어 그다음 스텝, 그다음 스텝으로 향하는 가이드가 되어줄 것입니다.

───────────────────────────────── 운명을 바꾸는 첫 도미노

중학교 2학년 겨울방학 때였습니다. 중학교 3학년을 앞두고 있었기 때문에 공부를 해야 한다고는 생각했지만 게임과 핸드폰은 언제나 저를 유혹에 빠지게 했죠. 침대에 누워서 보는 텔레비전은 왜 그렇게도 재미있던지요. 어느 평범한 학생들과 마찬가지로 저 역시 허송세월을 하다가 뒤늦게 후회하며 방학을 끝낸 게 한두 번이 아니었습니다.

이런 상황을 누구보다 잘 알고 계시던 저희 엄마가 제게 한 가지 제안을 하셨는데요. 당시 엄마가 근무하시던 어린이집 뒤에는 구립 도서관이 있었는데, 당신이 출근할 때 같이 나와서 도서관에 가보는 게 어떻겠냐고 하셨어요. 동시에 도서관에 가기만 한다면 그 안에서 네가 잠을 자거나, 만화책을 읽거나, 심지어 아무것도 안 하고 있다고 하더라도 괜찮다며 저를 설득하셨죠. 그리

고 또 한 가지 귀가 솔깃한 제안을 하셨습니다. 도서관에 가면 점심값을 포함해 매일 만 원씩 용돈을 주겠다고 하신 거죠. 만 원이면 점심을 먹고 나도 절반 이상이 남는 큰돈이었기 때문에 저는 그 제안을 수락했습니다. 마음속에는 혹시 내가 공부를 할 수 있게 되지 않을까라는 의심 반, 용돈을 벌어보자는 기대 반이었죠. 그렇게 이튿날부터 아침 8시쯤 출근하는 엄마를 따라나서기 시작했습니다.

일단 도서관에 가기는 했지만 역시나, 처음부터 공부를 하게 되지는 않더라고요. 도서관 히터는 얼마나 따뜻하던지 자리에 앉는 순간 졸음이 밀려왔고, 도착하자마자 한 시간씩 단잠에 빠지곤 했습니다. 하지만 잠을 자고 일어나도 시간은 오전 10시. 주위를 둘러봐도 모두 책을 읽거나 공부를 하는 사람뿐이니 저 역시 책 읽는 일 말고는 특별히 할 게 없더라고요. 그래서 공부보다는 상대적으로 쉽고 재미있는 책을 읽기 시작했습니다. 그런 경험해본 적 있으신가요? 평소에는 엄마가 책 좀 보라고 아무리 잔소리를 해도 거들떠도 안 보면서 시험 기간만 되면 왜 그렇게 책이 읽고 싶은지. 이때는 TV 뉴스도 재미있고, 심지어 규칙을 하나도 모르는 바둑 중계도 넋을 놓고 바라보게 되잖아요. 공부보다는 책이 낫겠다 싶어 선택했는데 저도 모르게 책에 빠져들고 말았습니다. 그렇게 도서관에 간 첫날 책 한 권을 다 읽게 되었습니다.

이틀이 지나자 제 마음가짐이 조금 달라지더군요. 저는 방학 동안 이틀 연속 아침 일찍 도서관에 와서, 평소 같으면 한 달에 한 권도 읽을까 말까 한 책을 이틀 동안 두 권이나 읽은 사람이 되었기 때문이죠. 제 스스로가 꽤 괜찮은 방학을 보내고 있다는 생각이 들었습니다.

게다가 도서관에는 저 혼자 있는 게 아니라 공부를 하거나 책을 읽는 사람들이 모여 있다 보니 그 사람들을 보면서 나도 뭔가를 해야 할 것 같다는 생각이 들더라고요. 마치 우리가 집이나 공원에서도 운동할 수 있지만 굳이 돈을 내고 헬스장에 가는 이유와 비슷한 것처럼요. 그렇게 제 스스로가 괜찮은 사람이 된 것 같다는 느낌과 나도 뭔가를 할 수 있을 것 같다는 마음에 사흘째에도, 나흘째에도 도서관에 가게 되었습니다.

문득 이런 생각이 들더라고요. 방학을 진짜 제대로 보내봐야겠다는 마음이요. 책을 읽던 시간을 쪼개 영어와 수학 공부를 조금씩 하기 시작했습니다. 그리고 그 겨울방학을 마칠 때쯤 그간 골치였던 영어 문법책 한 권을 두 번 읽었고, 평소 어려워하던 수학 문제집도 세 번이나 풀어낼 수 있었습니다.

제가 이때 방학을 성공적으로 보낼 수 있었던 핵심이 바로 '도미노 효과'라고 할 수 있는데요. 저는 처음부터 많은 걸 하려고 하기보다 '매일 도서관에 간다'라는 첫 도미노를 쓰러뜨리는 데만 집중했습니다. 엄마의 출근길에 도서관을 따라간다는 아주 작고 단순한 첫 번째 목표를 수립하고 실천한 것이시오. 그리고 결국 도서관에 간다는 첫 도미노가 넘어지니, 책을 읽고 나아가 스스로 필요한 공부를 한다는 여러 가지 도미노가 연달아 쓰러지게 된 것입니다.

늘 우리는 '이번 생은 망했어', '난 어차피 안될 거였어'라는 말로 의지가 부족했던 스스로를 탓하고 죄책감을 가지는 데 익숙합니다. 하지만 그렇게 스스로를 비난하는 것은 문제 해결에 큰 도움이 되지 못합니다. 아무것도 변화하지 않은 채 스스로를 비난하는 데서 그치게 되면, 오늘 했던 그 실수를 내일도, 모레도 반복할 가능성이 높기 때문입니다.

진짜 행동을 바꾸고 싶다면 '의지'가 아니라 '상황'을 바꾸라는 말이 있죠. 진짜 시작을 하려면 우리는 매번 달라지고 약해지고 쉽게 유혹에 넘어가는 의지가 아니라 애초에 계획을 실행에 옮길 수밖에 없는 상황을 의식적으로 만들어야 합니다. 우리가 집을 놔두고 굳이 스터디카페에 가는 이유가, 집앞 공터를 놔두고 헬스장에 가는 이유가 바로 그런 것이겠죠.

만약 매일 아무것도 시작하지 못하고 있다면 스스로를 자책하기보다는 상황을 바꿔줄 여러분만의 '첫 번째 도미노'를 찾아보세요. 그리고 그것을 쓰러뜨리는 데만 집중하세요. 그 도미노가 여러분을 성장의 곡선으로 이끌어줄 겁니다.

하기 싫은 것을 결국 해내는 사람들의 공통점

계획대로 실천하기 어려운 또 하나의 상황을 들여다보겠습니다. 보통 우리는 좋아하는 일은 시작하는 것이 쉽습니다. 공부로 따지면 내가 잘하고 좋아하는 과목은 상대적으로 공부를 시작하기가 어렵지 않습니다. 그런데 문제는 내가 싫어하는 과목들이죠. 이때 싫어하는 과목이 곧 내가 못하는 과목일 경우가 많을 텐데요. 못하니까 더 열심히 해야 하는데, 싫으니까 더 안 하게 되는 문제가 발생합니다. 좋아하는 과목에만 더 시간을 쓰게 되니 못하는 과목의 성적은 계속 떨어집니다.

우리 스스로도 압니다. 좋아하는 거, 잘하던 거만 하고 있으면 안된다는 것을요. '부족한 수학 공부해야 되는데', '내가 지금 이거 하고 있을 때가 아닌데'라고 생각하면서도 시작을 하지 못합니다.

그런데 사실 이건 너무나 자연스러운 현상입니다. 어렵고 잘 이해가 안되는 과목을 공부하면 기분이 어떨까요? 맞아요. 재미가 없습니다. 저도 그랬습니다.

저는 수학을 정말 싫어하고 비교적 역사와 영어를 좋아하는 편이었는데요. 그래서인지 역사나 영어 성적에 비해 수학 성적은 형편없었습니다. 하지만 수학을 싫어하니까 더 안 하게 되고, 당연히 수학을 더 못하게 되고, 그러니 또 수학이 싫어져서 더 안 하게 되는 출구 없는 구렁텅이에 빠지게 되었죠.

사람은 원래 내가 하고 싶은 거, 내가 잘하는 걸 하는 게 쉽습니다. 누구나 내가 잘하고 있다고 느끼게 만들어주는 일을 계속하고 싶지, 내가 못하는 걸 하고 싶은 사람은 없습니다.

그런데 한 가지 문제가 있습니다. 보통 내가 하기 싫은 일들이 내가 해야 할 가장 중요한 일인 경우가 많다는 것이죠. 중요할수록 그만큼 하기 싫은 마음도 커집니다. 현재 시점에 어떤 일이 중요하다는 건 그 일을 내가 지금까지 잘 못했거나 안 해본 일이라는 뜻일 테고, 익숙치 않거나 넘어야 할 허들이 높으니 당연히 어렵고 하기가 싫은 겁니다. 그래서 어떤 사람들은 '내가 하기 싫은 일을 할 때만이 진짜 성장할 수 있다'라고 말하기도 합니다.

당장 우리가 연초에 세우는 계획들이 그렇습니다. 공부, 독서, 다이어트, 운동 등등. 내 삶이 더 나아지려면 중요한 일이라는 걸 압니다. 그러나 시간이 지나면 어떻게 되나요? 80%는 그 일에 실패합니다. 하기 싫고 어려워 계속 미루기 때문이죠.

그런데 여기서 더 큰 문제는 못해서 하기 싫어지는 거라는 걸 사람들이 잘 모른다는 사실입니다. 자꾸 언젠가는 하겠지, 언젠가는 하겠지 하면서 중요한 일을 미룹니다. 그렇게 결국 시험을 며칠 앞두고서야 '미리 해둘 걸' 하면서 후회합니다. 슬프게도 대부분의 사람들은 학창 시절 내내 이 실수를 반복합니다.

앞에서도 이야기했지만 진짜 문제를 해결하는 사람들은 어려운 상황에서 어떻게든 해내야지보다 할 수 있는 '싱횡'을 만듭니다. 자꾸 하고 싶은 걸 다 하고 나서 하기 싫은 걸 하려고 하면 애초에 그 계획은 성공할 수가 없습니다.

그런 점에서 이 딜레마를 극복하는 방법은 생각보다 간단한데요. 바로 오늘 내가 해야 할 공부가 5~6가지가 있다고 했을 때 그중에서 가장 안 좋아하는 것, 하기 싫은 것을 제일 먼저 하는 겁니다. 제 경우라면 수학 문제집부터 푸는 거죠. 하기 싫은 일을 하게 만드는 방법 중 최고는 모든 일의 가장 첫 번째 순서에 그 일을 두는 것입니다.

제 경험을 예로 들어보겠습니다. 책을 여러 권 쓴 작가고 지금도 글을 쓰고 있지만 정말 글을 쓰기가 어렵고 하기 싫을 때가 많습니다. 뭔가를 창작한다는 건 늘 어렵고 익숙치 않은 일이죠. 그러다 보니 서도 모르게 글 쓰는 일을 미루고 있는 저를 발견했습니다. 그래서 그때부터 루틴을 바꿨습니다. 아침에 눈을 뜨고 양치하기 전 무조건 책상에 앉아 글을 30분 정도 쓰기 시작한 것이죠. 그 덕분에 지금 여러분이 읽고 계신 이 책도 탄생할 수 있었습니다.

고등학교 때도 마찬가지였습니다. 앞서 말씀드렸듯 저에게는 수학이 가장 하기 싫은 과목이었습니다. 다른 과목은 나름대로 괜찮게 해내도 수학 공부만큼은 계획대로 된 적이 없었고 늘 공부의 양이 부족했죠. 그러니 더 못하게 될 수밖에요.

어느 날 한 달치 플래너를 다시 보면서 이 사실을 깨달았습니다. 수학 공부를 하루도 제대로 해낸 날이 없다는 것을요. 그날 이후 묻지도 따지지도 않고, 반드시 수학을 공부의 첫 번째 순서에 두었습니다. 그렇지 않으면 안 하게 될 게 뻔했기 때문이죠. 한동안은 다른 과목 공부를 계획표에서 빼버리기도 했습니다. 그래야 다른 과목 때문에 수학 공부를 할 수 없었다는 핑계를 댈 수 없으니까요. 그렇게 한참 지나니 점점 수학을 공부하는 시간이 늘었고 실력도 차차 오르기 시작했습니다.

 '의지력'이라는 개념이 있습니다. 우리가 뭔가를 마음먹고 실천을 하려면 영어로 'Self Control'이라는 자기절제력, 자기조절력 같은 인지적 에너지가 소요됩니다. 그런데 심리학자들에 따르면 이러한 에너지는 총량이 정해져 있고 수면이 그 에너지를 채워준다고 합니다. 이것은 곧, 우리가 처음 잠자리에서 일어났을 때가 하루 중 인지적 에너지가 가장 많이 남아 있는 상태라는 걸 의미합니다. 쉽게 말해 제일 쌩쌩하다는 뜻이죠.

 여기서 우리가 꼭 명심해야 할 건 우리의 의지력도 체력과 크게 다르지 않다는 사실입니다. 체력도 쌩쌩할 때는 이떤기요. 달리기든 등산이든 어렵지 않게 할 수 있습니다. 하지만 이미 너무 많이 달렸거나 산을 한 번 올라갔다 오면 더 이상 뛰기가 어렵습니다.

 공부도 마찬가지입니다. 어떤 일을 막 시작할 때의 나와, 의지력을 다 써버리고 난 후의 나는 애초에 다른 사람이라고 할 수 있죠. 시작할 때는 이것도 저것도 할 수 있을 거라는 의지가 넘치지만 막상 어떤 일을 오랫동안 하고 나면 충만했던 의지는 점점 고갈됩니다.

이때 만약 좋아하는 걸 먼저 하고, 하기 싫은 걸 나중에 해야겠다고 계획하면 어떻게 될까요? 결국 하기 싫은 걸 안 하게 됩니다. 그게 수학이든 영어든 시간이 지나면 '오늘 공부 나름 많이 했다. 이 정도면 나쁘지 않지…'라며 타협의 행복회로를 머릿속에서 굴리게 됩니다. 그러나 계속 찝찝한 기분이 들죠. 왜냐하면 스스로 이보다 더 중요한 게 있었다는 걸 느끼고 있기 때문입니다.

반대로 하기 싫고 어렵지만 중요한 것부터 하게 되면 이런 기분을 느낄 일이 없습니다. 오히려 좋아하던 과목을 했을 때보다 훨씬 더 큰 성취감을 느낄 수 있게 됩니다. 그리고 그 성취감이 내가 쉽게 할 수 있는 과목, 좋아하는 과목을 해나갈 수 있는 또 다른 원동력을 줍니다.

그렇기 때문에 진짜 계획대로 실천을 해내기 위해서는 무엇보다 하기 싫은 일을 제일 먼저 해야 합니다. 하고 싶은 일을 하다가 하기 싫은 일로 넘어간다면 이미 인지적 에너지가 고갈된 상태고, 지친 나는 하기 싫은 일이라는 허들을 넘어설 힘이 부족하게 됩니다. 하기 싫지만 중요한 일을 최우선에 두고, 가장 먼저 해야 한다는 사실을 꼭 기억하시길 바랍니다.

그런데 여기서 혹시 이런 의문이 드는 분 계시나요?

"작가님, 아까 시작은 무조건 작고 쉬워야 한다면서요, 그런데 하기 싫은 일부터 하라고요? 이거 모순 아닌가요?"

맞습니다. 언뜻 보면 모순처럼 들릴 수 있습니다. 하지만 핵심은 바로 이것입니다. 우리가 진짜 성장을 만들어내려면 '하기 싫지만 나에게 제일 중요한 것'부터 해야 하는데 그것을 진짜 해내는 방법이 바로 그 일을 쪼개고 나눠서 '작고 쉽게' 만드는 것이죠. 그래서 내가 만약 의지는 있지만 시작이 어렵다면 내가 가진 용량에 비해 크고 어려운 일은 아닌지 되돌아보며 그 일을 나누어야 합니다. 반대로 노력은 하고 있지만 마음속 한편에 찝찝한 마음이 든다면 중요하지만 하기 싫은 것부터 우선순위에 올려서 나의 컴포트존(익숙하고 안정감을 느끼는 영역, 즉 내가 익숙하고 쉽게 할 수 있는 일의 영역)을 벗어나려는 노력을 해야 한다는 거죠.

하기 싫지만 중요한 일부터 우선순위를 두고 그 일을 쪼갤 수 있을 만큼 나눠서 '해볼 수 있을 것' 같은 상태로 만드는 것이 진짜 성장을 만들어내는 비법입니다.

엉덩이가 가벼운 학생들을 위한 세 가지 조언

지난해 겨울 한 학생과 멘토링을 할 기회가 있었습니다. 그 학생은 겨울방학을 앞두고 고민거리를 하나 꺼내놓았죠.

"작가님, 저는 문제를 풀 때나 공부를 할 때나 엉덩이가 너무 가벼운 것 같아요. 공부를 하면서도 오래 집중하지 못하고 돌아다니거든요. 그러다 보니 해야 할 일을 시간 안에 다 못 끝내거나 부모님께 혼이 나기도 해요."

자리에서 일어나면 무얼 하냐고 물었더니 이렇게 답하더군요.

"음, 별건 없고 그때그때 달라요. 갑자기 화장실이 가고 싶거나 물이 마시고 싶거나 엄마한테 해야 할 이야기가 생각나거든요."

아마 이 학생의 말을 들으면서 꽤 많은 분들이 공감하셨을 것 같은데요. 저는 이 학생에게 세 가지 조언을 해주었습니다.

우리의 집중력이 금방 무너지는 첫 번째 이유는 내가 몇 시부터 몇 시까지, 어디부터 어디까지 분량을 끝내야 한다는 명확한 목표의식이 없기 때문입니다. 앞에서 설명드린 '나누어 생각하기'와 비슷한 맥락이죠.

예를 들어 우리가 공부와 관련해서 가장 집중력이 높은 시간은 언제일까요? 시험을 볼 때 아닐까요? 왜냐하면 시험은 몇 분 내로, 여기부터 여기까지 풀어야 한다는 아주 명료한 목표가 설정되어 있거든요. 그래서 우리는 시험을 볼 때 평소에 없던 '초집중'

의 상태를 경험하게 됩니다.

몰입의 대가 칙센트미하이는 몰입의 첫 번째 조건이 바로 '분명한 목표'라고 이야기합니다. 우리가 뭔가에 몰입하기 위해서는 지금 내가 하고 있는 일을 '얼마큼, 언제까지, 어떻게 해내야 하는지' 명확하게 정해야 한다는 뜻이죠.

그런데 평소에 우리 모습은 어떤가요? 보통 학생들의 플래너를 보면 '국어 1시간, 수학 2시간, 영어 숙제 2시간'과 같은 식으로 쓰여 있는 경우가 많습니다(물론 플래너를 쓰는 것부터가 박수 받을 일이긴 합니다). 여기에는 아주 중요한 한 가지가 빠져 있습니다. 국어를 얼마큼 해야 하는지, 영어 단어를 몇 개 외워야 하는지, 수학 문제를 몇 개나 풀어야 하는지 등이죠.

어떤 분들은 이렇게 얘기합니다.

"학원에서 내준 숙제 분량은 이미 정해져 있는데요?"

여기에 또 다른 문제가 숨겨져 있습니다. 한번에 앉아서 할 수 있는 분량의 숙제라면 큰 문제는 없겠지만 만약에 그렇지 않다면 내 발등에 불을 떨어뜨릴 수 있는 명확한 목표가 있다고 보기는 어려울 것입니다.

내 발등에 불을 떨어뜨리려면 어떻게 해야 할까요? 앞에서 이야기드린 것처럼 해야 할 일을 최대한 쪼갤 수 있는 데까지 나눠야 합니다. 예를 들어 수학 문제집 20번까지 풀기가 아니라 1~5번, 6~10번, 11~15번, 16~20번 같은 식으로 나눠야 한다는 거죠. 공부의 양뿐 아니라 시간도 마찬가지입니다. 지금 내 엉덩이가 책상에 닿은 순간부터 다시 일어날 때까지 문제 10개든, 영어 단어 30개든 명확한 목표가 수립되어야 한다는 뜻입니다.

엉덩이가 가벼워서 고민이라면 책상에 앉기 전 나에게는 목표가 있는지, 나의 계획표에는 몇 시부터 몇 시까지 어떤 일을 얼마만큼 해낼지에 대한 분량에 대한 목표가 구체적으로 적혀 있는지를 점검해 볼 필요가 있습니다.

만약 그렇게 계획을 세웠는데도 엉덩이가 가만 있질 못하는 분이라면 지금부터 드릴 이야기에 귀 기울여주시기 바랍니다. 엉덩이가 가벼운 두 번째 이유는 스스로 집중할 수 있다고 생각하는 시간이 너무 길 때 발생합니다. 제가 앞서 멘토링을 했던 학생에게 이렇게 물었는데요.

"한 번에 몇 분 정도 공부해야 한다고 생각하나요?"

그 학생은 "음, 적어도 50분 정도는 해야죠"라고 답했습니다.

맞습니다. 이 학생의 말처럼 50분 동안 집중해서 공부할 수 있다면 너무나 좋겠지요. 하지만 늘 잊지 말아야 합니다. '해야 하는 것'보다 중요한 것은 '내가 할 수 있는 것'입니다. 내가 할 수 있는 범위를 벗어나서 해야 하는 것만 바라보고 있으면 열심히 하면서도 실패할 수밖에 없고 결국 그 어떤 것도 제대로 해내지 못하게 됩니다. 그렇다면 내가 집중할 수 있는 시간도 쪼개야 합니다. 예를 들어 한 시간을 50분 공부, 10분 쉬는 시간으로 정했을 때 집중력이 떨어지는 학생들이라면 50분 동안 억지로 공부하고 10분 쉬는 것이 나을까요? 아니면 25분 공부하고 5분 쉬고, 25분 공부하고 5분 쉬는 게 나을까요?' 공부의 총량은 동일할지라도 집중한 시간의 총량은 후자가 훨씬 더 높을 겁니다.

실제로 이렇게 짧은 주기를 여러 번 반복하는 공부 방법을 '뽀모도로 공부법'이라고 부르는데요. 이 방법은 집중력 향상을 목적으로 이탈리아의 경영 컨설턴트 프란체스코 시릴로가 1980년대 후반 고안한 방법입니다. 여기서 뽀모도로란 이탈리아 말로 토마토라는 뜻인데, 시릴로가 대학 시절 토마토 모양의 조리용 타이머를 공부에 활용한 데서 이러한 이름이 붙었다고 합니다.

조금 더 구체적으로 뽀모도로 공부법을 살펴볼까요? 25분 동안 무언가에 집중하고 5분 동안 짧게 쉬는 것을 4회 반복한 뒤, 15분에서 30분 정도 비교적 긴 휴식 시간을 갖습니다. 이때 '25분 집중 + 5분 휴식'의 사이클을 1회 완료하는 것을 1 뽀모도로라고 부른다고 합니다. 집중력을 유지하기 위해 사이클을 4회 완료(4 뽀모도로 = 120분)할 때마다 긴 휴식(15분 이상, 보통 30분)을 취하죠. 그리고 하루의 공부가 끝나고 나면 오늘 몇 뽀모도로를 완료했는지 기록합니다.

물론 사람마다 뽀모도로의 개수나 구체적인 시간은 다를 수 있겠지만 결국 본질은 '짧은 시간의 공부와 휴식을 반복한다'는 것이고, 적어도 그 짧은 시간 동안은 딴짓을 하지 않아야 한다는 겁니다. 여기서 우리가 잊지 말아야 할 핵심이 한 가지 더 있는데요. 15분이 되었든, 25분이 되었든 내가 정한 최소 공부 시간 동안은 엉덩이를 들지 않고 책상에 앉아 있겠다는 명확한 목표의식을 가져야 한다는 것입니다. 적어도 진짜 이 시간만큼은 '화장실에 가지 않고, 물도 마시지 않고, 무조건 책상 앞에 앉아 있겠어'라고 다짐하세요.

만약 플래너를 쓰고 있다면 체크리스트를 만들어 스스로 점검해 보셔도 좋고 스톱워치를 사용하거나 타이머를 이용해 정해진 시간 내에 움직이지 않도록 훈련하는 것도 도움이 될 수 있습니다. 경험적으로 터득한 한 가지 조언을 덧붙이자면 25분 공부 뒤 5분 쉬는 시간에는 되도록 스마트폰을 보지 않는 것이 좋습니다. 한창 재밌는 유튜브를 끊고 다시 집어넣을 용기를 내는 일이 만만치 않더라고요.

이제 마지막인데요. 보통 중학생 이상의 분들께 권하는 방법입니다. 실제로 제가 중학교 때 많은 도움을 받았는데요. 바로 과목의 전환을 활용하는 것입니다.

보통 공부할 게 많아지면 많아질수록 단순하게 과목별 공부 시간을 늘리는 식으로 공부 계획을 세우는 경우를 많이 볼 수 있습니다. 그래서 학년이 올라갈수록 플래너를 보면 '수학 3시간, 영어 4시간'처럼 단위가 큰 계획이 많습니다. 하지만 앞서 말씀드렸듯 여기에는 쪼개진 작은 목표도 없고 동시에 시간의 주기도 깁니다. 그리고 또 하나의 문제가 있는데요. 바로 내가 영어를 엄청 좋아하는 게 아니라면 한 과목을 4시간 이상 공부하는 것 자체가 결코 쉽지 않다는 것입니다.

이런 방식의 공부 계획은 장기 집중력이 약하고 엉덩이가 가벼운 학생들은 결코 이룰 수 없습니다. 그런데 엉덩이가 가벼운 학생들의 장점도 있습니다. 엉덩이가 가볍다는 건, 주의를 기울이는 대상이 금방금방 바뀐다는 뜻이고 그것은 곧 그 사람이 가진 생각의 전환 속도가 빠르다는 것을 의미하기도 합니다. 따라서 공부에도 이러한 강점을 적극적으로 활용하는 게 좋은데요. 앞서 얘기한 뽀모도로 기준으로 본다면 한 과목을 길게 공부하기보다는 1 뽀모도로 혹은 2 뽀모도로마다 과목을 바꾸는 거죠. 예를 들어 수학을 1 뽀모도로 정도 공부하고 나서 수학과는 조금 다른 성격을 가진 과목, 예를 들어 영어나 사회, 역사 같은 과목을 공부하는 겁니다.

이렇게 순간 집중력, 단기 집중력이 높은 학생들은 짧은 주기로 집중할 대상만 바꿔주면 오히려 집중력의 텐션을 장시간 그대로 유지하면서 전체적인 집중의 총량은 지킬 수 있게 되죠. 저역시 30분 이상 집중하며 공부하기가 어려웠기 때문에 하루에 3~4과목이 넘지 않는 선에서 수학 공부를 하다가 집중력이 흐트러지면 영어 공부를 하고, 다시 영어 공부에 집중력이 흐트러질 때쯤이면 수학 공부로 돌아와서 전체적인 공부의 텐션을 유지했던 경험이 있습니다.

여기서 주의하실 건 짧은 주기로 여러 번 왔다 갔다 한다는 것과 멀티태스킹을 혼돈하면 안 된다는 점인데요. 동시에 여러 가지 일을 처리하는 멀티태스킹은 그 어느 곳에도 집중하지 못하는 결과를 초래할 수 있습니다. 제가 이야기한 방식은 전환의 주기를 짧고 여러 번 가져가되, 정해진 주기 동안은 높은 집중력을 발휘해야 한다는 걸 명심하셔야 합니다.

실제로 이러한 전환을 통해서 여러가지 일을 효율적으로 처리하는 사람이 있는데요. 바로 테슬라의 CEO 일론 머스크입니다. 아마 많이들 아시겠지만 일론 머스크는 전기차 회사 테슬라 외에도 우주 개발 회사 스페이스 X, SNS 플랫폼 X(구 트위터), 뉴럴링크, 보링 컴퍼니 등 다양한 회사를 경영하며 동시에 각 회사들을 세계 굴지의 수준으로 유지하고 있죠.

일론 머스크는 한 인터뷰에서 여러 회사를 동시에 경영하고, 동시에 일을 처리하는 방법으로 '5분 법칙(5 minutes rule)'을 이야기한 바 있습니다. 말 그대로 5분 단위로 일의 목표를 수립하고 그 시간 동안 초집중해 일을 처리한다는 의미입니다. 그런 점에서 꼭 공부를 잘하고 천재라고 불리는 사람들의 필요조건이 오랜 시간 한 가지 일에 집중력을 유지하는 것만은 아니라고 할 수 있습니다.

스스로 엉덩이가 가볍다고 생각이 든다면 자책만 하기보다는 이렇게 한번 생각해 보세요.

'내 장점은 생각의 전환이 빠르고 어떤 일에 몰입하는 데 드는 시간이 상대적으로 오래 걸리지 않는다는 거야.'

그리고 이런 장점을 적극 활용하는 공부 방법이 무엇인지를 고민해 보신다면 지금보다 훨씬 더 나은 상황을 만들 수 있을 거라 생각합니다.

나는 별을 너무나 사랑하므로

밤을 두려워하지 않는다.

_ 사라 윌리엄스

Chapter 7

중요한 건 꺾이지
않는 마음

#집념

이 책의 시작에서 누구에게나 '잘하고 싶은 마음'이 있다고 말씀드렸던 것 기억하시나요? 저는 여러분들에게 그런 마음이 있다는 걸 누구보다 잘 알고 있습니다. 여기까지 이 책을 읽은 여러분들이라면 더더욱 그러실 겁니다. 그리고 그 마음이 얼마나 간절한지 알기에 저는 지금도 이 일을 하고 있죠.

하지만 문제는 잘 되는 순간보다 잘 안되는 순간이 더 많다는 겁니다. 그리고 그 순간들은 우리를 자꾸 의심에 들게 만듭니다.

'이거 진짜 될까?'

'내가 해낼 수 있을까?'

'내가 잘하고 있는 걸까?'

'잘하고 싶은 마음'이 스스로의 눈에도 보이지 않을 만큼 어렵고 포기하고 싶은 순간들이 찾아옵니다.

아시다시피 저에게도 그런 순간이 참 많았습니다. 한 번에 되는 일은 결코 없었고 좋기만 한 날들은 아무리 길어도 1년을 넘기지 못했죠. 고등학교 첫 시험을 망쳤을 때도, 슬럼프가 찾아왔을 때도, 학생회장에 출마했을 때도 그랬습니다. 잘해나가고 있다고 확신이 들 때쯤이면 어김없이 시련이 찾아왔습니다.

고3 첫 모의고사 때였습니다. "고3 첫 모의고사 점수가 곧 너의 수능 점수다"라는 말을 하도 많이 들어서인지 고2에서 고3 넘어가는 겨울방학은 긴장의 연속이었습니다. '고3 수험생'이 되었다는 사실에 압도되어 여름방학 이후 한껏 흐트러져 있던 교실에는 적막과 고요함이 흘렀죠. 쉬는 시간마다 축구를 하러 나가던 친구들마저 공부를 하기 시작했습니다.

저 또한 마찬가지였습니다. 이제부터는 '진짜' 수험생이 되었다는 생각에 정말 치열하게 공부를 했습니다. 하지만 시험을 치르고 받아본 성적표는 그야말로 최악이었습니다. 고2 때 단 한 번도 받아본 적 없었던 점수였습니다. 정말 이 성적이 수능까지 간다면 제가 원하는 대학은 절대 갈 수가 없었습니다. 참 원망스러웠습니다. 왜 이렇게 되는 일이 없는지. 좀 잘될 것 같으면 꼭 좌절의 순간들이 찾아왔죠.

　실제 입시에서도 상황은 크게 다르지 않았습니다. 수능을 치르기 전, 최저등급만 맞추면 합격힐 수 있는 몇 군데 학교의 수시전형에 지원을 했습니다. 꼭 가고 싶은 학교가 있었지만 그 학교에 합격할 수 있다는 확신이 부족하기도 했고, 또 그만큼 수능을 잘 치를 수 있을까 하는 두려움이 들었기 때문이죠. 다행히 K대 수시 1차에 합격을 했습니다. '정말 인상적인 학생이군요'라는 말을 들을 만큼 면접도 꽤나 잘 봤습니다. 그래서 당연히 합격할 거라 생각했죠. 하지만 수능을 딱 한 달 앞두고 불합격 통보를 받았습니다. 멘탈이 말 그대로 박살이 났죠. 정말 한 번에 되는 일이 없었습니다.

　그럼에도 불구하고 저는 결국 입시에서 목표를 이뤄냈습니다. 내가 해왔던 치열한 노력을 믿었고 안되면 또 하지라는 생각으로 끝까지 부딪쳤습니다. 마음을 다잡고 수능을 치렀고 논술과 면접을 준비했습니다. 그리고 결국 서울대학교 수시전형에 장학생으로 당당히 합격할 수 있었죠. 시작은 늘 초라했지만 그 3년이라는 시간 동안 단 한 번도 포기하지 않았기에 마지막 관문을 무사히 통과할 수 있었습니다.

대학이라는 큰 산을 넘었지만 모든 일이 한 번에 되지 않기는 성인이 된 이후에도 마찬가지였습니다. 출판사에서 줄을 서서 내줄 거라 생각했던 첫 책은 투고한 27군데 출판사에서 모두 거절당했습니다. 2년이라는 군생활 동안 주말과 새벽을 반납하고 쓴 글이었던 만큼 그간의 제 인생을 부정당하는 느낌이 들었습니다.

우여곡절 끝에 첫 책이 세상에 나온 뒤 한동안은 각종 강연과 멘토링에 눈코 뜰 새 없이 바빴습니다. 그러다가 창업이라는 새로운 도전을 하게 되었죠. 사무실을 내고 직원들을 채용했습니다. 그러나 보기 좋게 2년 만에 1억여 원의 빚만 남긴 채 실패했습니다. 말 그대로 '망한' 거죠. 그때가 스물여섯 즈음이었습니다. 지방에 집 한 채가 재산의 전부인 평범한 가정에서 태어난 제기, 아직 대학도 졸업 못 한 제가 감당하기에는 너무나 큰 액수였죠. 과외를 비롯해 각종 아르바이트를 하며 빚을 갚아나가기 시작했습니다. 다행히 절치부심 끝에 출간했던 『공부 마스터 플랜』과 『압축 공부』라는 책에 많은 분들이 관심을 가져주면서 상황이 조금 나아졌습니다. 그렇게 3년 만에 겨우 빚을 갚고 다시 창업에 도전했죠. 지금 제가 운영하고 있는 '스몰빅클래스'입니다. 감사하게도 유튜브도 구독자가 금방 늘었고, 코로나19 시기 회사에서 만든 콘텐츠들이 인기를 끌면서 꽤 유명한 벤처캐피탈에서 투자도 받앞습니다. 직원 수가 30명 가까이 늘면서 이번만큼은 승승장구할 수 있을 것만 같았습니다.

하지만 코로나가 끝나면서 온라인 '특수'는 사라지기 시작했고, 급작스레 경기가 어려워지면서 회사 시정도 안 좋아졌습니다. 동고동락하던 동료들과 원치 않는 이별도 해야 했죠. 이 글을 쓰고 있는 지금도 저는 끊임없는 도전의 순간들에 부딪치고 있습니다.

이렇게 저는 '잘하고 싶은 마음'만큼 잘 되는 순간보다 안 되는 순간을 더 많이 경험해 왔습니다. 때로는 포기하고 싶었고 내 인생이 무너지는 것 같은 느낌도 들었습니다. 어느 날은 혼자서 TV를 보다가 눈물을 왈칵 쏟기도 했죠. 딱 '잘하고 싶은 마음'만큼만 잘 되게 해달라는 건데, 왜 꼭 그럴 때마다 마치 기본값처럼 시련부터 주시느냐고 하늘을 원망하기도 했습니다.

그럼에도 저는 다시 일어섰고 다시 도전했습니다. 아마 앞으로도 잘 되는 날보다 엎어지고 쓰러지는 날이 더 많을 겁니다. 하지만 포기하는 대신 저는 또다시 문을 두드릴 겁니다. 그래야 할 이유가 있고 그럼에도 결국 해낼 수 있다는 '믿음'이 있기 때문입니다. 아무리 힘들어도 꼭 이루고 싶은 꿈이 있기에, 그리고 내 인생이 어떻게 쓰여야 하는지에 대한 확신이 있기에 포기하지 않았고 앞으로도 그럴 겁니다.

어느 날 제 이야기를 취재한 TV 뉴스의 기자님이 기사의 제목을 이렇게 써주셨더라고요.

'서른 살에 두 번째 창업(⋯) 중요한 건 꺾이지 않는 마음'

돌이켜보니 그랬습니다. 저에게는 남들보다 앞서는 대단한 재능이나 똑똑함은 없었습니다. 그랬다면 늘 이렇게 돌아가지도 않았을 겁니다. 하지만 부서지면 다시 일어서고 포기하고 싶은 순간에도 이를 악물고 다시 나아갔습니다. 그 마음을 '중꺾마(중요한 건 꺾이지 않는 마음의 줄임말)'라고 한다면 그게 제가 가진 유일한 자산일지도 모르죠.

저도 예전에는 늘 '처음'부터 잘 되는 사람들이 부러웠습니다. 단번에 해내지 못하는 스스로가 원망스럽기도 했고, 그런 재능이 없는 제가 못나보이기도 했죠. 하지만 그 시간을 지나 보니 알겠더라고요. 처음에 웃는 사람이 마지막에 웃는 사람은 아니라는 것을.

나폴레옹은 이런 말을 했습니다.

"승리는 가장 끈기 있는 자에게 돌아간다."

승리는 가장 똑똑하거나 대단한 재능이 있는 사람이 아니라 일곱 번 넘어지면 여덟 번 다시 하고, 여덟 번 넘어지면 아홉 번 다시 하는 끈기를 가진 사람에게 돌아간다는 겁니다. 그래서 강한 자가 살아남는 게 아니라 결국 살아남는 자가 강한 것이라는 말이 나왔겠죠.

여기까지 이 책을 읽으면서 여러분의 마음에 의지가 불타고 목표의식으로 뜨거워졌을지도 모릅니다. 하지만 분명 여러분들에게도 (바라건대 그런 일이 없었으면 좋겠지만) 좌절과 실패의 순간들은 찾아올 겁니다. 의심하게 만들 것이고 주저앉게 만들지도 모릅니다. 그리고 그 시간들은 분명 꽤나 고통스럽고 또 견디기 버거울 만큼 힘들지도 모릅니다.

그럼에도 저는 여러분들이 그 순간을 이겨냈으면 좋겠습니다. 포기하지 않았으면 좋겠습니다. 그런 순간들을 수도 없이 겪어봤기에 여러분의 마음이 얼마나 간절하고 소중한지 알거든요. 그래서 여러분이 마지막 주자로 시작했을지언정 최후의 '승자'가 되었으면 좋겠습니다. 내가 '결국은 해내는 사람'이라는 걸 스스로에게 증명하셨으면 좋겠습니다. 그래서 그런 바람을 담아 지금부터는 어떻게 하면 여러분의 마음이 꺾이지 않을 수 있을지 '중꺾마'의 본질이 무엇인지에 대해 이야기하며 이 책을 마무리해 보려 합니다.

자기 자신을 속이지 않는 마음

인생을 방황하던 한 청년이 절을 찾아 노승에게 좌우명을 내려 달라고 청했습니다. 그러자 스님은 일만 배를 하고 오면 좌우명을 내려주겠다고 하셨죠. 청년은 꼬박 밤을 새워 만 번을 해냈습니다. 그러자 스님은 딱 다섯 글자를 적어주셨지요.

'속이지 마라.'

청년은 무척이나 실망했습니다. 대단한 통찰이 담긴 말씀을 내려주실 거라는 기대와 달리 누구나 다 아는 뻔한 이야기였기 때문이죠. 다른 사람을 속이지 마라는 말은 어릴 적부터 수도 없이 들었으니까요.

그러나 몇 달 후 청년은 깨달았습니다. 본인의 생각이 틀렸다는 것을요.

말의 주어가 달랐습니다. 노승의 말씀은 다른 사람을 속이지 말라는 것이 아니었습니다. 바로 나 자신을 속이지 마라는 의미였죠. 그리고 그것은 평생에 걸쳐 수양해도 결코 쉽지 않은 일이었습니다. 그렇게 청년은 노승의 제자가 되어 그가 돌아가실 때까지 곁에서 스승을 모셨습니다.

이 이야기는 '산은 산이요, 물은 물이로다'라는 말씀으로 유명한 성철스님과 그의 제자인 원택스님의 일화인데요. 실제로 평생 동안 성철스님의 수행 화두는 '불기자심(不欺自心)', 즉 '자기 자신을 속이지 마라'였다고 합니다.

우리 모두는 알고 있습니다. 자기 자신을 속이지 않는 것이 말처럼 결코 쉬운 일이 아니라는 것을.

저는 어릴 때 답지를 보고 학습지를 풀거나 친구가 한 숙제를 보고 베껴서 냈던 적이 몇 번 있었습니다. 그중에는 걸려서 혼이 난 날도 있었고 운이 좋게 그냥 넘어간 날도 있었죠.

그러던 어느 날, 드디어 터질 것이 터졌습니다. 여느 때와 같이 학습지를 베끼다가 선생님께 걸렸고 평소엔 몇 마디 꾸중으로 끝내던 선생님이 엄마에게 연락하신 겁니다. 그 이야기를 전해 들은 엄마는 정색을 하며 불같이 화를 내셨습니다. 그리고 저를 집에서 쫓아내셨습니다. 다시는 그러지 않겠다고 빌었지만 엄마는 단호하셨죠. 그렇게 반나절이 지나고 나서야 엄마는 문을 열어주셨습니다. 그리고 이렇게 말씀하셨죠.

"네가 선생님이나 엄마를 속였다고 쫓아낸 게 아니다. 세상에서 가장 못난 사람은 바로 자기 자신을 속이는 사람이다. 자기 자신을 속이고 나면 그 마음이 계속해서 나를 괴롭게 만들거든. 그러면 그 사람은 자기 자신을 부끄럽게 여기게 되고 스스로를 아끼지 못하는 사람이 된다. 그것만큼 불행한 일이 어디 있겠니?"

저는 그날부로 다시는 숙제를 베끼지 않았습니다. 안 해가면 안 해갔지 거짓말하지 않았습니다. 그리고 숙제가 너무 많거나 불필요하다고 여기면 선생님께 조율해 달라고 요청했습니다. 결코 하지 않은 것을 했다고 말하지 않았습니다.

내가 나 자신을 속이면 그 순간은 편할지도 모릅니다. 당장의 위기는 모면할 수 있죠. 하지만 불편하고 찝찝한 마음은 자꾸 쌓여갑니다. 이건 비단 학원 숙제나 학습지 같은 다른 사람과의 약속에만 해당되는 것은 아닙니다.

우리는 어떤 목표를 이루기 위해서 계획이라는 걸 세웁니다. 이 목표를 이루기 위해서 무엇을 해야 하는지는 나 자신도 알고 있죠. 그리고 오늘 이 약속을 지키지 못하면 내일의 내가 괴로워질 것도 알고, 이 목표에서 멀어질 수 있다는 것도 압니다. 하지만 지금 이 순간 편하고 싶은 마음은 자꾸만 나 자신을 속이게 만듭니다.

'에이, 내일 하면 되지….'

'어떻게든 되겠지….'

그렇게 나 자신을 속이고 유튜브를 보고 누워 있으면 내 마음이 편해질까요? 아무리 재밌는 영상을 봐도 100% 즐겁지만은 않습니다. 이미 내 마음은 알고 있거든요. 내가 나와의 약속을 저버렸고, 나 자신을 속이고 있다는 사실을요.

거짓말은 거짓말을 부르게 되는 것처럼 나 자신을 속였던 것을 만회하기 위해 우리는 또 다른 변명을 찾고 합리화를 합니다. 스스로를 속이는 날이 하루, 이틀 쌓일수록 자신과의 약속을 지켜내는 일과는 점점 더 멀어집니다. 더 어려워지고 해야 할 것들은 점점 더 쌓여가죠. 그렇게 우리는 또 다른 거짓말을 시작합니다.

'맞아, 그거 사실 그렇게 중요한 거 아니었어….'

'그거 안 한다고 뭐 큰일 나겠어….'

이건 정말 심각한 일입니다. 이 과정에서 아주 중요한 한 가지를 잃게 되거든요. 친구관계든 부모님과의 관계든 선생님과의 관계든 좋은 인간관계를 유지하기 위해서 가장 중요한 것은 바로 '신뢰'라는 말, 한번쯤 들어보셨을 겁니다. 상대가 약속을 지켜줄 것이라는 신뢰, 상대 입장에서는 내가 자신과의 약속을 지켜줄 것이라는 신뢰. 이 둘 중 하나라도 무너지면 그 관계는 더 이상 지속될 수가 없습니다.

'꺾이지 않는 마음'의 첫 번째 본질은 바로 나 자신에 대한 신뢰입니다. 내가 나를 믿기 때문에 아무리 강한 비바람이 몰아쳐도 그 길을 갈 수 있습니다. 홀로 꿈이라는 항해를 펼쳐나가는 어둠 속 망망대해 속에서 믿을 수 있는 건 오직 나 자신뿐입니다. 그 누구도 그 신뢰를 대신할 수는 없죠.

그런데 이렇게 자기 자신을 속이는 시간들이 쌓이면 그 사람은 바로 자기 자신을 신뢰할 수 없게 됩니다. 내가 하고 싶은 일이 생겨서 목표를 세웠다고 해도 내 몸과 마음은 알고 있습니다. 나의 주인이 결코 그 약속을 지키지 않을 것이라는 걸. 거짓말을 계속하다 보니 결국 어느 누구도 그 사람을 믿지 않은 양치기 소년과 같은 이치죠.

자기 자신을 믿지 못하는 삶. 내일의 나를 믿지 못하고, 모레의 나를 믿지 못하고, 일주일 뒤의 나를 믿지 못하는 삶. 저는 여러분들이 그런 삶을 살지 않았으면 좋겠습니다.

저는 고등학교 때, 침대에 누우면 바로 보이는 천장에 이 말을 써붙여두었습니다.

"20년 뒤의 나에게 부끄럽지 않을 하루를 보냈는가?"

그리고 답의 기준을 오늘의 내가 아닌 20년 뒤의 나에게 두었습니다. 왜냐하면 20년 뒤에 내가 꿈을 이루지 못하고 원하는 사

람이 되지 못했을 때 가장 미울 것 같은 대상은 다른 사람도 그
누구도 아닌 바로 20년 전의 나일 것 같았거든요.

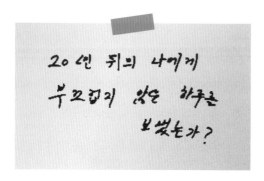

하루 이틀은 몰라도 영원히 속일 수 있는 것은 없습니다. 정직
함의 시간이든 기만의 시간이든 그 시간들은 쌓이고 쌓여서 결국
모습을 드러냅니다. 그리고 그 시간들이 어땠는지 다른 사람들은
몰라도 자기 자신은 알고 있죠.

저는 저를 미워하고 원망하고 싶지 않았습니다. 그래서 나 자
신을 속이지 않았습니다. 20년 뒤의 나에게 부끄럽지 않게 살기
위해 노력했습니다. 그 과정에 실패도 있었고 이루지 못한 목표
도 있었지만 후회하지 않습니다. 왜냐하면 내가 나를 속이지 않
았다는 사실을 알고 있거든요.

공부를 얼마나 했는지, 선생님이 내주신 숙제를 다했는지 못했
는지 같은 건 사실 중요하지 않습니다. 진짜 중요한 건 내가 나를

속이지 않는 것입니다. 그 축적된 신뢰의 시간들이 여러분의 마음을 '꺾이지 않게' 만들어줄 것입니다.

___

___ 두려워서 도망치고 싶다면

저는 중학교 때부터 늘 '수학'이라는 과목만 떠올려도 심장이 떨리고 시험 날이 되면 너무 긴장한 나머지 손이 떨리고 배가 갑자기 아프곤 했습니다. 언젠가는 시험을 생각하니 너무 긴장이 되고 손이 떨려서 자포자기하는 심정으로 엄마에게 시험 치러 안 가면 안되냐고 울면서 하소연을 했던 기억이 납니다. 고등학교에 와서는 말할 것도 없었죠.

대학에서도 마찬가지였습니다. 군 제대 후 본격적으로 전공 공부를 시작했는데, 웬걸…. 첫 수업부터 교수님은 영어로 된 논문을 일주일 동안 다섯 개씩 읽어오라고 하지 않나, 또 매주 레포트 세 장씩 써서 제출하라고 하지 않나. 철학, 경제, 정치 등 한글로 읽어도 이해가 되지 않는 책들을 매일 읽어내야 했습니다. 더 충격이었던 건 수업에 갔더니 저는 읽기조차 어려웠던 그 논문과 책들을 다른 친구들은 모두 읽고 심지어 그 내용으로 교수님과 토론을 하고 있었다는 사실입니다.

　그때 느낀 좌절감과 열등감은 이루 말할 수 없을 정도로 컸습니다. 도서관에 앉아서 며칠 밤을 끙끙거려도 어려웠던 그 일을 님들은 어렵지 않게 척척 해내는 것만 같았죠. 현실의 벽을 느끼 어느 날 자취방에 돌아와서 얼마나 서럽게 울었던지요. 휴학계(대학교에서 학기를 쉬고 싶을 때 학교에 내는 서류)를 들고 몇 번이나 학과 사무실 문 앞을 서성거렸는지 모릅니다.

　하지만 돌이켜보면 늘 해결책은 하나였습니다. 아무리 어렵고 힘들어도 도망치지 않는 것. 원하지 않아서 그만두는 게 아니라 간절히 원하지만 안되서 포기하는 것. 그것만큼은 하고 싶지 않았습니다. 나 자신에게 부끄러운 사람이 되고 싶지 않았고, 실패자가 되고 싶지 않았습니다. 그래서 그냥 했습니다. 잘 안되도 일단 책상에 앉았습니다.

　중학교 시절에도 수학 시험 전날이면 떨리고 긴장이 됐지만, 3학년쯤 되니 '열심히 했는데도 망치면 어쩔 수 없지. 그건 내가 컨트롤할 수 없는 거니까 운명이라 생각해야지' 하며 불안과 긴장감도 자연스럽게 받아들이기 시작했습니다.

　대학교 시절, 다른 친구들은 밤 11시가 되면 사회과학 도서관을 나와 마지막 순환 버스를 타고 집으로 돌아갔지만 저는 24시간 개방을 하는 중앙도서관으로 자리를 옮겨 다시 공부를 시작했습니다. 아직도 사회과학대학에서 중앙도서관까지 걸어가는 그 길에서 느꼈던 기분이 생생합니다. '왜 나는 늘 이렇게까지 해야 할까'라는 열등감과 '이 시간에 중앙도서관으로 가는 사람은 나밖에 없네'라는 성취감이 동시에 들었죠.

그 과정에서 한 가지 사실을 깨달았습니다. 물론 이 과정에서 역전의 순간들도 경험했고 우여곡절 끝에 원하는 목표도 이뤘습니다. 하지만 그보다 더 중요한 사실이 하나 있었습니다. 바로 그 시간들이 제가 스스로를 누구보다 믿게 만들어주었고 자랑스럽게 여길 수 있게 해주었다는 것을요.

저는 저를 믿습니다. 그래서 어떤 일에도 자신이 있습니다. 왜냐하면 저는 무섭다고 도망가거나 어렵다고 회피하는 사람이 아니니까요. 일곱 번 해서 안되면 여덟 번 하고 여덟 번 해서 안되면 아홉 번 하는, 어떻게든 끈질기게 물고 늘어지는 사람인 것을 아니까요. 그래서 저는 제 자신이 자랑스럽습니다. 늘 처음엔 나보다 잘하는 사람들만 있는 것 같아서 어렵고 힘들었지만 그럼에도 불구하고 포기하지 않고 끝까지 달려가는 제 자신이 자랑스럽습니다.

다른 사람은 속여도 결코 자기 자신은 속일 수가 없습니다. 조금 어렵고 힘들어보여서 포기하고 도망치면, 다른 사람은 그 일을 모를 수 있지만 내 마음속에는 포기와 도망의 흔적이 영원히 남아 있습니다. 그리고 그 흔적은 점점 커지고 커져서, 결국 나를 어떤 일에도 도전하지 못하고 도망치게 만드는 사람으로 만들게 됩니다.

저는 여러분이 자기 자신을 자랑스럽게 여길 수 있었으면 좋겠습니다. 저는 여러분이 스스로 살아온 시간에 대해 자부심을 가지고 살아갈 수 있었으면 좋겠습니다. 그게 어떠한 멋진 결과를 만들고 목표를 이루는 것보다 훨씬 더 중요하다고 생각합니다.

이 마음이 꺾이지 않는 마음의 두 번째 본질입니다. 어렵고 힘들다고 해서 도망치지 않는 마음. 그리고 그런 나 자신에 대한 자부심이 결국 여러분을 포기하고 싶은 순간에도 다시 일으켜 세워줄 겁니다. 그러니 힘들고 어려워도 일단 시작하고 포기하고 싶어도 다시 시작하세요. 그때부터는 시간과의 싸움입니다. 포기하고 싶고, 도망치고 싶은 나와의 싸움에서 승리하면 이미 절반은 해낸 것이나 다름없거든요. 나 자신과의 싸움보다 어렵고 힘든 싸움은 없습니다. 그 싸움에서 이겼다면 다른 싸움은 생각보다 어렵지 않습니다. 자신과의 싸움에서 승리해 낸 자신을 믿고, 해야 할 일에 몰입하십시오. 그리고 내가 얼마나 괜찮은 사람인지 자부심과 성취감을 느끼십시오. 매일 여러분의 일기에 내가 얼마나 괜찮은 사람인지 기록하십시오. 그리고 훗날 '나는 내가 자랑스럽다'라고 당당히 말할 수 있었으면 좋겠습니다.

베네딕트 컴버배치가 낭독해 유명해진 한 편지를 소개하면서 이 장을 마무리하려고 합니다. 미국의 예술가 솔 르윗이 슬럼프와 자기연민에 빠져 고민하는 동료 에바 헤세에게 보내는 편지인데요. 복잡하고 어지러운 여러분의 마음을 정리하는 데 도움이 될 거라 생각힙니다.

"그만 생각하고, 그만 걱정하고, 불안해 하지 말고, 망설이고, 의심하고, 두려워하고, 상처받지 말고, 쉬운 길만 찾지 말고… 스스로 갉아먹고, 또 갉아먹고, 또 갉아먹지 말고! 다 그만두고 그냥 좀 해! '그냥 하자'라는 마음으로 하면 좀 더 나을 거야. 쓸데없는 생각 없이 말이야. 네가 뭔가 했고 끝났으면, 그냥 그걸로 끝이야. 스스로를 놀래켜 봐. 네 안에는 뭐든 할 수 있는 능력이 있다고. 그러니까 그냥 좀 해!"

꺾이지 않는 '마음'만큼이나 중요한 것은 결국 꺾이지 않는 '노력과 실천'일 겁니다. 유혹과 게으름과 귀찮음에도 '꺾이지 않고' 노력을 해나가는 것이 결국 목표를 이루는 핵심이라고 할 수 있죠. 생각보다 인간의 의지는 강하지 않기 때문에 진짜 목표를 이루고 계획을 달성하는 사람들은 바로 '습관'에 집중합니다.

시중에도 습관에 대한 다양한 책들이 나와 있는 걸 볼 수 있는데요. 그중에서도 제게 가장 큰 깨우침을 준 책이 한 권 있었습니다. 바로 『아주 작은 습관의 힘』인데요. 저는 이 책에 등장하는 단어 하나를 보고 망치로 머리를 맞은 것처럼 큰 울림을 받았습니다. 바로 '정체성'입니다.

이 책의 저자 제임스 클리어는 우리의 습관이 그토록 바뀌기 어려운 것은 두 가지 이유 때문이라고 말합니다. 첫 번째는 바꾸려고 하는 대상이 잘못되었기 때문이고, 두 번째는 바꾸려고 하는 방법이 잘못되었다는 것이죠.

그는 습관을 만들고 바꾸는 데는 크게 세 가지의 '층'이 존재한다고 말합니다. 첫 번째 층은 습관을 통해 바꾸려고 하는 '결과'를 변화시키는 것입니다. 예를 들어 공부를 열심히 하겠다고 결심했다면 성적이 오른다는 결과에 집중하는 것이죠. 하지만 점수가 오른다는 결과에 집중하고 이것을 바꾸는 데만 신경을 쓴다면 별로 달라지는 게 없습니다. 왜냐하면 '점수가 오른다'라는 도미노는 가장 끝에 있는 도미노거든요.

이보다 조금 더 나은 것이 바로 습관을 변화시키는 두 번째 층, 즉 '과정'을 변화시키는 것인데요. 점수가 오르는 것에 집중하는 것이 아니라 매일 스터디카페나 도서관에 가서 공부를 하는 과정에 집중하는 것입니다. 즉 가장 마지막 도미노를 쓰러뜨리기 위해 앞에 있는 도미노들을 하나씩 쓰러뜨리는 겁니다.

하지만 '진짜' 습관을 바꾸려면 한 가지가 더 추가적으로 바뀌이야 한다고 말하는데요. 그것은 다름 아닌 '정체성'을 변화시기는 것입니다. 그는 이 정체성이 습관을 형성하는 가장 안쪽에 위치한 세 번째 층이라고 말합니다.

책에서는 금연을 한 예로 들면서 금연을 결심한 사람에게 누군가 담배를 권할 경우 "괜찮습니다, 담배 끊었어요"라고 말하는 사람보다 "괜찮습니다, 전 흡연자가 아니거든요"라고 말하는 사람이 금연에 성공할 확률이 훨씬 더 높다고 말합니다. 나는 이런 것을 '원하는' 사람이야라고 말하는 것과 나는 '이런' 사람이야라고 말하는 것은 매우 다르다는 뜻인데요. 그는 이에 "결과는 우리가 얻어낸 것이며, 과정은 우리가 해나가는 것이다. 그리고 정체성은 우리가 믿고 있는 것"이기 때문이라고 설명합니다. 제임스 클리어는 엄밀히 말하면 습관이 정체성을 만들어나간다고 주장하며 정체성을 통해 습관을 변화시키고, 습관이 다시 정체성을 만들어나가는 일은 다음의 두 단계로 이뤄진다고 말하는데요.

첫 번째, 어떤 사람이 되고 싶은지 결정한다.

두 번째, 작은 성공들로 스스로에게 증명한다.

혹시 기억나시나요? 책의 앞 부분에서 언급했던 미 해군 특수작전사령관 윌리엄 맥레이븐이 '세상을 변화시키고 싶다면, 이불부터 개세요'라고 했던 말. 사실 그 말의 핵심이 바로 이겁니다. 매일 이불 개기를 실천한다면 나는 계획적이고 체계적인 인간이라는, 매일 목표한 일을 실천해 내는 사람이라는 정체성을 만드는 것이라고 할 수 있죠. 그리고 그 정체성이 아무리 귀찮아도 다시 매일 이불을 개도록 만들고, 이불 개기는 단단한 나의 습관이 되고, 나는 더 단단하게 체계적 인간이라는 정체성을 만들게 되는 겁니다.

그렇기 때문에 여러분들이 습관을 바꾸고 싶다면 작은 성공들을 만들어가면서 그 정체성을 강화시켜나가야 합니다. 만약 습관을 바꾸고 싶다면 스스로에게 물어야 하는 거죠.

"내가 원하는 결과를 얻은 사람은 어떤 사람인가?"

실제로 제 노력과 실천이 '꺾이지' 않을 수 있었던 것 또한 이 때문이었습니다. 저에게는 '세상을 바꾸는 리더'라는 꿈이 있었습니다. 그리고 고등학교 시절, 그 구체적인 꿈의 내용이 바로 '동아시아의 평화를 이끌어내는 외교관'이었죠. 꿈이 생긴 뒤, 스스로에게 그런 꿈을 이룰 '자격'이 있는지를 되물었습니다. 그리고 그 답이 '아니오'라고 돌아오자, 한번 더 깊이 생각을 해봤습니다.

'세상을 바꾸는 리더는 어떤 사람인가?'

'진정한 평화를 만들어낼 만큼 영향력이 있는 사람은 어떤 사람인가?'

세상을 바꾼 이들은 어떤 일과를 보냈는지, 그리고 그들에게는 어떤 습관이 있었는지를 들여다보았죠. 빌 게이츠의 "나는 다른 사람의 좋은 습관을 내 습관으로 만듭니다"라는 말처럼 그들의 습관을 배우고 내 것으로 만들기 위해 노력했습니다. '세상을 바꾸는 리더'는 어떤 사람인가에 대한 질문의 답으로 얻은 다른 사람의 좋은 습관들을 아침에 일어날 때부터 잠들 때까지 채워 넣기 위해 고군분투했죠.

저를 더 열심히 움직이게 한 또 하나의 정체성이 있었는데요. 앞서 말씀드렸던 것처럼 저는 고등학교 때 공부만 하기에도 모자란 시간에 학생회장을 하고 친구들과 함께 유패드라는 전국 단위 동아리를 만들었습니다. 거기에 덧붙여서 토론 동아리, 봉사활동, 인권 동아리 등 다섯 개가 넘는 동아리 활동까지 했죠.

그 당시엔 '학생회장이나 동아리 활동을 하면 공부를 못한다'는 인식이 팽배했습니다. 그리고 특히 유패드 활동을 곱지 않게 보는 시선이 존재했습니다. '여학생들을 만나려고 하는 게 아니냐'는 의심부터 '공부하기 싫어서 놀 핑계를 만든다'는 이야기를 듣기도 했습니다.

제 성격상 그런 시선에 크게 신경이 쓰이지 않았지만 순수한 열정이나 지적인 호기심으로 동아리 활동을 하는 후배들까지 손가락질 받는 것에 대해서 도무지 참을 수가 없었습니다. 그래서 저는 '비교과활동을 열심히 하면서도 성적을 잘 받을 수 있고 충분히 원하는 대학에 갈 수 있다'는 것을 사람들에게 증명하고, 후배들에게 너희의 생각과 선택이 틀리지 않았다는 것을 보여주고 싶었습니다. 그때부터 제 정체성은 '후배들에게 모범을 보여야 하는 사람'으로 바뀌게 되었습니다. 그전까지는 게으름이나 나태함에 하루하루를 허비하기도 했고, 졸리면 잠을 자고, 밀린 공부도 내일 하면 된다는 생각으로 넘겨버리기도 했습니다.

하지만 이 정체성이 부여되는 순간부터 '남들보다 한 시간 일찍 일어나서 공부하고, 남들보다 한 시간 늦게 잔다'라는 습관을 만들었고 지켜나가기 시작했습니다. 친구들이 7시에 일어날 때 혼자 6시에 일어나서 먼저 공부를 시작하고, 친구들이 12시에 잠에 들 때 저는 1시까지 공부를 했습니다. 그렇게 습관이 단단해지자 학생회나 동아리 활동으로 인해서 상대적으로 적을 수밖에 없었던 공부 시간에 비해서 훨씬 더 높은 학습 효율을 낼 수 있었고 성적도 다시 끌어올릴 수 있었죠.

'모범을 보여야 하는 사람, 그 길이 맞다는 걸 보여줘야 하는 사람'이라는 정체성이 변화의 시작이었습니다. 정체성이 습관을 만들고, 그 습관이 다시 정체성을 만들어나가게 된 것이죠.

저에게는 지금도 하루에 최소한 30분에서 한 시간 정도 매일 책을 읽는 습관이 있습니다. 첫 사업에 실패하고 나서 제가 가진 지식과 지혜가 너무 부족하다는 생각을 했고, 이 점을 보완하기 위해 매일 책을 읽겠다고 결심해서 생긴 습관입니다. 하지만 이 습관이 늘 지켜졌던 것만은 아닌데요. 처음 결심을 하고 나서 1년 동안은 이 습관을 유지하는 것이 결코 쉽지 않았습니다. 바쁘다는 핑계로, 혹은 약속이 있다는 핑계로 지키지 못한 날이 부지기수였죠. 그런데 『아주 작은 습관의 힘』이라는 책을 읽고 나서 저는 제 정체성을 다르게 정의하기 시작했습니다. 스타트업 회사의 CEO로서 제 스스로에게 '성공석인 창업가'라는 성체성을 부여하기 시작했고, 성공적인 창업가라면 마땅히 무엇을 해야 하는지를 떠올렸습니다.

또 성공한 창업가들의 이야기를 책이나 영상으로 찾아보면서 그들이 없는 시간을 쪼개서도 책을 읽는 습관을 가지고 있다는 것을 깨달았죠. 그리고 정체성의 관점에서 제 습관을 바라보기 시작했습니다. 하루하루 책을 읽을 때마다 '성공적인 창업가'라는 정체성에 맞게 오늘도 이 작은 성취를 해냈구나라는 마음을 되새겼습니다. 이제는 매일 자연스럽게 한 시간씩 책을 읽는 습관을 유지하고 있습니다.

미국의 철학자 윌리엄 제임스는 이렇게 말했습니다.

"생각이 바뀌면 행동이 바뀌고, 행동이 바뀌면 습관이 바뀐다. 습관이 바뀌면 인격이 바뀌고, 인격이 바뀌면 운명이 바뀐다."

여러분의 삶도 마찬가지입니다. 결국 여러분이 진짜 '지속 가능한' 실천과 노력을 하기 위해서는 여러분의 생각이 바뀌어야 하고 그 생각은 바로 '나는 누구인가'라는 질문에 대한 답이라고 할 수 있습니다. 그리고 이러한 정체성은 행동을 바꿀 것이고, 그 작은 성공들이 쌓여 습관이 됩니다. 그리고 그 습관은 다시 여러분의 삶을 바꿀 것이고 결국 여러분의 인격을, 나아가 여러분의 운명을 바꿀 것입니다.

그러니 스스로에게 질문해 보세요.

'나는 어떤 사람이 되고 싶은가?'

'그리고 그 사람은 어떤 삶을 살아야 하는가?'

이 질문에 대한 답, 그리고 그 답에 맞게 움직인 하루하루가 쌓여 마침내 여러분의 '꺾이지 않는' 운명을 만들어줄 것입니다.

공부의 쓸모

꺾이지 않는 마음은 꺾이지 않을 만큼 가치 있고 소중한 것에서 나옵니다. 그리고 보통 우리는 그런 것들을 '꿈'이라고 부르죠. 그리고 여기서 말하는 꿈은 앞서 이야기드렸던 것처럼 단순히 '직업'이나 어떤 '수단'이 아니라 그 자체로서 이뤄야 할 이유가 있는 '목적의식'이고 '신념'입니다. 어떤 세상을 만들고 싶고, 그 세상에 나는 어떤 영향력을 끼치고 싶은지, 혹은 한 번뿐인 나의 삶이 어떠했으면 하는지 같은 것들이죠.

　고등학교 시절 서에서는 그런 신념이 있었습니다. 바로 '선생'이라는 문제를 해결하고 모든 사람들이 존엄한 삶을 살 수 있게, 더 나은 세상을 만드는 데 기여하는 사람이 되겠다고 마음 먹었죠. 그리고 저는 그 꿈을 파고들었습니다. 내가 공부를 하는 이 순간에도 전 세계의 수많은 사람들이 전쟁에 준할 만큼 심각한 기아, 난민 등의 문제로 고통 받고 있다는 걸 알게 되었고 유패드 동아리 활동을 통해 친구들과 토론하고 공부하며 이 문제에 대한 호기심과 문제의식을 키워갔습니다.

　그 외에도 다양한 경험을 쌓았는데요. 먼저 세계적인 인권 단체 국제 앰네스티(Amnesty International)에서 청소년 동아리를 모집한다는 이야기를 듣고, 교내에 동아리를 만들어 2년간 친구들과 함께 활동했습니다. 그 과정에서 이전까지는 책에서만 보았던 문제들을 더 현실적으로 접할 수 있었습니다. 인권 탄압으로 고통 받는 세계의 많은 사람들, 빈곤 문제로 고통받는 아프리카 아이들을 위해 지금 우리가 할 수 있는 것이 무엇인지 끊임없이 고민하고 행동하려고 노력했습니다. 그 결과 인권 탄압으로 고통 받는 버마(미얀마) 사람들을 위해 전교생과 함께 탄원서를 쓰기도 했고, 아프리카 아이들을 위한 성금을 마련하고자 전교생이 참여하는 '빈곤 퇴치의 날' 캠페인을 진행하기도 했죠.

외부 활동과 더불어 혼자만의 공부도 잊지 않았는데요. 가장 관심이 있었던 '동아시아의 평화'를 화두로 삼아 역사적 반목과 갈등이 지속되고 있는 한국, 일본, 중국 같은 동아시아의 국가들이 어떻게 하면 평화롭게 지낼 수 있는지 방법을 찾기 위해 노력했습니다. 그 과정에서 안중근 의사가 쓰신『동양평화론』이라는 책을 읽으며 안 의사가 생각했던 평화의 방법들을 현대에 어떻게 적용할 수 있을까 고민하고 틈틈이 글을 썼습니다.

또한 세계 1, 2차 대진을 거치며 결국 유럽연합(EU)라는 하나의 공동체를 만들어낸 유럽의 역사를 공부하며, 유럽연합의 모태가 또 다른 전쟁을 막고자 석탄이나 철과 같은 전쟁물자를 함께 관리하기 위해 만든 유럽 석탄 철강 공동체(ECSC)라는 사실을 알게 되었습니다. 이 사실에 기인해 동아시아에서는 어떤 산업이 그런 모태가 될 수 있을지를 연구했고 제 고향인 부산과 일본의 오사카, 중국의 물류도시 상하이를 비교하는 탐구를 해보기도 했죠. 그래서 고2에서 고3 넘어가는 겨울방학에는 담임선생님의 반대를 무릅쓰고 혼자서 일본 탐방을 다녀오기도 했습니다. 책에서 보고 배웠던 것들을 직접 눈으로 확인하고 싶었거든요.

물론 고등학생이 전문적인 학자들만큼 대단한 연구를 하기는 어려웠지만, 돌이켜보면 저에게는 그 '꿈 덕질'의 시간들이 '꺾이지 않는 마음'을 만들어주는 아주 중요한 계기가 되어주었습니다. 저는 그 시간을 통해 꿈과 신념을 키울 수 있었습니다. 더 정확히는 내가 해결하고 싶은 문제가 얼마나 중요한지 알게 되었고 도움을 필요로 하는 사람들, 해결해야 할 문제들이 생각보다 아주 많다는 것도 실감할 수 있었죠.

얼른 대학교에 가서 더 진지하게 이 문제를 공부해 보고 해결책을 찾고 싶다는 열망이 커져갔습니다. 그리고 그 열망은 피곤한 날에도, 힘든 날에도 다시 저를 일으켜 책상에 앉게 만들었죠. 내 꿈의 크기만큼 나도 크고 똑똑한 사람이 되어야 했습니다. 그것이 제가 공부를 하는 이유였고, 공부의 '쓸모'였습니다.

이 경험들은 생각지도 못하게 서울대학교 최종 면접에서도 빛을 발했는데요. 잠깐 그 일화를 소개해 드리겠습니다.

당시 서울대학교 면접은 세 개의 지문 중 하나를 골라 그에 딸린 서너 개의 질문에 순차적으로 답변하는 방식이었습니다. 제가 골랐던 지문에서는 같은 강도의 지진이 발생했는데 어떤 나라에서는 수만 명의 사람들이 희생되고, 어떤 나라에서는 희생자가 거의 없었던 현상을 토대로 이러한 자연재해로 인해 생기는 인명 피해가 천재(天災)인지 인재(人災)인지를 묻는 질문이 나왔습니다. 그리고 마지막으로 '선진국이 가난한 나라들을 도와줘야 한다고 생각하는가, 그렇게 생각한다면 구체적인 이유와 방법을 대라'라는 질문이 나왔죠.

답변을 준비하다 보니 어느덧 제 차례가 왔고, 앞의 세 질문에는 무난하게 답변을 마쳤습니다.

"학생은 네 번째 질문에 대해 어떤 결론을 내렸습니까?"

면접관이던 교수님이 물었고 저는 꿈을 파고들었던 경험들을 녹여 답변을 하기 시작했습니다.

"저는 반드시 선진국들이 최빈국들의 재난 방지 인프라 구축에 도움을 주어야 한다고 생각합니다."

부자 나라들이 가난한 나라들을 도와주어야 한다는 오랜 가치관을 담아 '반드시'라는 말에 힘을 주어 말했습니다.

"첫 번째로는 선진국들이 최빈국들의 가난에 대한 역사적인 책임을 가지고 있기 때문입니다. 20세기 초중반 유럽과 미국 등의 서구 열강이 아프리카, 동남아시아, 남미에 있는 여러 나라를 침략하여 그들의 자원과 노동력을 수탈함으로써 지금의 경제대국으로 성장하는 기반을 마련했습니다."

교수님들은 속내를 알 수 없는 표정으로 아무런 말씀도 없이 제 답변을 듣고 계셨습니다.

"두 번째로는 인산의 존엄성을 지켜야 할 도덕적 책임이 있기 때문입니다. 칸트가 '인간은 누구나 존엄한 존재'라고 말했듯이 최빈국의 사람들 또한 존엄한 인간이기 때문에 우리 모두에게는 그들의 존엄성을 지켜주어야 할 의무가 있습니다."

두 번째 이유를 제시했음에도 불구하고 교수님들은 메모만 몇 번 할 뿐 여전히 굳은 표정으로 앉아 계셨습니다. 여느 학생들과 큰 차이가 없던 제 답변이 끝나자마자 조목조목 반박해서 코너로 몰아붙일 내용들을 적고 있는 듯했죠.

사실 저도 방금 말한 첫 번째와 두 번째 근거는 이미 많은 학생들이 이야기했을 거란 걸 알고 있었죠. 하지만 저에게는 비장의 무기가 있었습니다.

"이제 제가 선진국이 최빈국들을 도와주어야 한다고 생각한 결정적인 이유를 말씀드리겠습니다. 사실 이해관계 중심의 국제관계에서는 앞서 말씀드린 역사적, 도덕적 책임은 국가를 움직이게 하는 결정적 동력이 되지 못한다고 생각합니다. 그래서 저는 정치외교 연구 동아리 유패드에서 방학 동안 친구들과 함께 연구했던 '교토의정서'를 떠올렸습니다."

그때부터 시큰둥한 반응을 보이던 교수님들의 눈빛이 조금씩 달라지는 걸 느꼈습니다.

"교토의정서는 유엔기후변화협약에서 채택한 전 세계적인 온실가스 감축안입니다. 대표적으로 청정 개발 체제와 같은 제도는 선진국이 개발도상국에서 온실가스 감축사업을 시행할 수 있도록 돕고, 그를 통해 달성한 실적의 일부를 그 선진국의 감축량으로 인정하는 제도입니다. 즉 부자 나라들이 가난한 나라들을 도움으로써 경제적인 혜택을 받을 수 있죠. 이러한 점을 참고하여 선진국들이 최빈국들의 재난 방지 인프라 구축을 도와줄 때도 선진국들이…."

이 대답을 끝내자마자 학생회장 연설이 끝나고 당선을 확신했던 순간처럼 '합격할 수 있겠다'는 직감이 들었습니다. 아니나 다를까, 교수님들의 표정에는 옅은 웃음과 놀라움이 뒤섞여 있었습니다. 한 교수님이 고개를 끄덕이며 제게 물으셨죠.

"오늘 대부분의 학생들이 비교적 쉬운 3번 문제를 선택해서 큰 기대를 안 했었는데, 오늘 내가 본 학생들의 답변 중 최고였어요. 그 정치외교 동아리 이름이 뭐라고요?"

"유패드라고 합니다."

"오, 참 좋은 동아리네. 고등학생들이 교토의정서를 상세히 공부할 정도라니."

이어 면접 내내 굳은 표정으로 앉아 계시던 다른 교수님도 짧고 굵게 칭찬을 해주셨죠.

"짧은 시간에 교토의정서를 연상하다니, 훌륭한 답변이었어요."

마침내 저는 생각지도 못한 장학금까지 받으며 서울대학교 합격증을 받아들 수 있었습니다. 꿈을 파고들면서 얻게 된 결실이었죠. 진정으로 내 꿈을 파고들면 꺾이지 않는 마음은 물론 그 마음을 세상에 발휘하게 되는 순간이 온다는 걸 깨달았습니다.

공부는 내가 아닌 남을 위해서 하는 것

앞서 말씀드린 이야기 외에도 고등학교 시절의 두 가지 일화를 소개하려고 합니다. 세상에 내가 어떤 기여를 하고, 어떤 사람들에게 영향력을 끼치는 사람이 될 것인지를 깨닫게 해준 소중한 경험이기 때문입니다.

저는 2학년 때부터 학교 인근 마을 아이들에게 학습 멘토로 활동했는데요. 과학자가 장래희망인 한 초등학교 3학년 학생의 멘토가 되었습니다. 그 친구는 수학, 과학에 남다른 재능을 지니고 있었음에도 낙후된 교육 환경이나 넉넉하지 못한 가정환경 때문에 꿈을 펼치기 어려운 상황이었죠. 저는 그 친구가 수학과 과학에 대한 흥미를 계속 키워갈 수 있도록 관련된 책을 소개하고, 아인슈타인 같은 과학자들 이야기도 들려주곤 했습니다. 얼마 뒤 그 친구는 스스로 수학과 과학책을 도서관에서 빌려오기도 하더군요. 그 친구의 멘토로 활동하면서 누군가에게 내가 긍정적인 영향을 줄 수 있다는 자신감을 갖게 되었습니다.

또 다른 경험은 학생회장 활동을 하며 있었던 일인데요. 저희 학교에는 졸업생 선배들의 헌 책을 모아 다시 중고로 재학생들에게 판매하고, 그 성금을 마을의 어려운 노인분들께 전달하는 전통이 있었습니다. 눈이 펑펑 오던 어느 겨울날, 성금을 전달하기 위해 노인 세 분의 댁을 차례로 방문하게 되었습니다.

그런데 그날 정말 가슴 아픈 광경을 목격했습니다. 첫 번째로 뵌 할머니는 무너지기 직전인 지붕 아래에서 보일러도 없이 겨울을 지내고 계셨고, 두 번째 할아버지는 식사조차 준비할 수 없는 불편한 몸으로 혼자 지내고 계셨습니다. 세 번째 댁에서는 거동을 할 수 없는 할아버지를 허리가 다 굽은 할머니께서 힘겹게 돌보고 계셨습니다. 돈이 없어 한겨울에도 보일러를 켜지 못한 채 얼음장같이 찬 바닥에서 생활하는 어르신들을 직접 뵙고 나니 말로만 듣던 노인의 경제적 어려움이 내가 예상한 것보다 훨씬 더 심각하다는 걸 알게 되었죠.

학교로 돌아와 이분들을 위해 우리가 할 수 있는 게 없을까 고민했습니다. 그 순간 성금을 전달할 때 옆에 계시던 마을 주민 분이 경제적 어려움도 문제지만, 정서적 외로움도 할머니 할아버지를 힘들게 한다라는 말씀이 떠올랐고, 그때부터 저희는 2주에 한 번씩 어르신들을 찾아 뵙고 식사도 챙기고 청소도 해드리는 '말벗 되기 프로젝트'를 기획했습니다. 그리고 반 년 동안 스무 명의 친구들이 마을 어르신 다섯 분의 친구가 되어드렸죠. 이 일은 저에게 사회의 소외된 이들을 위해 제도적으로 어떤 것들이 뒷받침되어야 하는지 고민하는 계기가 되었습니다.

이 두 가지 경험은 제게 무엇과도 바꿀 수 없는 소중한 자산이 되어주었습니다. 겪지 않았으면 결코 몰랐을, 여전히 우리 사회에 어려운 환경에 처한 사람이 많다는 걸 알려주었고 동시에 보잘것 없어 보이는 나라는 사람도 누군가에게 도움을 주고 긍정적인 영향을 끼칠 수 있다는 걸 알게 해주었기 때문입니다. 이 경험은 또다시 제 꿈을 향한 사명감으로 이어졌고, 오늘 더욱 열심히 공부하고 가치 있게 살아가야 하는 이유가 되었습니다.

그런 의미에서 볼 때 공부의 최종적인 목적은 내가 아닌 '남을 위해서'입니다. 지금 하고 있는 내 공부가 다른 사람들에게 어떻게 쓰일 수 있을지, 세상을 더 낫게 만드는 데 어떻게 기여할 수 있을지, 내가 배우고 알게 된 것들을 통해서 세상에 어떤 영향력을 끼칠 수 있을지 아는 사람이야말로 공부의 '진짜' 의미를 깨우칠 수 있습니다. 그리고 어떤 시련과 고난이 와도, '내가 꼭 해내야 할 이유'가 있기 때문에 쓰러지지 않습니다.

'꺾이지 않는 마음'을 갖고 싶다면 여러분의 꿈이, 그리고 여러분이 공부하고 노력하는 이유가 '꺾이지 않을 만큼 가치 있고 소중한 것'이어야 합니다. 내 공부를 필요로 하는 사람이 누구일지, 내 공부가 쓰여야 할 곳은 어디일지를 안다면 분명 여러분은 여러분만의 길을 찾아갈 수 있으실 겁니다.

'Why'를 아는 사람은 꺾이지 않는다

대학교에 와서 직접 공부를 해보니 외교관보다는 UN 같은 국제기구에 들어가는 것이 제 적성에 더 맞을 거란 생각이 들었습니다. 이를 위해 국제정치학을 비롯한 공공정책 분야에서 가장 유명한 미국의 하버드 케네디스쿨(공공정책대학원)에 가겠다는 목표를 세웠습니다. 하지만 1년에도 수천만 원의 비용이 드는 유학비를 선뜻 지원해 줄 수 있는 집안 형편이 아니었기에 유학비를 마련하기 위해 과외와 강연을 다니기 시작했습니다. 일을 하면서도 전액 장학금은 물론이고 졸업할 때 학과 성적 상위 10%에게만 주어지는 '숨마쿰 라우데(최우등 졸업)' 졸업장을 받을 만큼 열심히 공부했죠. 그런데 학생들을 만날수록 마음이 점점 무거워지는 느낌이 들었습니다.

'뭘 하고 싶은지 모르겠어요.'

'아무것도 하기 싫어요.'

'잘할 수 있을 거란 생각이 안 들어요.'

학생들을 만나며 가장 많이 들었던 말입니다. 그리고 이 말들이 결국 제 인생의 방향을 바꾸었는데요.

2020년이 지났는데도 여전히 80~90년대 방식으로 공부를 시키고 있는 교육 시스템에 탄식을 금할 수 없었습니다. 여전히 대다수의 학생들이 쳇바퀴 돌듯이 재미도 없이, 목표도 없이 공부하고 있었습니다. 저 또한 그런 힘든 시간을 겪어봤기에 그런 시스템 아래에서 살아가는 10대의 삶을 깊이 공감할 수 있었죠. 입시와 경쟁이 그 자체로 목적이 되어버린 시스템 속에 10대들은 외롭고 힘겹게 버텨오고 있었던 것입니다. 어쩌면 인생에서 가장 중요한 이 시기에 내가 무엇을 좋아하고, 어떤 사람이 되고 싶은지 고민해 볼 기회 없이 기계처럼 공부해야 하는 현실에 화가 났습니다.

2019년 서울대학교 졸업식 축사에서 방탄소년단을 프로듀싱한 하이브 방시혁 의장이 이런 말씀을 하신 적이 있습니다.

"오늘의 저를 만든 에너지의 근원이 뭔지 곰곰이 생각해 봤습니다. 그것은 다름 아닌 '화(火)' 즉 '분노'였습니다."

그는 적당히 일하는 '무사안일'에 분노했고, 음악 산업이 저한 상식적이지 않은 상황에 불행함을 느꼈다고 말했습니다.

제가 '교육'이라는 문제를 택했던 것 또한 그런 분노 때문이었습니다. 제가 10대일 때보다 훨씬 더 빨리 경쟁에 노출된 채 남들보다 빨리 달릴 것을 요구받고 있을지도 모르는 아이들의 현실에 화가 났습니다. 인생 전체의 뿌리가 되어줄 10대 시절에는 내가 무엇을 좋아하는지, 어떤 사람이 되고 싶은지 충분히 고민할 기회가 있어야 한다고 믿었고 선행 학습과 사교육의 늪에 빠져 매일매일 실패 경험을 쌓게 만드는 일이 결코 없어야 한다고 믿었습니다. 작지만 단단한 성취 경험을 통해 자신만의 고유성을 발견하고 가능성을 믿을 수 있어야 한다고 생각했습니다.

결국 어린 시절부터 품어왔던 외교관이라는 꿈 대신 이 문제를 해결하는 데 모든 것을 걸어보겠다는 결심을 하게 되었습니다. 그날 어렵게 합격했던 중국 교환학생 기회를 포기했습니다. 그리고 한 달도 지나지 않아 첫 회사를 창업했죠.

학생들에게 꿈과 동기부여를 심어주고 학습법을 알려주는 교육회사였습니다. 처음엔 나름 성과가 있었습니다. 입소문을 타면서 전국 각지에서 학생들이 찾아왔고 방학 때면 문전성시를 이뤘습니다. 하지만 규모가 커지면서 문제가 생기기 시작했습니다. 너무 어린 나이에 창업을 했던 터라 학생들을 멘토링하는 것과 회사를 경영하는 것은 전혀 차원이 다른 문제라는 걸 몰랐던 거죠. 하지만 그 사실을 깨달을 때쯤에는 이미 여기저기서 문제들이 걷잡을 수 없이 터지고 있었습니다.

회사는 내리막길을 걷기 시작했고 2년 만에 대출과 카드 빚까지 약 1억 원 정도 되는 빚이 제게 남았습니다. 아직 대학도 졸업하지 못한, 스물일곱 살의 청년이 감당하기에는 결코 적지 않은 돈이었습니다. 정말 빛이 보이지 않는 느낌이 이런 거구나 처음 느꼈습니다. 어떻게 헤쳐나가야 할지 길이 보이지 않는 어둠 속을 홀로 걷는 기분이었죠. 그렇게 6개월을 두문불출했습니다.

　시간이 지나 어느 정도 마음을 추스른 뒤 내가 실패했던 이유, 앞으로의 삶의 방향에 대해 고민했습니다. 그리고 다시 돌아간다면 어떤 선택을 할 것인지를 스스로에게 매일같이 되물었습니다. 하지만 6개월의 고민 끝에 나온 답은 '다시 돌아가도 같은 선택을 한다'는 것이었습니다.

　정말 힘들고 쓰린 실패였지만 그럼에도 저에게는 이 일을 해야 하는 '이유'가 있었습니다. 단지 돈을 많이 벌기 위해서 이 길을 택한 것이 아니었습니다. 그보다는 내가 옳다고 믿는 신념, 내가 문제라고 생각하는 것들을 해결하기 위해서 이 일을 시작했죠. 흔들리지 않는 제 마음속 목소리를 듣고 저도 놀랐습니다. 학생들을 만나면서 저도 모르는 사이에 신념과 문제의식은 더욱 단단해지고 있었던 것이죠.

　그렇게 뜨거워진 마음을 확인한 뒤 저는 다시 일어섰습니다. 책을 쓰기 시작했고 학교를 다니면서 과외나 강의를 통해 빚을 갚아나갔습니다. 주말엔 직장인 코딩 교육 과정에 등록해 코딩을 배웠습니다. 그리고 지금까지 이 책을 통해 들려드린 제 10대 시절의 이야기, 또 부모님 이야기, 공부하고 강의하며 쌓은 콘텐츠들을 모아 '조작가의 스몰빅클래스'라는 유튜브를 만들었습니다.

앞서 여러 번 말씀드린 것처럼 어린 시절 작은 성공의 경험이 얼마나 중요한지 제 경험을 토대로 공유하고, 그 경험을 여러분들이 할 수 있도록 부모님들이 어떻게 도와주시면 좋을지 함께 이야기 나누는 채널이었죠. 그로부터 부모님과 여러분이 한 팀이 되어 자신만의 길을 만들어갈 수 있도록 돕고 싶었습니다. 이전에도 유튜브 채널을 두세 번 시도한 적이 있었지만 몇 달이 지나도 구독자가 늘지 않아 포기했던 터라 반신반의했지만 제 진심이 통했던 것인지 유튜브를 시작한 지 약 6개월 만에 구독자가 5만 명이 넘어서더군요. 그래서 이듬해 봄부터는 학생들을 위한 콘텐츠를 만들기 시작했습니다. 인문, 사회, 공학, 코딩, 영어 등 다양한 분야에서 아이들이 '좋아하는 걸 찾을 수 있게, 좋아하는 걸 잘할 수 있게' 돕는 콘텐츠를 만들어 제공하는 플랫폼을 만들었습니다. 특히 코로나19 시기, 실외활동의 제약으로 다양한 배움이 기회가 부족했기에 시작부터 많은 분들의 관심을 받을 수 있었습니다. 그렇게 플랫폼으로서의 성공 가능성을 인정받고 외국계 벤처캐피탈에서 적지 않은 돈을 투자받기도 했습니다.

그런데 이 시간을 지나 보니 제가 빚을 갚기 위해 하루에 서너 시간밖에 못 자고 학교를 다니고 일을 하면서도 새로운 도전을 포기하지 않을 수 있었던 이유, 그리고 어린 시절부터 꼭 이루고 싶었던 목표를 내려놓고 주어진 수많은 기회들을 포기하면서도 이 일을 계속할 수 있었던 이유를 찾을 수 있었습니다. 바로 '내가 이 일을 왜 하는가?'라는 질문에 대한 답이 있었기 때문입니다.

저는 여러분 세대의 교육은 달라야 한다고 믿었고, 여러분이 지금 보내고 있는 10대라는 시간은 조금 더 나아졌으면 하고 바랐습니다. 그 시간 안에서 '할 수 있다'고 믿는 성공 경험을 쌓을 수 있게 해주고 싶었고, 그 과정에서 인생의 주인으로서 '내가 뭘 하고 싶은지, 그래서 이 공부를 왜 해야 하는지'에 대한 답을 찾을 수 있게 돕고 싶었습니다. 그리고 한 권의 책에서 제 결심이 틀리지 않았다는 용기를 얻게 되었는데요.

사이먼 사이넥은 『나는 왜 이 일을 하는가』에서 꿈과 목표를 이루고 세상을 변화시킨 모든 이들의 공통점 또한 다르지 않았다고 이야기합니다. 앞서 말씀드렸던 라이트 형제의 사례처럼 세상을 바꾼 이들 모두 '신념과 목적의식'에 기반한 꿈을 가지고 있었고, 그것이 사람들에게 영감을 주었고, 세상을 변화시키는 원동력이 되었다고 말합니다.

숱한 실패를 하고 마음이 꺾일 법한 순간들을 겪었지만, 그들에게는 '내가 이 일을 왜 하는지, 이를 통해 세상에 어떤 영향을 주고자 하는지'라는 이유(Why)가 있었기 때문에 결국 그 일을 할 수 있었다고 말합니다. 애플의 스티브 잡스, 마틴 루터킹 목사, 존 F 케네디와 같이 세상을 변화시킨 사람들 모두 이처럼 명확한 'Why'를 가지고 있었다고 말합니다. 그리고 Why가 명확한 이들은 그 목적을 이루기 위해 숱한 실패를 반복하면서도 성공을 만들어낸다고 말했습니다.

그의 말처럼 일을 하는 이유가 명확한 사람들은 어떤 시련이 와도 그 시련을 견디고 방법을 찾아냅니다. 꺾이지 않는 마음은 결국 '내가 이 일을 왜 해야 하는지'라는 Why에서 옵니다. 여러분만의 Why를 찾으십시오. 뜻이 있는 곳에 길이 있다는 말처럼 Why(목적)가 있는 사람에게는 How(방법)는 보이기 마련입니다. 시간이 오래 걸릴 수도 있지만 Why는 여러분을 일으켜세우고 다시 여러분만의 길을 걸어가게 만들어줄 것입니다.

_____ **스스로를 세상이라는 알에 가두지 마세요**

제가 지금까지 살아오면서 숱하게 들어왔던 말이 있습니다.

'안돼.'

'불가능해.'

'포기해.'

목표와 꿈을 이야기하면 열 명 중 일고여덟 명은 안 될 거라고, 불가능하다고 이야기했습니다. 제가 학생회장에 출마한다고 했을 때도, 전국 단위 동아리를 만든다고 했을 때도, 심지어는 서울대학교에 원서를 쓴다고 했을 때도 사람들은 제게 안 될 거라 얘기했습니다. 심지어 당시 추천서를 부탁드렸던 선생님은 제게 '네가 합격할 확률은 0.1%도 안돼'라고 하셨죠.

지금도 마찬가지입니다. 코로나19가 끝나고 여러 시행착오를 겪으며 2022년 말, 학생들이 '불가능한' 꿈을 꿔봤으면 하는 마음으로 BTS처럼 UN 가상무대에서 자신의 꿈과 신념을 담은 연설문을 발표해 보고, 나사(NASA)에 입사지원서를 써보는 'D.Nav(디냅)'이라는 프로그램을 세상에 내놓았습니다. 하지만 수많은 사람들이 안 될 거라고 얘기했습니다. 대다수의 벤처캐피탈 회사에서는 '대한민국 현실에서 그건 불가능한 일'이라며 모두가 투자 제안을 거절했습니다. 교육업계 사람들도 '현실을 모르는 일'이라며 비아냥댔죠.

하지만 저에게는 꿈이 있었습니다.

'대한민국의 모든 10대에게 꿈을 가질 기회를 만들어주는 것.'

저는 제 이런 꿈이 너무 자랑스럽습니다. 대단히 돈을 많이 버는 것도 아니고, 세상을 바꿀 만큼 대단한 영향력이 있는 것도 아닙니다. 하지만 포기하지 않을 겁니다. 제가 하는 일, 바로 꿈은 직업이 아니라 너의 신념이기에, 불가능한 꿈은 없다고 학생들에게 말해주는 이 일을 통해 수많은 학생들이 자신의 'Why'만 찾는다면, 절대 꺾이지 않는 성장 마인드셋을 갖게 된다는 걸 눈으로 보고 있기 때문입니다.

저처럼 학급회장이 너무 되고 싶었지만 매 학기 도전했던 선거에서 항상 떨어졌던 초6 윤서는 자신이 썼던 꿈 연설문을 발전시켜 7전 8기 끝에 6학년 1학기, 처음으로 학급 회장 당선을 이뤄내며 '포기하지 않으면 할 수 있다'는 걸 믿게 되었다고 말합니다.

'돈 많은 백수'가 꿈이고 해야 할 일보다 노는 것, 게임이 먼저였던 중1 유찬이는 자신만의 꿈을 발견하며 공부해야 하는 이유를 찾은 뒤, 겨울방학 동안 매일 도서관에 가겠다는 스스로와의 약속을 세우고 하루도 빠짐없이 그 약속을 지켜냈습니다. 그렇게 스스로가 자랑스러워졌다고 말합니다.

친구가 휘두른 야구방망이에 코와 눈썹의 뼈가 부러져 NBA 농구선수라는 꿈을 포기할 뻔했던 초6 규찬이는 두 번의 대수술을 마치고 얼굴에 밴드를 붙인 채 수업을 들으며 '만다라트'로 지금 내가 할 수 있는 것부터 찾기 시작했습니다. 벼랑 끝에서 가장 작은 것부터 다시 도전하는 힘을 얻어, 지금은 매일 플래너를 쓰며 영어 공부에 매진하고 있습니다.

쌍둥이 언니와 자신을 비교하며 노력은 재능을 이길 수 없다고 믿었던 중2 예서는 470여 일 동안 매일 플래너를 작성하며 '꾸준함'이라는 자신의 재능을 발견하고 내가 '해낼 이유'를 믿게 되었습니다.

사람을 살리는 의사가 되고 싶었던 중1 지우는 '의대'라는 현실의 벽과 "네가 될 수 있겠어?"라는 주변의 말에 절망했지만, 의사의 본질은 공부로 남을 이기는 것이 아니라 아픈 사람을 살리고 아직 이뤄보지 못한 것들을 도전할 수 있게 도와주는 것이라는 걸 깨닫고 의사라는 자신만의 꿈을 위한 노력을 계속하고 있습니다.

어렸을 때부터 책읽기를 좋아했지만 자신 안에 있는 목소리와 어떻게 연결해야 할지 몰랐던 초4 예율이는 자신의 글쓰기 잠재력을 인정받으며, 전쟁을 멈춰야 한다는 평화의 메시지를 담아 제2차 세계 대전 배경의 소설을 직접 써내 세상에 자신의 이야기를 소리 내어 말할 수 있게 되었습니다.

그 외에도 이 일을 통해 만난 정말 많은 학생들이 자신의 꿈을 찾고, 꿈에 다가가는 작은 성공들을 쌓아가며 지금 이 순간에도

'나답게', '뜨겁게', '꾸준하게' 자신만의 길을 만들어가고 있습니다.

제 작은 노력이 누군가의 삶에 이런 변화를 줄 수 있다는 것이 기쁘고 자랑스럽습니다. 아주 작은 먼지만큼일지라도 나의 꿈으로 인해 세상이 어제보다 오늘 더 나아지고 있음을 느끼고 있습니다. 모두가 불가능하다고 했지만 하나씩 하나씩 그 알들을 깨나가며 제 꿈을, 제 신념을 증명하고 있습니다.

젊은 시절, 애플의 창업자 스티브 잡스는 한 인터뷰에서 우리가 알아야 할 인생의 진실이 있다며 이렇게 말합니다.

"우리는 살아가는 동안 세상을 있는 그대로 받아들이라는 말을 듣습니다. 세상의 틀 안에 살면서 좋은 가정을 꾸리고, 즐기기도 하고, 돈도 좀 모으라는 것이죠. 하지만 이건 몹시 제한된 삶입니다. 우리의 인생은 그것보다 훨씬 넓어질 수 있어요, 한 가지 단순한 사실만 깨닫는다면요. 그것은 지금 당신이 인생이라고 일컫는 모든 것들이 당신보다 똑똑하지 않은 사람들에 의해 만들어졌다는 것입니다. 당신은 그것을 바꿀 수 있고, 그것에 영향을 미칠 수 있으며 다른 사람들이 이용할 수 있는 당신만의 무언가를 만들 수 있습니다. 이 진실을 깨닫는 순간, 당신의 삶은 영원히 바뀔 것입니다."

우리는 세상이라는 알에 갇혀 내가 하고 싶은 것이 있어도, 내가 내고 싶은 목소리가 있어도 그 이야기를 세상에 내놓기가 어렵습니다. 다른 사람들이 비웃진 않을까, 다른 사람들이 손가락질하진 않을까 두렵습니다. 혹시 내가 틀린 건 아닐까, 내가 이상한 게 아닐까 걱정이 되기도 하죠.

여러분의 꿈이 크면 클수록, 목표가 높으면 높을수록 세상 사람들은 여러분에게 '안돼, 포기해'라고 말할 겁니다. 불가능하다고 말할 겁니다. 왜냐하면 그 사람들 눈에는 그 일이 진짜 불가능한 것처럼 보이거든요. 본인은 그 일을 해낼 엄두가 나지 않고, 해낼 자신도 없기 때문이죠.

하지만 그 사람들이 할 수 없다고 해서 여러분도 할 수 없는 것은 아닙니다. 세상은 늘 그런 식으로 바뀌어왔습니다. 대다수가 불가능하다고 말할 때 포기하지 않고 자신을 믿고 그 길을 걸어간 이들이 결국 세상을 바꿨습니다.

여러분은 세상에서 가장 소중한 존재고, 유일무이한(only) 존재입니다. 세상이 여러분을 결정하도록 내버려두지 말고 여러분이 스스로 원하는 세상을 만들어보세요. 여러분에게는 그런 힘이 있습니다.

꺾이지 않는 마음은 나를 소중히 여기는 마음입니다. 내가 하고 싶고, 내가 소중하다고 믿기 때문에 꺾이지 않을 수 있습니다. 여러분의 고유한 목소리를 내고 여러분의 꿈을 이야기하세요.

세상 사람들이 무어라 얘기하든 여러분 손 안에 세상을 바꿀 수 있는 힘이 있다는 걸 믿으십시오. 여러분은 세상 누구보다 소중하고 근사하고 빛나는 사람입니다.

나보다 나를 더 믿어주는 사람

드디어 책이 막바지에 이르렀군요. 마지막으로 제가 꺾이지 않는 마음을 가질 수 있었던 뿌리에 대한 이야기를 드리며 긴 여정을 마무리하려 합니다.

저에게는 수많은 역경과 실패들이 있었습니다. 어릴 때부터 늘 잘할 수 있을까 의심하고 용기를 잃었던 순간들이 있었죠. 하지만 제 마음과 의지가 꺾이지 않을 수 있었던 가장 큰 이유는 바로 저를 지켜주던 '슈퍼히어로' 때문입니다.

그 사람은 어릴 적 제가 삐뚤빼뚤 쓴 일기를 그 어떤 베스트셀러 작가의 책보다 재미있게 읽어주었고, 형편없는 발표에도 마치 대단한 위인의 연설을 듣는 것마냥 귀 기울여주었죠. 세상 사람들이 다 안될 거라 하는 도전에도 '할 수 있다'고 용기를 주었고, 누군가에게 상처를 받고 오는 날이면 자신의 상처인 것처럼 함께 아파하고 위로해 주었죠.

늘 그 사람은 제가 얼마나 소중한 존재인지, 얼마나 특별한 사람인지를 이야기해 주었습니다. 단단한 나무가 될 수 있도록 제게 '믿음'이라는 뿌리를 심어주었습니다. 나보다 내 마음을 더 잘 아는 사람, 나보다 나를 더 믿어주는 사람. 그 '슈퍼히어로'는 바로 엄마였습니다.

아직도 그날의 기억이 생생합니다. 초등학교 4학년, 첫 반장 선거에서 두 표를 받아온 날. 다시는 학교를 가지 않겠다고, 반장 따위 절대로 하지 않을 거라 펑펑 울며 말했죠. 세상 사람들 모두가 나를 비웃을 거라 생각했고 쥐구멍에라도 숨고 싶은 심정이었습니다. 하지만 엄마는 제 손을 꼭 붙잡고, 두 눈을 응시하며 말했습니다.

"승우야, 드디어 두 명의 친구들이 널 인정해 주기 시작했어."

그 말 덕분에 저는 포기하지 않을 수 있었습니다. 학생회장 선거 때도 마찬가지였죠.

"우리 승우는 마음만 먹으면 결국 그 일을 해내는 사람이니까 너무 걱정하지 마."

늘 그렇게 엄마는 내가 '안될 이유'보다 '될 이유'를 먼저 찾는 사람이었습니다.

사실 첫 창업을 했을 때 사무실 구할 돈이 모자랐습니다. 며칠 뒤 엄마는 제게 사무실 구하는 데 보태라며 돈을 보냈습니다. 사무실 보증금을 한 번에 낼 수 있을 만큼 큰 돈이었습니다. 경제적 여유와는 거리가 먼 우리 집 형편을 잘 알았기에 그 돈이 어디서 나왔을지 안 봐도 알 것 같았습니다. 먹고 싶은 거 안 먹고, 입고 싶은 거 안 입고 매달 월급을 쪼개 모아둔 적금을 깨셨을 테죠. 하지만 사업이 실패하면서 저는 그 돈을 날려먹었습니다. 어쩌면 부모님의 노후 자금이 될 수도 있는 그 돈을 말이죠. 괴로움에 빠져 지내던 어느 날, 엄마는 제게 이렇게 물었습니다.

"승우야, 너는 그때로 돌아가면 다시 이 선택을 할 것 같니?"

저는 한참을 고민한 뒤, 그럴 것 같다고 답했습니다. 그랬더니 엄마는 제게 망설임 없이 이렇게 말했습니다.

"그럼 됐어. 엄마도 너랑 똑같아. 그때로 돌아가도 너에게 다시 투자할 거야."

아마 이 말을 하려고 제게 물으신 것 같았습니다. 엄마의 그 말 덕분에 저는 죄책감에서 벗어나 다시 일어설 수 있었습니다.

엄마는 사업을 시작한 제게 일이 잘 되냐고 물은 적이 한 번도 없었습니다. 그래서 제가 먼저 물었죠.

"엄마는 돈도 투자했는데 잘되고 있는지 왜 한 번도 안 물어봤어?" 엄마는 말했습니다.

"엄마도 궁금하지. 걱정은 없는지, 고민거리는 없는지. 하지만 고민을 해도 나보다 네가 더 많이 할 거고, 스트레스를 받아도 네가 더 많이 받을 텐데 보태고 싶지 않았어. 엄마는 너를 믿으니까 네가 얘기해 줄 때까지 기다리는 거야."

언젠가 엄마가 돌아가시는 꿈을 꾼 적이 있습니다. 단순히 엄마가 돌아가셔서 슬퍼서 나오는 눈물이 아니었습니다. 세상 유일한 내 편이 사라졌다는 느낌, 정말 어둠 속에 홀로 내버려진 느낌에서 오는 눈물이었습니다. 돌이켜보니 늘 그랬습니다. 엄마는 세상 누가 뭐라 해도 내 편이었습니다. 나를 나보다 더 믿어준 사람이었습니다. 내가 나를 미워하고 못나게 여기는 그 순간에도, 내가 얼마나 소중한 사람인지를 이야기해 주는 그런 사람이었습니다. 그렇게 늘 엄마는 내 마음을 지켜주는 '슈퍼히어로'였습니다.

엄마는 힘들다고 말하지 않았습니다

어릴 때부터 저는 잔병치레가 많았습니다. 그래서 엄마는 저 때문에 밤을 지새우거나, 병원을 데리고 다녀야 하는 일이 많았습니다. 어린이집 교사로 일하고 있었던 엄마는 잠을 한숨도 자지 못한 채 출근을 해야 하는 날도 있었습니다. 하지만 엄마는 힘들다고 말하지 않았습니다. 그때마다 엄마는 '대신 아파주지 못해' 미안하다고 했습니다. 제가 아파서 새벽에 깨면 엄마는 늘 내가 잠들고 난 뒤에야 잠에 들었습니다.

엄마는 항상 일을 하고 있었습니다. 쉬는 날이 없었습니다. 아침에는 내 밥을 챙겨주고, 낮에는 직장에서 일을 했습니다. 퇴근을 하고 돌아와서는 또 제 저녁을 챙겨줍니다. 매일 제 교복을 깨끗이 빨아 반듯하게 다려줬습니다. 그 덕분에 중학교 3년 동안 단 한 번도, 구깃한 와이셔츠를 입고 학교에 간 적이 없었습니다.

그래서 엄마는 늘 피곤해했습니다. 엄마의 어깨는 바위처럼 굳어 있었지만 병원에 가지 않았습니다. 늘 파스 붙이면 괜찮아질 거라고 하셨죠. 하지만 제가 조금이라도 아프다고 하면 시내에 있는 병원이란 병원은 모두 찾아 저를 데리고 다니셨습니다. 어쩌면 나를 병원에 데리고 다니느라 엄마의 몸은 더 노곤하고 아팠을 텐데 엄마는 싱긋 웃으며 이렇게 말씀하셨죠.

"엄마는 파스만 붙이면 괜찮아…. 너만 안 아프면 돼."

시험을 며칠 앞둔 날이면 항상 엄마에게 짜증을 냈습니다. 해야 할 건 많은데 시간이 없으니 조급한 마음에 엄마에게 있는 짜증, 없는 짜증 다 냈습니다.

"이게 다 엄마 때문이야!"

집중을 못한 것도 엄마 탓, 스트레스 받는 것도 엄마 탓, 피곤한 것도 엄마 탓. 세상 모든 나쁜 일은 다 엄마 탓이었습니다.

공부가 잘 안되는 날, 혹은 일이 잘 풀리지 않는 날, 엄마한테 전화가 오면 괜히 소리를 합니다.

"신경 쓰지 마! 내가 알아서 한다고!"

엄마는 말도 안되는 자식의 투정에도 화내지 않았습니다. 엄마는 진짜 그게 당신의 잘못인 것처럼 미안해합니다. 그저 더 좋은 엄마가 되어주지 못해서 미안하다고 말했습니다.

얼마 전, 책을 쓰다가 전화를 걸어 물었습니다.

"엄마는 나를 키우면서 가장 힘들었을 때가 언제야?"

엄마는 말했습니다.

"힘든 거 없었는데. 다 좋았던 거밖에 기억 안 나."

그렇습니다. 엄마는 나만 보면 힘든 시간보다 행복했던 시간만 떠올리는 그런 사람입니다. 엄마는 한번도 나에게 힘들다고 말한 적이 없었습니다.

📖 나는 아버지의 자부심입니다

저는 사춘기 시절 아버지와 사이가 좋은 편이 아니었습니다. 하지만 어릴 때만 해도 엄마보다 아버지와 보낸 시간이 더 많았습니다. 엄마는 줄곧 어린이집 교사로 일을 하고 계셨고, 아버지도 회사를 다니시다가 제가 초등학교 갈 때쯤 독서실 운영을 시작하셨는데요. 그런데 IMF가 터지면서 몇 년 지나지 않아 독서실을 접으셔야 했습니다. 그래서 초등학교 때 제 숙제나 밥을 주로 챙겨주신 건 엄마가 아닌 아버지였습니다.

저희 아버지는 사실 아내인 엄마에게는 물론이고 하나뿐인 아들에게도 살가운 스타일은 아니었습니다. 세 번은 물어야 대답을 할 만큼 말수가 없으셨고, 어떤 면에서는 고집이 세고 고지식하신 편이었습니다. 어느 땐 불같이 화를 내시기도 했죠. 그런데 부전자전이라고 하죠. 아버지의 피를 물려받아 저 또한 고집이 세고 자존심이 센 편이었고 초등학교 6학년이 될 때쯤부터 아버지와 갈등이 조금씩 커지기 시작했습니다.

중학교 때 한번쯤 해보고 싶은 염색이나 머리 기르기, 휴대폰이나 신발, 옷을 사달라는 요구를 아버지는 단 한 번도 들어주신 적이 없습니다. 가당치 않은 소리 집어치우라며 무시하기 일쑤였죠. 자존심이 셌던 저는 그런 아버지의 태도에 점차 반발심이 생겨났고 부자 사이는 조금씩 멀어져 갔습니다. 말수가 없고 고집이 센 아빠, 그리고 그 피를 그대로 물려받은 아들이 맞붙으니 어쩌면 당연한 결과였겠죠.

본격적인 사춘기가 시작되면서 저와 아버지의 갈등이 더욱 심해졌습니다. 한번은 친구들과 놀다 집에 늦게 들어와 아버지께 크게 꾸지람을 들었는데 쌓여 있던 반발심이 터져버린 저는 하지 말아야 될 말을 해버렸습니다.

"아버지가 없었으면 좋겠어요!"

그러고는 문을 박차고 집을 나와 처음으로 '가출'이라는 걸 하게 되었습니다. 뭐든지 '정석'을 고집하시는 아버지가 미웠고 너무나도 싫었습니다.

하지만 한겨울 늦은 밤, 중학생이 갈 데란 없었습니다. 다시 집에 들어갈 수도 없는 노릇, PC방에서 시간을 보내다가 그마저도 미성년자라 밤 10시가 되어 나와야 했죠. 결국 저는 24시간 열려 있는 독서실로 향했습니다. 다시는 집에 들어가지 않겠다고 문자메시지를 엄마에게 보내놓고는 독서실에서 잠을 청했습니다.

그리고 다음 날, 중간고사가 한 주 앞으로 다가와 있었기에 독서실에서 문제집을 펴놓고 공부를 하는데 누군가 제 등을 두드렸습니다. 아버지였죠. 아버지는 만 원짜리 지폐 두 장을 건네며 말씀하셨습니다.

"고생 많다. 밥 사먹어라."

딱 두 마디였습니다. 자존심을 꺾고 싶지 않아 대꾸도 안 하고 있으니 아버지는 가만히 책상 위에 돈을 두고 가셨죠. 그러나 저는 알고 있었습니다. 세상 누구보다 자존심 센 아버지가 제게 두 마디를 하기까지 얼마나 많은 용기를 냈을지. 독서실이라 소리 내어 울지도 못한 채 눈물만 하염없이 흘렸습니다. 그리고 그때 봤던 아버지의 뒷모습이 아직도 잊혀지지가 않습니다. 그토록 넓어보였던 아버지의 어깨는 어릴 때와 달리 축 처져 있었고 뒷모습은 쓸쓸해 보였습니다. 아버지가 없었으면 좋겠다고 말했던 그 순간이 계속 머리에 맴돌았습니다.

며칠 뒤, 아버지는 제게 미안한 마음이 남으셨는지 약주를 하시고 이런 편지를 남기셨는데요.

사랑하는 승우야, 처음으로 글로써 불러보는 것 같구나.
못난 아빠 밑에서 그래도 당당하게 대견하게 성장해 준
게 정말 고맙고 감사하다. 아버지로서 부끄러운 모습만
보여주어서 미안하고 또 미안하다.
아버지가 네게 매일 잔소리하는 것도 아버지가 해보지
못한, 할 수도 없었던 그 목표를 향했던 것 같다. 우리 부
모 세대가 할 수가 없었던 그 꿈을 꼭 이루어주었으면
한다. 아버지는 승우를 믿는다. 좀 더 나은 미래를 위해
고통을 참을 수 있으리라 믿는다. 내 아들아, 승우야, 정
말 정말 사랑한다.

저는 아직도 이 편지를 가지고 있습니다. 이 날 이후 처음으로
아버지의 마음이란 걸 이해해 보기로 했습니다. 아버지가 슈퍼맨
쯤 된다고 생각했던 어린 시절과 달리, 아버지라는 존재가 얼마
나 외롭고 힘든지를 알게 되었죠. 당신도 아버지가 처음이실 텐
데 이 과정이 쉽지만은 않았을 거란 걸 알게 되었습니다.

그 뒤부터 놓치며 살아온 것들이 보이기 시작했습니다. 언젠가 학원을 다녀오다가 아버지가 국밥집에 홀로 앉아 국밥 한 그릇과 소주로 단촐한 식사를 하는 모습을 본 뒤로는, 국밥집에서 혼자 소주를 드시고 계신 중년 남성을 보면 우리 아버지 같아 한번 더 돌아보게 되는 습관이 생겼습니다.

아버지는 제 앞에서 칭찬을 하신 적도 없습니다. 고등학교 이후론 제 공부에 대해 관심이 없는 것처럼 보였고, 지금도 제가 무슨 일을 하는지 잘 모르시는 것 같았습니다. 하지만 친구들을 만나 약주를 드시면 늘 아버지 이야기의 주제는 '나'였습니다. 아들에게 전혀 관심이 없는 것처럼 보였지만 아버지는 다 알고 있었습니다. 내가 얼마나 애쓰고 있는지, 얼마나 노력하고 있는지.

사업이 힘들어 허덕이던 어느 날, 아버지는 제게 다짜고짜 계좌번호를 물으셨습니다.

그리고 30분 뒤, 아버지는 100만 원을 보내주시며 제대로 쓸 줄도 모르는 문자 메시지를 이렇게 남겼습니다.

"아.들. 조금만 더. 힘내거라."

아버지는 마음이 없는 게 아니라 표현하지 못할 뿐이었습니다. 늘 나는 아버지의 자부심이었고 꿈이었습니다. 그래서 저에겐 한 가지 목표가 있습니다. 우리 아버지를 세상에서 가장 멋진 아버지로 만들어드릴 겁니다. 그래서 가정 형편 때문에, 또 시대의 풍파 때문에 이루지 못한 아버지의 꿈을 대신 이뤄드릴 겁니다. 아버지는 나의 자부심이고, 나의 꿈입니다.

10년간 부모님들을 만나며 느낀 것들

저는 강연이나 상담을 통해 10여 년 동안 수천 명의 부모님들을 만났습니다. 그리고 지금도 유튜브에서 여러분의 부모님들을 위한 콘텐츠를 만들고 있죠. 유튜브 댓글창은 늘 부모님들의 '반성문'으로 꽉 차 있습니다.

"오늘 아이에게 화를 냈어요, 반성합니다…."

"제 마음은 그런 게 아니었는데, 학교 보내고 나니 미안한 마음이 들어 눈물이 나네요…."

"좋은 부모가 되고 싶은데, 너무 어려워요…."

저도 어릴 땐 엄마의 잔소리가 싫었고, 엄마 아빠가 화내는 게 싫었습니다. 왜 그렇게 잔소리를 하고 화를 내는지 납득이 되지 않았습니다. 그래서 엄마가 미울 때도 있었고 아빠를 원망할 때도 있었죠.

하지만 부모님들을 만나 보니 알겠더라고요. 우리 엄마 아빠도 부모가 처음이라 그랬다는 것을. 엄마 아빠가 나에게 더 좋은 부모가 되어주기 위해, 더 좋은 걸 입히고 먹이기 위해 나 모르는 곳에서 그 누구보다 고군분투해 왔다는 것을. 나에게 화를 내고 돌아서서 엄마가 얼마나 더 후회하고 나보다 더 마음 아파했을지. 나에게 혼을 내고, 아빠의 속은 얼마나 더 타들어갔을지 알겠더라고요.

아마 여러분들이 제일 싫어하는 말은 '공부 좀 해라, 최선을 다해서 좀 해봐'라는 부모님의 잔소리일 겁니다. 저도 그랬습니다. 알아서 하려고 하는데 꼭 그럴 때마다 엄마는 '오늘 공부는 다 했니?' 하고 물어봅니다. 그러면 조금 있던 의지마저 사라집니다. 또 뭔가 열심히 해보려고 고군분투하고 있는데 대뜸 공부 좀 열심히 해보라고 잔소리를 합니다. 나름대로 애쓰고 있는 내 마음을 몰라주는 부모님이 원망스럽습니다.

또 어떤 날은 부모님이 내게 꿈이 뭐냐고, 목표가 뭐냐고 묻습니다. 하고 싶은 걸 좀 찾아보라고 이야기합니다. 아직 꿈이 뭔지도 모르겠고, 뭘 하고 싶은지도 모르겠는데, 엄마 아빠는 늘 사람은 '꿈'이 있어야 한다며 '꼰대' 같은 이야기를 하십니다. 조금만 더 믿어주고 기다려줬으면 하는데 엄마 아빠는 늘 조급합니다.

그런데 부모님들을 만나보니 알겠더라고요. 그 말들 안에는 지금껏 엄마 아빠가 세상을 살면서 받아온 상처와 후회의 시간들이 모두 담겨 있다는 것을요.

'공부 좀 해라'라는 말 안에는 '내가 그때 공부를 조금만 더 했더라면…' 하는 후회의 시간이 담겨 있습니다. 내 아들 딸만큼은 나와 같은 후회를 하지 않았으면 하는 마음, 최선을 다하지 못한 과거의 자신을 미워하지 않았으면 하는 마음이 담겨 있죠. '꿈을 가져보라'는 말 안에는 먹고살기 위해 소년, 소녀 시절의 꿈은 잊은 채 앞만 보며 달려온 부모님의 시간들이 담겨 있습니다. 당신의 꿈을 이루는 것보다 여러분에게 포근한 울타리가 되어주는 일이 더 중요했기 때문에 그 꿈을 포기해야 했던 엄마. 자식들을 배불리 먹이고 따뜻하게 재우는 것이 더 중요했기 때문에 하고 싶은 것들을 포기해야 했던 아빠. '꿈을 가지라'는 말 안에는 여러분들이 가진 꿈만큼은 꼭 지켜주고 이룰 수 있게 도와주고 싶은 부모님의 간절함이 담겨 있습니다. 그리고 이 모든 마음에는 모두 '나와 다르게 살았으면…', '나보다 더 행복하게 살았으면…' 하는 부모님의 바람이 담겨 있습니다.

그래서 우리는 기억해야 합니다. '공부 좀 해라', '꿈을 좀 가져보라'는 엄마 아빠의 잔소리에는 내가 더 좋은 인생을 살게끔 해주려고 부모님들이 희생해 온 시간들, 후회할 걸 알면서도 더 소중한 것을 선택한 무게가 담겨 있다는 것을.

부모님은 늘 이거 해라, 저거 해라 매일 잔소리를 달고 사십니다. 전화라도 하는 날이면 똑같은 질문이 이어집니다. '밥은 먹었니? 별일은 없어? 어디 아픈 데는 없고?' 뭐가 이렇게 걱정이 많은지 때로는 귀찮기도 합니다.

그런데 엄마 아빠를 먼저 떠나보낸 사람들이 가장 그리워하는 것이 있습니다. 바로 그 '엄마 아빠의 잔소리를 다시 한번만 들을 수 있다면…'이라고 말합니다.

부모님이 우리에게 매일 잔소리를 하는 '진짜' 이유가 있습니다. 엄마 아빠는 항상 우리를 떠나보낼 준비를 하고 있습니다. 중학교를 지나 고등학교를 졸업하면 여러분 중 많은 분들은 집을 떠나 지내게 될 겁니다. 결혼을 하고 나면 여러분이 부모님과 함께 사는 시간이 다시는 오지 않을지도 모릅니다. 그리고 언젠가 부모님은 보고 싶어도 다시는 볼 수 없는 곳으로 떠날 겁니다.

엄마 아빠는 늘 '엄마 아빠가 없을 때'를 걱정합니다. '내가 챙겨주지 못하는데, 내가 밥도 못해주고, 청소도 못해주는데….' 엄마, 아빠가 없을 때도 여러분들이 살아가야 하니까 늘 엄마 아빠는 잔소리를 합니다. 늘 곁에서 지켜줄 수 없기 때문에 부모님은 미리 여러분들에게 살아가는 방법을 알려주고 있는 중입니다. 엄마 아빠 품을 떠나서도 기죽지 않고 당당하게 살았으면 하기에 여러분들에게 미리 후회하지 않는 방법을 알려주고 있는 중입니다.

꼭 헤아려보세요. '공부 좀 해라', '꿈을 좀 가져보라'는 잔소리 뒤에 숨겨진 부모님의 진심을. 그리고 딱 한 번만 보여주세요. 최선을 다하는 모습을. 그래서 언젠가 엄마 아빠 없이도 잘 살아갈 수 있을 거란 확신을 부모님에게 심어주세요. 그러면 여러분들은 보게 될 겁니다. 세상 그 어떤 것을 얻었을 때보다 기뻐하는 부모님의 모습을.

이제 표현하세요. 여러분은 당신의 부모님이 살아가는 '이유'이고 세상 무엇과도 바꿀 수 없는 '자부심'입니다. 딱 한 번만 애써 온 부모님에게 '고맙다'고 '사랑한다'고 말해보세요. 그러면 여러분들은 보게 될 겁니다. 세상 그 어떤 말을 들었을 때보다 기뻐하는 부모님의 모습을.

당신은 꽤 괜찮은 사람입니다

　어떤 이야기로 책을 마무리해야 할지 며칠 밤낮을 고민했습니다. 여기까지 이 책을 읽어온 분이라면 그 누구보다 잘하기 위해 애쓰고 계신 분들이란 걸, '꺾이지 않는 마음'으로 하루하루를 열심히 달려가고 있는 분들이란 걸 아니까요. 그러다 문득 제게 가장 큰 위로와 용기가 되어주었던 한마디가 기억났습니다.

　언젠가 시험을 망치고 더 이상은 못하겠다 싶은 순간이 있었습니다. 모든 걸 다 내려놓고 싶은 심정이었죠. 그런데 한 선배가 음료수를 사들고 풀이 죽어 있던 저를 찾아왔습니다. 그 선배는 요즘 공부는 잘되는지, 학교 생활은 어떤지 제게 물었습니다. 선배한테 '너무 잘하는 친구들이 많다', '아무리 해도 따라 잡기 어려울 것 같다'라며 하소연을 했습니다. 선배는 묵묵히 제 말을 듣고 있다 어깨를 토닥이며 이렇게 말했습니다.

"승우야…, 너 잘하고 있어."

잘하고 있다는 그 다섯 글자에 눈물이 왈칵 쏟아졌습니다.

어쩌면 그동안 내가 그토록 듣고 싶었던 말인지도 모릅니다. 누구보다 애쓰고 있는데, 잘하고 싶어서 정말 열심히 노력해 왔는데, 아무도 몰라주는 것 같아서 외롭고 힘들었습니다. 이어서 선배는 말했습니다.

"누가 뭐라고 해도 너 정말 잘하고 있는 거니까 지금처럼 하면 돼. 잘 안되는 날도 있고, 실수하는 날도 있겠지. 그런데 그런 날에도 너는 계속해서 더 잘하려고 애쓰고 있잖아. 노력하고 있잖아. 세상 사람들 아무도 몰라줘도 네 스스로는 알아줘야지. 네가 얼마나 노력하고 있는지, 얼마나 잘하고 있는지. 나는 알아. 네가 앞으로 더 잘할 거라는 걸. 곧 너의 봄이 올 거라는 걸."

그랬습니다. 선배의 말처럼, 나는 지금껏 수많은 실패의 순간에도 포기하지 않고 열심히 달려왔습니다. 하기 싫고 내려놓고 싶은 날도 정말 많았지만, 그럼에도 더 잘하기 위해 다시 책상 앞에 앉았습니다. '내가 나에게 너무 무심했구나, 잘하고 싶은 내 마음을 너무 몰라주고 있었구나' 싶었습니다. 늘 왜 이것밖에 안되냐고 자책했고, 다른 사람과 비교하며 스스로를 깎아내렸습니다.

하지만 나는 내가 생각하는 것보다 멋진 사람이었습니다. 포기하고 싶어도 도망치지 않았고, 하기 싫어도 나와의 약속을 지켰으며, 나보다 힘들고 아픈 사람들에게 공감할 줄 알고, 그런 사람들을 돕겠다는 꿈을 이루려고 매일같이 노력하는, 꽤 괜찮은 사람이었습니다. 세상 사람들은 몰라도 나는 알고 있잖아요. 내가 가진 꿈의 가치를, 내가 해온 노력의 시간들을, 내가 오뚝이처럼 다시 일어선 순간들을. 그래서 나는 나를 칭찬해 주기로 했습니다. 나의 노력을 인정해 주기로 했습니다. 세상 사람들은 다 몰라도 나만큼은 나의 노력을 알아봐주기로 했습니다.

여러분도 똑같습니다. 여러분은 여러분이 생각하는 것보다 훨씬 더 멋지고 강한 사람입니다. 포기하고 싶은 순간에도 다시 일어섰고, 하기 싫어도 그 마음을 다잡고 노력해 왔잖아요. 꺾이지 않고 그렇게 계속해 왔잖아요.

그래서 저는 알고 있습니다. 여러분이 꽤 괜찮은 사람이라는 걸, 힘들어도 다시 일어서서 걸어갈 수 있는 사람이라는 걸. 그래서 저는 믿습니다. 여러분에겐 그 어떤 것도 해낼 수 있는 가능성이 있다는 걸, 저 밤하늘의 별처럼 찬란하게 빛나는 순간이 반드시 올 거라는 걸. 그래서 우리는 기다립니다. 여러분의 그 근사한 꿈이 이뤄질 그 순간을, 여러분 덕분에 세상이 더 나아지는 순간을.

그러니 조금만 더 버티고 걸음을 내딛어보세요. 애쓰고 있는 '내 마음'을 알아봐주세요. 그리고 내가 만들어가고 있는 작은 성취들을 인정해 주세요. 어제보다 오늘 더 나아지고 있는 나의 작은 성장들을 칭찬해 주세요. 그 누구보다 뜨겁게 나 자신을 믿어 주세요. 그렇게 여러분의 공부가 설렘이 되고, 여러분의 꿈이 세상을 밝히는 따뜻한 영향력이 될 순간을 기대해 주세요.

마지막으로 누구보다 잘하고 싶은 마음으로 노력하고 있는 여러분들께 이 말씀을 꼭 돌려드리고 싶습니다.

"너, 잘하고 있어…!"

여러분은 누구보다 잘하고 있습니다. 그래서 기다리고, 기내하며, 응원합니다. 당신이라는 꽃이 필, 당신의 봄날을.

당신을 누구보다 믿는 조승우 작가 올림

아이들의 '1호 팬'이 되어주세요

저는 우리 학생들이 스스로를 가두는 마음의 벽을 넘어서 꿈을 찾고, 자기 삶의 주인이 되어 진짜 자기 공부를 시작할 수 있었으면 하는 바람으로 이 책을 썼습니다. 꼭 그것이 공부가 아닐지라도 아이들이 이 책을 통해 자신이 하고 싶은 걸 찾을 수 있길 바라는 마음이죠. 세상 누구보다 소중한 자녀들이 자신만의 길을 찾아서 단단한 자존감으로 행복하게 살아가는 일. 모든 부모님들의 바람이자, 부모님들께서 그토록 열심히 살아가시는 이유일 겁니다. 하지만 이 책에서 말씀드려왔던, 아이들이 스스로를 믿고 자신의 꿈과 고유성을 발견하는 일. 그래서 실패의 순간에도 포기하지 않고 다시 일어설 수 있을 만큼 단단한 마음을 가지는 일은 결코 아이들의 노력만으로 이뤄지기는 어렵습니다.

제가 지금까지 꿈을 포기하지 않고 걸어올 수 있었던 건 저를 믿고 기다려준 부모님이 계셨기 때문이었습니다. 반장선거에서 두 표를 받아오던 날, '두 명의 친구들이 널 인정해 줬어'라는 어머니의 말씀은 저를 다시 일어서게 했고, 공부로 힘들어하던 제게 두 분이 써주신 편지는 계속해서 걸어갈 수 있는 힘을 주었습니다. 학생회장 선거를 앞두고 어머니가 읽어주신 작은 성취 경험들은 '해볼 수 있겠다'는 용기를 심어주었고, 첫 사업 실패 후 '다시 돌아가도 너에게 투자할 거야'라는 말씀은 제 신념이 꺾이지 않게 만들어주었습니다. 그렇게 언제나 저의 '1호 팬, 지지가'가 되어 제가 얼마나 괜찮은 사람인지를 이야기해 주시고, '안될' 이유보다 '해낼' 이유를 찾아준 부모님 덕분에 포기하지 않고 계속해서 제 길을 걸어올 수 있었습니다.

저는 우리 아이들도 그런 세상에서 살았으면 좋겠습니다. '우리 엄마, 아빠만큼은 나를 믿고 지지해 줄 거야'라는 인생의 가장 단단한 믿음을 갖춘 삶을 살아갔으면 좋겠습니다. 그 믿음이 우리 아이들이 쓰러지고 넘어져도 다시 일어설 수 있는 힘을 줄 거라 믿습니다. 아이들에게 부모님은 세상 유일한 비빌 언덕이고, 가장 든든한 지지자입니다. 부모님이 믿어주시는 만큼 '해낼 수 있다는 믿음'은 커질 것이고, 지지해 주시는 만큼 '꺾이지 않는 마음'은 더욱더 단단해져갈 것입니다.

제가 운영하는 '마음우체국'과 '디냅'이라는 프로그램에서는 부모님과 아이들이 매일 교환일기를 씁니다. 이 과정을 옆에서 지켜보며 저는 알게 되었습니다. 아이들에게는 부모님의 작은 인정과 지지가 세상 어떤 것보다도 큰 힘이 된다는 걸. 부모님이 남겨준 한두 줄의 칭찬과 격려가 아이들에게는 그 일을 해나갈 수 있는 원동력이 된다는 걸 말이죠.

모든 아이들은 누구보다 잘하고 싶은 마음과 부모님께 인정받고 싶은 마음을 가지고 있습니다. 때로는 마음에 들지 않고 못마땅한 순간도 있으시겠지만 그럼에도 아이의 노력을 알아봐주시고, 우리 아이가 '결국 잘 해낼 거라는 걸' 꼭 믿어주셨으면 좋겠습니다. 그리고 그 마음을 한 번만이라도 표현해 주세요. 네가 얼마나 소중한 사람이고, 우리가 얼마나 뜨겁게 사랑하는지, 너를 얼마나 믿고, 지지하고 있는지 꼭 전해주세요.

아이들과 사랑할 시간은 생각보다 많이 남아 있지 않습니다.

지금 곁에 있는 소중한 아이들에게 부모님의 뜨거운 사랑을 전해

주신다면 아이들은 그 어떤 벽도 넘어설 겁니다. 매 순간 애쓰고

계신 부모님들의 노고에 경의를 표하며 이만 줄이겠습니다.

조승우 작가 올림

공부가 설렘이 되는 순간

초판 1쇄 발행 2024년 2월 21일
초판 6쇄 발행 2024년 6월 3일

지은이 조승우
펴낸이 김선준

편집이사 서선행
기획편집 임나리(lily@forestbooks.co.kr) 편집1팀 이주영 디자인 김예은
마케팅팀 권두리, 이진규, 신동빈
홍보팀 조아란, 장태수, 이은정, 권희, 유준상, 박미정, 박지훈
경영지원 송현주, 권송이

펴낸곳 ㈜콘텐츠그룹 포레스트 출판등록 2021년 4월 16일 제2021-000079호
주소 서울시 영등포구 여의대로 108 파크원타워1 28층
전화 02)332-5855 팩스 070)4170-4865
홈페이지 www.forestbooks.co.kr
종이 ㈜월드페이퍼 출력·인쇄·후가공 더블비 제본 책공감

ISBN 979-11-93506-36-3 (03370)

㈜콘텐츠그룹 포레스트는 독자 여러분의 책에 관한 아이디어와 원고 투고를 기다리고 있습니다. 책 출간을
원하시는 분은 이메일 writer@forestbooks.co.kr로 간단한 개요와 취지, 연락처 등을 보내주세요. '독자의
꿈이 이뤄지는 숲, 포레스트'에서 작가의 꿈을 이루세요.